Quilombo dos Palmares

e o Guerreiro Zumbi

Outros Livros por Glenn Alan Cheney

Thanksgiving: The Pilgrims' First Year in America

Quilombo dos Palmares:
Brazil's Lost Nation of Fugitive Slaves

Journey to Chernobyl: Encounters in a Radioactive Zone

Journey on the Estrada Real:
Encounters in the Mountains of Brazil

Suas Mãos na Terra: Coragem, Compaixão, Carisma,
e as Irmãs Missionárias do Sagrado Coração de Jesus

Law of the Jungle:
Environmental Anarchy and the Tenharim People of Amazonia

Promised Land: A Nun's Struggle against Landlessness,
Lawlessness, Slavery, Poverty, Corruption, Injustice, and
Environmental Devastation in Amazonia

Frankenstein on the Cusp of Something

Just a Bunch of Facts

Poems Askance

Notions from a Time of Peril

Acts of Ineffable Love

Love and Death in the Kingdom of Swaziland

How a Nation Grieves: Press Accounts of the Death of Lincoln,
the Hunt for Booth, and America in Mourning

Acts of Ineffable Love

A Ruminista

Livros Traduzidos por Glenn Alan Cheney

Rubem Alves

The Best Chronicles of Rubem Alves

Tender Returns

On Time and Eternity

Concerto for Body and Soul

Pensamentos: Bits of Wisdom from Rubem Alves

Art of Love: Paintings by Colleen Hennessy,
Thoughts from Rubem Alves

Monteiro Lobato

The Fancies of Littlenose

The Size Switch

The Reform of Nature

Machado de Assis

Ex Cathedra

Trio in A-Minor: Five Stories

Sr. Maria Barbagallo

To the Ends of the Earth:
Memoir of a Missionary Sister of the Sacred Heart of Jesus

Quilombo dos Palmares e o Guerreiro Zumbi

Glenn Alan Cheney

Traduzido por
Ana Lessa-Schmidt
com
Madara Vieira Tyler

New London Librarium

Quilombo dos Palmares e o Guerreiro Zumbi
por Glenn Alan Cheney

Traduzido por Ana Lessa-Schmidt com Madara Vieira Tyler.
Arte da capa por Wells Moore.

Título original: Quilombo dos Palmares: Brazil's Lost Nation of Fugitive Slaves

New London Librarium
Hanover, CT 06350 - EUA
www.NLLibrarium.com

Copyright © 2025 Glenn Alan Cheney

Todos os direitos reservados. Nenhuma parte deste livro pode ser reproduzida de nenhuma forma sem a permissão expressa por escrito da editora.

ISBNs
Capa dura: 978-1-947074-93-4
Capa comun: 978-1-947074-94-1
Digital: 978-1-947074-95-8

Conteudo

Prefácio	9
Cronologia	13
Introdução	21
Um Novo Mundo	26
Açúcar e Escravos	33
Peças	40
Palmares Initial	62
Assim Eles Vão sem Castigo	73
Brasil Holandês	84
Palmares em Ascensão, Pernambuco em Declínio	110
A Nação de Palmares	116
Uma Série de Assaltos	129
Mais Assaltos	146
O Palmares de Zumbi	158
A Invasão de Carrilho	163
A Paz com Medo Desesperado	172
O Novo Palmares	190
Bárbaros ao Serviço do Rei	212
O Cerco de Palmares	237
Em Busca da Verdade	266
Quilombo para Sempre	288
Agradecimentos	303
Bibliografia	305
O Autor	311
Índice	312

Prefácio

O Quilombo doe Palmares do Brasil pode ser um dos eventos históricos mais significativos já ignorados pelo mundo fora do Brasil. Por cem anos, uma nação de uma dúzia de cidades e milhares de pessoas resistiram ataques contínuos dos impérios mais poderosos da Terra. Embora essas pessoas viessem de inúmeras culturas, incluindo africana, nativa americana e europeia, elas desenvolveram uma religião, língua, valores e governo que atendiam às suas necessidades únicas. Mas antes que o mundo pudesse conhecer os detalhes dessa cultura, ela foi exterminada. O pouco que sabemos sobre Palmares foi escrito por seus inimigos – pessoas que não tinham interesse no valor de uma cultura ou na humanidade de sua população. Eles também tinham pouco interesse na verdade. Eles escreveram sobre Palmares apenas à luz de seus próprios interesses: dinheiro, terra, ganância, poder, título e status. Palmares era algo a ser eliminado, não preservado de forma alguma. Seu único valor percebido era qualquer pessoa de seu povo que pudesse ser capturada e escravizada.

A busca pela verdade sobre Palmares começou somente no século XX. A maior parte da busca foi por historiadores brasileiros. Ernesto Ennes, Nina Rodrigues, Edison Carneiro, Décio Freitas, Ivan Alves Filho e Flávio Gomes foram os únicos a escrever livros substanciais dedicados ao tema, e apenas os dois últimos ofereceram índices, notas e bibliografias. Fora do Brasil, Scott Allen, RK Kent, Richard Price e Stuart Schwartz contribuíram com a maior parte da pesquisa e da escrita, todos em artigos acadêmicos. Até o presente volume, nenhum livro sobre Palmares foi publicado em uma língua se não em português brasileiro.

Quilombo dos Palmares e o Guerreiro Zumbi

A pesquisa para este livro foi feita principalmente por meio da análise de documentos produzidos durante a época de Palmares ou que reatam secundariamente o conteúdo desses documentos. Minha intenção foi reunir informações de fontes publicadas díspares e apresentá-las em um volume abrangente e confiável na ligua inglesa. Devo – ou devo dizer que o leitor deve – uma grande gratidão a todos os escritores e historiadores citados acima.

Um dos resultados de toda essa pesquisa foi uma infinidade de informações. Três editores que analisaram os primeiros rascunhos deste livro sugeriram que grande parte dele fosse cortada para facilitar a leitura. Em relação à legibilidade, eles certamente estavam certos. A história se arrasta nas descrições aparentemente repetitivas das muitas excursões militares a Palmares, a maioria usando as mesmas táticas e resultando nos mesmos fracassos. O leitor notará o aparecimento de muitos comandantes que nunca mais aparecem, líderes cuja liderança não resultou em nada. Mas na minha esperança de escrever a história mais abrangente de Palmares, decidi reter essas informações. Isso parecerá excessivo para muitos, talvez útil para alguns.

Minha pesquisa inevitavelmente me levou à Serra da Barriga, o lugar montanhoso de Macaco, a capital e cidadela final de Palmares. Lá, por coincidência, encontrei um arqueólogo americano, Scott Allen, que estava apenas começando uma pesquisa arqueológica. Fragmentos de cerâmica pré-colombiana estavam espalhados por todo o chão como se não fossem mais valiosos que cascalho. Eu me perguntava que tipo de arqueólogo deixaria uma bagunça tão incrível e inestimável. Mas enquanto conversávamos, e eu aprendia sobre arqueologia, Palmares, verdade, mito, fato e política, entendi que não era a bagunça do Dr. Allen. Para sua consternação, era a bagunça que ele havia encontrado, séculos de artefatos desenterrados fora do contexto e reduzidos a algo quase sem sentido. A

Prefácio

cerâmica era pré-colombiana ou pós-colombiana? Foi feita por índios ou africanos? Não havia como saber.

Dado o conteúdo questionável dos documentos fonte de origem de o valor limitado das relíquias fora do contexto, a pesquisa e os pensamentos do Dr. Allen sobre a diferença entre mito e verdade tornaram-se parte da história. Em um salto gigante para toda a humanidade, minha escrita pulou os três séculos entre o fim de Palmares e a busca moderna por quaisquer sinais remanescentes dele. O capítulo sobre a pesquisa arqueológica tornou-se parte da história do Quilmbo dos Palmares tanto quanto os relatos originais de testemunhas oculares sobre ele.

À medida que eu aprendia mais sobre a existência contínua dos quilombos, ouvi falar de um lugar muito especial no interior de Pernambuco, a vila de Conceição das Crioulas. Em um mapa rodoviário, encontrei seu pequeno ponto logo abaixo de um pequeno retângulo amarelo que dizia: "Atenção: a rodovia entre Salgueiro e Cabrobó oferece risco de assaltos". Levei quatro dias para chegar a Conceição. A viagem acabou sendo pouco perigosa. Mas o que aprendi foi mais chocante do que o banditismo. Embora Conceição seja um dos lugares mais pobres do mundo, encontrei uma mulher incrivelmente inteligente e informada que tinha muito a dizer sobre os quilombos, sobrevivência, o racismo, a força das mulheres, a evolução dos direitos humanos, o significado da propriedade, a economia marxista e a política brasileira. Em um sentido metafórico, se não histórico, Conceição era um remanescente de Palmares, uma luta ainda não vencida. Seus pensamentos e biografia se tornaram o último capítulo de uma história que continua.

Deixe-me dizer algo sobre o vocabulário deste livro. Não preciso nem dizer que os termos raciais que usei não têm a intenção de ofender. Na edição na língua inglesa, ao traduzir ou me referir a um relato da época, eu geralmente usei uma tradução tão direta quanto possível:"black" para "preto", negro" e" mulatto" para seus cognatos portugueses, "indígena" para índio, gente da terra e brasileiro. Usei nomes tribais sempre que possível. Quando não me referia a um documento específico, usei" black" para qualquer pessoa de ascendência africana. Deixei "mameluco" – pessoas de raça mista indiana e europeia – em português. Foi difícil saber como se referir às raças dos palmarianos e das pessoas que os atacaram. Os palmarianos incluíam negros, indíginas, brancos, pelo menos um muçulmano e, possivelmente, alguns judeus. Suas milícias inimigas geralmente incluíam algumas raças também. Onde me refiro aos palmarianos como negros, é porque era assim que eram chamados no documento mais relevante.

Glenn Alan Cheney

Cronologia

1492 Colombo chega ao Caribe e reivindica o Novo Mundo para a Espanha.

1492 O Tratado de Tordesilhas de 1494 divide todas as terras recém-descobertas entre Espanha e Portugal ao longo de uma longitude de 370 léguas (1.5560 km) a oeste das Ilhas de Cabo Verde.

1497 O português Vasco da Gama navega pelo Cabo da Boa Esperança, na África, em direção à Índia.

1500 Pedro Álvares Cabral navega para a Índia mas chega a Porto Seguro, Brasil.

1521 Dom João III, filho de Dom Manuel I, assume o trono de Portugal.

1535 Coelho Duarte Pereira, bastardo da família Coelho, chega à sua capitania, Pernambuco, com a esposa, Brites de Albuquerque.

1537 Coelho Duarte Pereira e sua esposa estabelecem Olinda na periferia da Recife.

1539 Pereira solicita permissão para importar escravos.

1549 Os primeiros jesuítas, liderados por Manuel da Nóbrega e José de Ancieta, chegam ao Brasil. Dom João III nomeia primeiro Tomé de Sousa primeiro governador-geral do Brasil. Sousa estabelece Salvador, Bahia, como capital do Brasil.

1553 Duarte da Costa sucede Tomé de Sousa como governador-geral.

1554 Brites de Albuquerque torna-se regente de Pernambuco após a morte do marido, Duarte Coelho Pereira.

1557 Morre Dom João III. Seu neto, Dom Sebastião I, assume o trono duas semanas e meia antes de nascer.

1556 Felipe II assume o trono espanhol.

1561 Duarte Coelho de Albuquerque é nomeado governador de Pernambuco.

1570 O rei Dom Sebastião I proíbe a escravização de índios, exceto em uma "guerra justa", ou de qualquer um que ataque os portugueses com o propósito de comê-los.

1578 Dom Sebastião I morre sem descendentes, dando início à crise de sucessão em Portugal. O Rei Felipe II da Espanha toma Lisboa e se declara Dom Felipe I de Portugal, efetivamente unindo os dois países e tornando irrelevante o Tratado de Tordesilhas. A união marca o fim do relacionamento próximo entre Portugal e a Holanda.

1588 A armada espanhola é derrotada pelos defensores ingleses.

1595 A Holanda ataca portos africanos.

1596 Manuel Mascarenhas Homen torna-se governador de Pernambuco.

1597 Primeiro relato de ataques de escravos fugitivos no Brasil.

1598 O Rei Felipe II da Espanha (Dom Felipe I de Portugal) morre, sucedido por Felipe III da Espanha (Felipe II de Portugal).

1602 Diogo Botelho, novo governador-geral, chega ao Recife a caminho de Salvador, manda comandante Bartolomeu Bezerra eliminar Palmares.

1603 A Ordem Filipina estabelece regras para o tratamento de escravos e determina que somente índios capturados em uma guerra expressamente aprovada pelo rei podem ser escravizados.

1608 Diogo de Meneses e Sequeira torna-se governador-geral.

1609 Tratado de paz com a Holanda e a Espanha e Portugal unidos.

1620 Os "Peregrinos" ingleses deixam a Holanda, depois a Inglaterra, e navegam para Plymouth. Matias de Albuquerque Coelho é governador interino de Pernambuco.

1621 Companhia Holandesa das Índias Ocidentais é fretada para desenvolver o comércio, incluindo o tráfico de escravos, nas Américas, África e Pacífico. Uma trégua de 12 anos com a Espanha expira.

1621 Morre o Rei Felipe III de Espanha (Felipe II de Portugal), sucedido por Felipe IV (Felipe III). Diogo de Mendonça Furtado torna-se governador-geral.

1623 Antônio Vieira, futuro pregador, ingressa no noviciado jesuíta.

1624 Matias de Albuquerque é governador-geral.

1624 A Holanda invade Salvador. Os primeiros colonos holandeses estabelecem um posto comercial na foz do rio Hudson.

1625 Frota espanhola expulsa holandeses de Salvador.

1626 Diogo Luis de Oliveira é governador-geral.

1630 A Holanda invade e ocupa Pernambuco e grande parte do nordeste do Brasil (até 1654).

1633 Regimento Henriques formado.

1635 Os holandeses invadem o Forte Bom Jesus, acabando efetivamente com a resistência portuguesa.

1636 O Regimento Filipe Camarão é formado.

1637 O Governador holandês Johann Mauritius de Nassau-Siegen chega a Pernambuco.

1639 Henrique Dias é nomeado Governador dos Crioulos, Mulatos e Negros.

1640 O Rei Felipe IV da Espanha morre. Uma revolta em Lisboa dá o trono aos Braganças. João IV torna-se rei de Portugal, lança a Guerra da Restauração contra a Espanha.

1640 Os Jesuítas são expulsos do Brasil.

1641 A Holanda fica com a região de Angola.

Quilombo dos Palmares e o Guerreiro Zumbi

1644 Rudolph Baro lidera uma incursão até Palmares.

1645 Johann Blaer lidera uma incursão a Palmares. Nassau é chamado de volta à Holanda. Colonos portugueses começam a Guerra da Luz Divina para expulsar os holandeses.

1650 As populações de Massachusetts e Palmares são aproximadamente iguais, cerca de 15.000 inhabitantes.

1653 Os Jesuítas são autorizados a retornar ao Brasil

1654 O Conde de Atouguia torna-se governador-geral do Brasil e Francisco Barreto de Meneses torna-se governador de Pernambuco. Holandeses assinam Tratado de Rendição de Pernambuco.

1654 Francisco Barreto de Meneses torna-se governador de Pernambuco

1655 Francisco Barreto envia Rocha Cardoso em incursão. Um bebê, o futuro Zumbi, é capturado em Palmares.

1656 Afonso VI sucede seu pai, Dom João IV, como rei de Portugal enquanto a guerra com a Espanha continua.

1657 Francisco Barreto de Meneses deixa o governo de Pernambuco para se tornar governador-geral, sucedendo o Atouguia Dom Jerônimo de Carvalho e Menezes de Ataíde. Vidal de Negreiros é nomeado governador de Pernambuco.

1657 Motim no Regimento Henriques em Recife. Rei concede liberdade às suas tropas negras e promete pagamentos.

1661 O Rei inglês Charles II negocia o casamento com a filha de Dom João IV Dona Catarina de Bragança, irmã de Dom Afonso VI e futuro Dom Pedro II.

1661 Francisco de Brito Freire torna-se governador de Pernambuco, sucedendo André Vidal de Negreiros, que envia 300 homens para Palmares mas pouco consegue. Fortificação de escravos fugitivos

Cronologia

no Campos da Cachoeira (Bahia?) repele assalto do Regimento Henriques.

1662 O Governador-geral Francisco Barreto de Meneses envia expedição contra revolta negra em Sergipe.

1663 Brito Freire envia expedição com 200 homens do Regimento de Henriques sob o comando de Gonçalo Rebelo.

1664 Jerônimo de Mendonça Furtado torna-se governador de Pernambuco.

1667 Alexandre de Sousa Freire torna-se governador-geral e Bernardo de Miranda Henriques torna-se governador de Pernambuco.

1668 Dom Pedro II sucede (ou seja, expulsa e exila) Dom Afonso VI como regente de Portugal pouco antes do fim da Guerra da Restauração, quando Portugal recupera a independência da Espanha.

1671 Afonso Furtado de Castro de Mendonça torna-se governador-geral, e Fernão de Sousa Coutinho torna-se governador de Pernambuco.

1674 Pedro de Almeida torna-se governador de Pernambuco.

1672 Incursão de Jacomé Bezerra em 1672

1677 Primeira incursão de Fernão Carrilho

1678 Aires de Sousa de Castro torna-se governador de Pernambuco; Ganga-Zumba, rei de Palmares, aceita mudança para Cucaú.

1679 João Freitas da Cunha lidera 200 homens, incluindo índios, à derrota em Palmares.

1680 Ganga-Zumba morre, provavelmente assassinado. Cucaú erradicado.

1682 João de Sousa torna-se governador. Incursão de Manuel Lopes.

1683 Morre o exilado Afonso VI, permitindo que Dom Pedro II ascenda de regente a rei de Portugal. Segunda incursão de Fernão Carrilho.

1685 João da Cunha Souto Maior torna-se governador. Dom Pedro II envia carta a Zumbi solicitando negociação.

1686 Dom Pedro II restringe os jesuítas no norte do Brasil.

1687 Matias de Cunha torna-se governador-geral. O governador de Pernambuco, Souto Maior, recebe carta de Domingos Jorge Velho (em resposta a carta enviada por João de Sousa) sobre possibilidade de atacar Palmares.

1687 Fernão Carrilho inicia terceira excursão. Peste do mal-do-bicho (febre amarela) em Pernambuco.

1688 Fernão Cabral torna-se governador, morre, e é sucedido por Matias de Figueiredo Melo.

1690 Antônio Luís da Câmara Coutinho torna-se governador-geral.

1690 Marques de Montebelo torna-se governador de Pernambuco.

1693 Caetano de Melo e Castro é nomeado governador.

1694 João de Lencastre torna-se governador-geral. Exército liderado por Domingos Jorge Velho sitia Macaco, de meados de janeiro a início de fevereiro. Palmares cai.

1695 Zumbi é localizado e assassinato em novembro.

1706 Dom João V sucede a Dom Pedro II como rei de Portugal.

1776 Assinatura da Declaração de Independência, estabelecendo os Estados Unidos da América.

1802 Seis mulheres negras compram um terreno no interior de Pernambuco, mais tarde denominado Conceição das Crioulas.

1808 Todo o governo português foge para o Brasil enquanto Napoleão toma Lisboa.

Cronologia

1821 Dom João VI retorna a Portugal, deixando seu filho Pedro I responsável pelo Brasil.

1822 Dom Pedro I declara o Brasil um império independente, e ele mesmo imperador.

1831 Dom Pedro I abdica e vai para Portugal, deixando seu filho de cinco anos, Dom Pedro II, como futuro imperador.

1865 Os Estados Unidos adotam a Décima Terceira Emenda Constitucional, abolindo a escravidão.

1871 A lei do "Ventre Livre" aprovada, concedendo liberdade, em vez da escravidão padrão, às crianças nascidas de escravos.

1888 A escravidão é abolida no Brasil por ordem da Princesa Imperial do Brasil, Isabel.

1889 Ddom Pedro II é deposto em um golpe. A nova República dos Estados Unidos do Brasil torna-se uma democracia constitucional.

Introdução

Em algum momento no final do século XVI, quarenta "negros rebeldes" teriam, de alguma forma, escapado do cativeiro em um engenho de açúcar perto de Porto Calvo, na capitania de Pernambuco, no nordeste do Brasil.[1] Sebastião da Rocha Pita, o historiador brasileiro que relatou esse incidente mais de cem anos depois, não deu detalhes sobre a fuga, se foi uma revolta violenta de escravos armados com nada mais do que as ferramentas de seu ofício – facões, machados, enxadas, foices – ou uma escapulida silenciosa na escuridão da noite. Ele não relatou se mulheres e crianças se juntaram ao êxodo, se alguém levou comida ou ferramentas, se eles correram com grilhões nos tornozelos. Tudo o que podemos supor é que eles correram descalços e instintivamente seguiram para o oeste, para longe da costa – para longe da civilização que os havia escravizado – e para dentro da densa floresta da mata atlântica.

A floresta e o terreno funcionavam a favor das pessoas que carregavam pouco e não tinham outro destino senão para longe. Ao mesmo tempo, a natureza impedia qualquer um que carregasse armas, munição, armadura, suprimentos e correntes. As pessoas que fugiam podiam ir em qualquer direção; as pessoas que as perseguiam tinham inúmeras direções para escolher, das quais apenas uma era correto. Até mesmo pessoas descalças

---

[1] Pita, *História da América Portuguesa*, 235.

Quilombo dos Palmares e o Guerreiro Zumbi

com restos de grilhões podiam ultrapassar soldados carregando a bagagem da guerra e da escravidão.

Os fugitivos, que poderiam ter sido africanos ou índios, correram até chegarem às colinas do interior – cumes íngremes e longos que se erguiam de terrenos geralmente planos. Como fugitivos em qualquer lugar, eles encontraram segurança nas elevações mais altas. Eles se estabeleceram em um lugar com palmeiras, solo fértil, água e caça abundante. Ao longo dos anos, mais fugitivos chegaram, alguns provavelmente da Bahia, a capitania ao sul. A população cresceu para centenas e, na virada do século, milhares. Palmares ficou conhecido pelos africanos como um quilombo, de uma palavra na língua Mbundu da África que significava acampamento de guerra. Os assentamentos cresceram e se tornaram vilas, e mais vilas se estabeleceram em mais montanhas. Compartilhando um propósito comum, problemas comuns e um inimigo comum, as vilas – chamadas mocambos, uma palavra Mbundu para esconderijo – formaram relacionamentos que evoluiriam para um governo comum.[2] A comunidade ficou conhecida como Palmares pelas muitas palmeiras da região. Palmares se tornou um refúgio para mais fugitivos, e seus homens se tornaram ousados o suficiente para atacar fazendas e engenhos de açúcar para roubar o que precisavam e libertar mais escravos. Em 1603, Palmares era um problema que os colonizadores portugueses sabiam que tinham que resolver. Uma sociedade dependente da escravidão não poderia sobreviver ao lado de uma sociedade de ex-escravos.

Palmares prosperou enquanto a colônia na costa lutava contra doenças, corrupção e as ineficiências de um governo autocrático e hierárquico liderado por um rei distante. Enquanto Pernambuco dependia da escravidão, a nação de fugitivos provou que pessoas livres, até mesmo negros livres, podiam se sustentar sem a produção de produtos agrícolas

---

[2] Schwartz, *Slaves Peasants and Rebels,* 126.

Introdução

baseada em trabalho forçado. Tendo formado um governo e uma religião que atendiam a seus propósitos, Palmares provou que o Novo Mundo não precisava do rei de Portugal ou do papa de Roma. Palmares também se tornou uma comunidade de várias raças, não apenas negros e índios, mas brancos que estavam fugindo da sociedade ou da lei. Palmares era uma alternativa viável à escravidão nas plantações e à sociedade portuguesa. Era um incômodo atraente que seduzia escravos para longe da escravidão e que deu aos plebeus europeus motivos para questionar o status quo. Era também um inimigo agressivo que ameaçava a segurança pública e a economia colonial. O quilombo tinha que ser eliminado.

Nos noventa anos seguintes, os portugueses e, brevemente, os holandeses, enviaram duas dúzias de excursões militares a Palmares com o objetivo de exterminá-lo. Dizer que essas milícias eram "brancas" ou europeias não seria preciso, embora estivessem defendendo interesses europeus brancos. Suas tropas incluíam escravos negros e regimentos de negros e índios livres. A julgar apenas pela raça, seria difícil distinguir os defensores da nação "negra" dos defensores do posto avançado "branco" da Europa. A verdadeira batalha não era apenas entre um império e os rebeldes, mas entre os ricos e os pobres, os escravistas e os libertos, o passado feudal e um futuro iluminado com o qual ninguém havia sonhado ainda. Quase todas as excursões holandesas e portuguesas falharam miseravelmente até 1694, quando um exército enorme, muito dele mercenários de raça mista, cercou a cidadela palmariana de Macaco. Após um cerco de um mês, eles mataram, capturaram ou dispersaram seus defensores, efetivamente eliminando Palmares como nação, efetivamente apagando-a da face da Terra.

Hoje, não resta nenhum pedaço de evidência física de Palmares. As localizações precisas de todas as suas vilas e cidades, exceto uma, são desconhecidas. As informações históricas sobre Palmares dependem inteiramente de documentos produzidos pelos invasores, e sua versão da realidade é suspeita. Eles registraram pouco sobre a sociedade que estavam tentando extinguir, e seus relatórios foram corrompidos com segundas intenções. Eles não tinham nenhum conceito de história, cultura ou sociologia, nenhum interesse em Palmares, exceto sua eliminação. Eles o queriam não apenas morto, eles o queriam totalmente esquecido.

Mas o Brasil não esqueceu. As memórias do Quilombo dos Palmares evoluíram para mitos, e os mitos alimentaram a dialética política. Assim como Palmares ofereceu uma alternativa à sociedade colonial do século XVII, ofereceu também uma alternativa aos problemas socioeconômicos do século XX. Como um povo no lado perdedor das lutas perpétuas da civilização, a nação rebelde foi um símbolo útil para as gerações posteriores que se opuseram ao governo militar, ao capitalismo, à divisão de classes, ao racismo e à injustiça.

Assim, o mito se confundiu com o fato e, verdadeiro ou não, tornou-se um argumento ativo e constante na cultura brasileira moderna.

Palmares foi o maior e um dos mais longevos quilombos do Brasil, mas não foi o único. Havia milhares, e milhares permanecem no Brasil hoje, comunidades distantes de pessoas com pele mais escura do que a média que ainda compartilham terras comunais como seus ancestrais. Muitas dessas comunidades estão sob cerco, assim como Palmares esteve. Os invasores não são milícias, mas fazendeiros, empresas de mineração, construtoras e outros reivindicando terras de propriedades não documentadas. A guerra que Palmares lutou por quase um século continua em inúmeras manifestações três séculos depois.

Este livro relata a luta entre Palmares e os colonizadores europeus na costa brasileira. Ele depende extensivamente da documentação duvidosa que esses colonizadores nos deixaram. Esses colonizadores tinham pouca consideração pelos palmarianos como pessoas ou Palmares como uma cul-

Introdução

tura nova e prática. Os relatos de comandantes de milícias e agentes do governo tendem a se concentrar em questões de batalhas, financiamento e as ameaças que Palmares representava. Eles relatam muito pouco sobre o modo de vida de Palmares, sua língua e religião, seu povo e seu ponto de vista. Os relatos também são contaminados por esforços políticos para arrancar dinheiro e privilégios de poderes superiores. Este livro relata o que eles disseram que aconteceu.

O livro continua explorando a luta nos tempos modernos. Essa luta evoluiu com o tempo, mas é notavelmente semelhante. E, da mesma forma, a verdade ainda é difícil de discernir. Arqueólogos, historiadores e sociólogos acham difícil separar o fato do mito. Ativistas políticos lutam para usar o símbolo de Palmares para justificar suas posições. Pessoas que vivem nos quilombos de hoje lutam por reconhecimento e respeito, mesmo enquanto lutam para manter a terra que lhes foi passada. Uma luta semelhante, de fato, permeia a sociedade brasileira, com suas tentativas de compartilhar receitas e terras de forma mais equitativa, fornecer justiça a todos e, sim, ainda, acabar com o equivalente moderno à escravidão. Palmares foi real, e seus mitos se tornaram sua própria realidade. A estória e a história de Palmares têm mais de 400 anos, e ainda não chegaram ao fim.

Um Novo Mundo

A atual sociedade brasileira gosta de notar, de uma forma cínica, que os europeus descobriram seu país por engano ou subterfúgio. Quando uma frota de treze navios deixou Lisboa em 9 de março de 1500, todos esperavam que eles seguissem para o sul ao longo da costa da África, contornando o Cabo da Boa Esperança – o Cabo da Boa Esperança – e então para o nordeste até a Índia. Mas por razões não registradas, a frota girou amplamente para o oeste. Talvez uma tempestade os tenha tirado do curso por um mês. Talvez eles já conhecessem bem as correntes do Atlântico para ir para o oeste e pegar as correntes que circulavam para o sul e leste. Talvez eles tenham simplesmente girado muito para o oeste e tropeçado em um continente.

Mas Pedro Álvares Cabral, comandante da armada, era um navegador talentoso, e com ele estava Bartolomeu Dias, o primeiro europeu a contornar o Cabo da Boa Esperança, embora com toda a honestidade o tenha chamado de Cabo das Tormentas. (Dom João II, rei de Portugal, mudou-o para Boa Esperança na esperança de encorajar mais viagens para a Índia.) O irmão de Dias, Diogo, um navegador talentoso, também estava com a frota. Cabral e os irmãos Dias não eram do tipo que se perdiam. Eles sabiam sobre a viagem de 1497 de Vasco da Gama, o primeiro europeu a navegar para a Índia. Naquela viagem, da Gama tinha virado para o sul e

Um Novo Mundo

oeste para pegar a corrente oeste do Atlântico Sul. Percebendo algas na água e pássaros no ar, ele deduziu que havia terra não muito mais a oeste.

Dom João II reuniu às pressas a armada de Cabral pouco depois do retorno de Vasco da Gama a Portugal, na segunda metade de 1499. Ele estava com pressa para mostrar alguma força em Calcutá. Mas a armada pode ter tido outra missão: ir procurar as terras que tinham sido dadas a Portugal no Tratado de Tordesilhas. O tratado deu a Portugal todas as terras em qualquer lugar até 370 léguas (2.220 quilômetros a oeste de Cabo Verde, um pequeno grupo de ilhas na protuberância ocidental da África. A Espanha tinha direito a todas as terras a oeste dessa linha. Mas ninguém jamais tinha visto a maioria das terras concedidas sob Tordesilhas, nem mesmo sabia com certeza se elas estavam lá, ou nem mesmo tinha a capacidade técnica de encontrar uma linha longitudinal imaginária traçada de norte a sul através de um oceano. Em terra, eles poderiam, mas mesmo assim não conseguiriam chegar à linha porque ela passava pelo meio de um continente inexplorado, bem defendido por mosquitos, cobras, pântanos, espinhos, selvas, doenças e pessoas, muitas das quais acreditavam que a melhor maneira de honrar os inimigos era comê-los.[1] Mas antes que Portugal pudesse encontrar a linha de Tordesilhas, precisava encontrar a terra por onde ela passava.

Então não sabemos se Cabral estava procurando por algo ou apenas esbarrou enquanto navegava para o oeste em seu caminho para o leste. Se ele estava procurando por algo, aparentemente era algo diferente do que ele encontrou, um lugar que ele chamou de ilha, a Ilha da Vera Cruz, a Ilha da Verdadeira Cruz.

Mas é claro que ele não descobriu. Milhões de pessoas já viviam lá. (E, para que conste, eles não eram de forma alguma todos canibais.) As tribos ao longo da costa, em grande parte do grupo de línguas Tupi-Guarani, in-

---

[1] Fausto, *Concise History of Brazil*, 10.

cluíam os Potiguares, Temembá, Tabajara, Caeté, Kairi, Tupinambá, Aimoré, Tememino, Goitaca, Tamoio, Carijó e, na área onde Cabral aportou, os Tupiniquins, que haviam migrado para a área há um milênio e meio antes em busca de um lugar mítico desprovido de mal.[2] Se eles encontraram aquele lugar sem mal ou apenas pararam na beira do oceano, não sabemos. Eles chamaram o lugar onde viviam de Pindorama. Mas se Pindorama não tinha mal, algo pelo menos um pouco suspeito chegou em treze navios em 22 de abril de 1500. No dia seguinte, homens dos navios encontraram homens na praia para trocar presentes e, sem dúvida, uma série de mal-entendidos. Então os navios seguiram navegando, cutucando a costa até chegarem a um pequeno porto aconchegante que chamaram de Porto Seguro. Todos os doze navios (um havia se perdido no mar) se aconchegaram no abraço protetor da terra e lançaram âncora. Então a tripulação desembarcou para conhecer um pouco melhor os tupiniquins. Em 26 de abril, a tripulação construiu um altar, ergueu uma cruz e celebrou a missa que estabeleceu sua posse de Vera Cruz. Esta é a data em que o Brasil se considera nascido.

Eles dançaram com os nativos, trocaram bugigangas e ergueram uma cruz que abençoou os pagãos com suas primeiras insinuações da bondade do cristianismo. Um escritor descreveu uma garota como "tingida da cabeça aos pés com aquela tinta vermelha deles, e ela era tão bem-feita e arredondada... que muitas mulheres em nosso país teriam vergonha de serem um pouco menos bem-dotadas".[3] Em 2 de maio, eles despacharam um navio de volta a Portugal para relatar a descoberta das novas terras, e os outros navegaram para a Índia. Eles deixaram para trás alguns judeus ou criminosos (o registro não deixa claro quais, ou se eles eram, por definição, a mesma coisa), cinco grumetes desertores e um punhado de

---

[2] Bueno, *Brasil: Uma História*, 28.

[3] Schwartz, *Economy and Society of Colonial Brazil: A Brief Overview*,

Um Novo Mundo

voluntários que aparentemente sabiam o que era uma coisa boa quando a viam: terra firme, sol tropical, muitas frutas, pessoas amigáveis que dormiam em redes, viviam da riqueza da terra e, por algum motivo, vestiam uma jovem com tinta vermelha. Por que ir para outro lugar?

O nome Brasil surgiu de duas maneiras. A menos provável é que seus descobridores pensaram ter encontrado um lugar que há muito tempo se dizia estar bem a oeste, uma ilha conhecida como Hy Brazil (ou Ho Brazil ou Ho Bresil ou Ho Brasil ou O' Brazil ou O' Bresil ou O' Brasil), supostamente descoberto por um monge irlandês do século V que tinha 105 anos quando partiu em busca de terras para cristianizar (181 quando morreu), uma terra que nunca mais foi vista, embora de vez em quando os marinheiros relatassem um oásis oceânico que evaporava assim que se aproximavam. De acordo com o historiador brasileiro Pedro Paulo Funari, Hy Brazil significa Ilha da Felicidade ou Terra Prometida — sem dúvida uma terra sem mal.[4] Os exploradores ainda estavam procurando Hy Brazil no início do século XVII, bem depois que o Brasil foi encontrado e a localização hipotética de Hy Brazil ainda aparecia em mapas no século XVIII. Uma grande ilha do arquipélago dos Açores também foi chamada de Hy Brasil. William Butler Yeats escreveu que conversou com pescadores irlandeses que viram o lugar e o descreveram como uma ilha sem trabalho, preocupações ou riso cínico. Os portugueses podem ter pensado que descobriram Hy Brazil, embora isso não combine muito bem com o nome que deram ao lugar de Ilha de Vera Cruz.

A explicação mais amplamente aceita é que a terra recebeu o nome do recurso natural de interesse primário para os portugueses, uma árvore que

---

[4] Alegações de que a palavra "Bresil" vem de uma palavra celta, bress, da qual supostamente deriva a palavra inglesa "bless" (abençoar), foram desacreditadas. Não existe tal palavra celta, e "bless" vem de uma palavra germânica que significa "aspergido com sangue".

eles chamavam de pau-brasil. A questão, então, é se eles nomearam o lugar pela árvore ou a árvore pelo lugar. A madeira vermelha do pau-brasil lembra brasas. Ela também lembra uma espécie de árvore asiática – a Caesalpinia echinata – que tinha um nome vernacular que soava como brasil. De qualquer forma, a madeira dessa árvore produzia um corante adorável que tinha um uso especial. A Europa tinha acabado de começar uma era de tecidos feitos em fábricas e repentina variedade de roupas deu origem ao conceito de moda, e a moda do dia exigia o vermelho-púrpura real que vinha da árvore do pau-brasil.

A coroa de Portugal detinha o monopólio do pau-brasil. O rei era dono de todas as árvores. Seus comerciantes contratavam índios – chamados de gentios da terra, ou gentios da terra – para encontrar e derrubar as árvores, serrá-las e transportá-las para a costa. Os comerciantes pagavam com bugigangas, tecidos, facas e ferramentas. Os gentios podiam trabalhar independentemente, sem supervisão, instrução ou coerção. Eles podiam se apressar ou demorar um pouco. Aqueles que entregavam a madeira levavam para casa um belo par de calças ou a ca[5]beça de um machado. Aqueles que preferiam pescar e caçar continuavam a andar nus. Era um bom sistema, o mais livre dos empreendimentos livres, não forçado a ninguém e abençoado por um padre. Os índios eram ótimos lenhadores e animais de carga se deixados por conta própria.

Por um tempo, o Brasil não pareceu ter muito mais a oferecer. Nenhum ouro, prata ou especiarias. No entanto, em 1532, Dom João III sabia que tinha não uma ilha mas uma boa parte de um continente, e queria que fosse explorado para o que pudesse ter valor. Outras potências europeias estavam prontas para tomar suas terras. O Tratado de Tordesilhas era quase sem sentido, e os franceses não o respeitaram, provavelmente porque ele negligenciou mencionar a França. Dom João sabia que fortes e

---

[5] Fausto, *Concise History of Brazil*, 10.

postos comerciais por si só não protegeriam sua colônia. Ele precisava colonizá-la. Ele decidiu impor um feudalismo modificado que havia funcionado durante os tempos medievais e ainda estava funcionando nas ilhas da Madeira e dos Açores. Ele dividiria a terra em doze capitanias. Elas se estenderiam do km Amazonas no extremo norte até o atual estado de Santa Catarina, descendo perto do atual Uruguai – cerca de 735 léguas (4.410 km) de praia cercada por palmeirais e mata atlântica. Cada capitania seria uma fatia entre linhas leste-oeste que eram ridiculamente retas, alcançando da praia até a linha indeterminável definida pelo Tratado de Tordesilhas. Dom João deu cada capitania a um nobre. Esses donatários serviriam como governadores com poder quase absoluto sobre o assentamento e a exploração de suas capitanias.

A nobreza portuguesa, no entanto, não demonstrou interesse em trocar os confortos de Lisboa pelos rigores do Brasil. Dom João, portanto, moveu as qualificações necessárias para um nível mais baixo, concedendo as capitanias a doze homens de confiança, cujas profissões variavam de homens de negócios a burocratas, de navegadores a soldados. Desses doze, quatro nunca se incomodariam em ir ver o que o rei lhes dera. Outros três foram, mas não demonstraram interesse ou não fizeram nenhum progresso. Outros três morreram pouco tempo depois de chegar. Outro, acusado de heresia, voltou para casa acorrentado para enfrentar a inquisição.

Um outro, Duarte Coelho Pereira, teve a coragem de fazer isso funcionar. Ele era filho bastardo de uma camponesa e de um de terras no norte de Portugal. O pai do garoto o levou em uma expedição ao Brasil em 1503 e aparentemente lhe incutiu nele alto grau de confiança. Em 1506, aos 20 anos de idade, Duarte acompanhou uma expedição à Índia. Em 1516, ele era embaixador no Sião. Em 1532, ele recebeu o comando de uma frota encarregada de assustar os franceses na costa do Brasil. Ele era

31

uma escolha natural para uma capitania naquele novo mundo. Dom João lhe deu Pernambuco, um pedaço de terra privilegiado, 60 léguas (360 km) de litoral no lado sul da protuberância que se estende em direção à África. Levaria muito tempo até que alguém pudesse sondar o interior até a linha de Tordesilhas, de modo que profundidade precisa da capitania fazia pouca diferença. E como ninguém podia andar em linha reta pela terra obstruída por selva, montanhas e rios, as fronteiras tinham pouco significado. O tamanho teórico de Pernambuco excedia o do país natal, mas, para fins práticos, um século de assentamento não conseguiria mover a fronteira 80 km da costa.

Pereira tinha pouco interesse no pau-brasil. A coroa tinha o monopólio sobre ele. Havia muitos cocos por alí, mas Portugal já estava obtendo cocos da África, do outro lado do Estreito de Gibraltar. A busca por ouro não tinha revelado nada além de rumores e poeira. No entanto, a poeira era boa, bem regada pela chuva e aquecida sob o a luz do sol tropical. Juntos, esses elementos produziam algo quase tão bom quanto ouro, ouro que um fazendeiro poderia cultivar. Pernambuco era um lugar perfeito para plantar cana-de-açúcar.

Açúcar e Escravos

O açúcar veio originalmente da Ásia para a Europa. Conquistado com muito esforço e proporcionalmente precioso, era distribuído em gramas, uma especiaria da aristocracia, um produto farmacêutico apenas para aqueles que podiam pagar por ele.[1]

O açúcar também era compatível com as necessidades do rei. Ele não queria pequenos agricultores no Brasil entregando carroças ocasionais de frutas e vegetais frescos. Ele queria grandes quantidades de uma mercadoria comercializável. O açúcar se encaixava no perfil. Vastos campos de cana ofereciam as eficiências da monocultura e justificavam a despesa de construir uma usina de açúcar. Como não estragava, o açúcar podia ser enviado para a Europa e armazenado indefinidamente. Como uma mercadoria, podia ser medido em qualquer quantidade e negociado por qualquer coisa, de moeda a comida. Era tão líquido quanto ouro e, em certo sentido, tão valioso. No início do século XVI, duas onças do mineral, que valiam bem mais de mil dólares hoje, comprariam apenas quinze quilos de açúcar. E, claro, o inverso era igualmente verdadeiro. O açúcar podia comprar ouro.

O desejo por açúcar também era uma metáfora adequada para uma colônia que, de muitas maneiras, poderia ser descrita como infantil –

---

[1] Schwartz, *Sugar Plantations*, 5.

egocêntrica, egoísta, gananciosa, sem simpatia, sem consideração pela moral de sociedades mais maduras, incapaz de cuidar de si mesmo e perfeitamente feliz em viver de nada mais substancial do que doces. A metáfora é uma generalização, é claro, ignorando a presença de um governo funcional, uma religião bem estabelecida e uma estrutura rigorosa de regras sociais. Era civilizada no sentido de civilização, mas menos no sentido de civilidade, especialmente nas relações entre classes altas e baixas, os livres e os escravizados, os europeus e os nativos. Podia produzir enormes quantidades de uma safra comercial, mas apenas os mais simples de outros bens manufaturados.

Vastos campos de cana exigiam vastas multidões de trabalhadores. Idealmente, eles viriam de Portugal, trazendo consigo a ética de trabalho dos servos feudais. Os camponeses ibéricos estavam prontos para buscar um novo modo de vida. As economias portuguesa e espanhola não estavam fazendo muito para melhorar a vida das pessoas que trabalhavam lá. Embora a Ibéria estivesse implorando para se envolver no mercantilismo, ainda estava longe do industrialismo. Pessoas abaixo do nível aristocrático tinham pouca alternativa ao trabalho agrícola, e a nobreza e o clero possuíam quase todas as terras. Pragas e colheitas ruins agravavam a situação.[2] O trabalho não compensava, e o sistema econômico não conseguia acomodar a iniciativa empresarial. O suor produzia pouco para aqueles que suavam.

Infelizmente, o núcleo antiquado desse sistema econômico seguiu os aventureiros portugueses que foram para o Brasil. O açúcar foi o ponto onde a Idade Média feudal e agrícola encontrou o mundo moderno da tecnologia, o capitalismo, o mercantilismo e o emprego de trabalhadores por aqueles que possuíam os meios de produção.[3] O processo começou com a prática milenar de um camponês lidando com a terra, mas terminou com

---

[2] Freitas, Palmares: *A Guerra dos Escravos*, 18.
[3] Schwartz, *Slaves, Peasants, and Rebels*, 43

um produto manufaturado vendido do outro lado do mundo. Embora comestível, a colheita não era comida ; era dinheiro. Em vez de ser comida por seus plantadores, era inserida em um processo industrial e exportada. Esse processo exigia mais tecnologia e investimento de capital do que qualquer outra indústria, exceto a construção naval. E assim como aqueles que construíram navios viram o produto de seu trabalho levado embora e navegado além do horizonte, aqueles que cultivavam cana e produziam açúcar nunca mais viram nenhuma das duas coisas.

Então, quando os camponeses de Portugal se aventuraram no Brasil, eles viram pouca melhora em suas vidas. Um governador ainda os governava. Seus empregadores tinham o poder legal de impedi-los de deixar seus empregos. Eles podiam prendê-los por pequenos crimes, chicoteá-los por insolência, enforcá-los por sequer pensar em rebelião.

Mas os imigrantes camponeses não chegaram com sonhos de trabalhar nos campos o dia todo por salários irrisórios e condições abusivas. Eles sonhavam em ter suas próprias fazendas e enriquecer com a sacarose branca fina ou com a economia ao redor dela. Alguns realmente conseguiram arrancar do governador concessões de terras chamadas sesmarias. Os menos ambiciosos fecharam acordos de parceria com um fazendeiro maior, um dos poucos indivíduos ricos que possuíam a terra ou tinham o capital necessário para construir uma usina de açúcar. Aqueles que não tinham sesmarias ou um lote para parceria não se rebaixaram para cortar cana. Eles se tornaram soldados, administradores, artesãos, trabalhadores ou apenas vagabundos — tudo menos trabalhadores do campo. Eles fizeram isso em Portugal, e o trabalho no Brasil era ainda pior. Cortar cana em qualquer ritmo lucrativo era desumano. Isso mataria uma pessoa e, para manter o açúcar a um preço lucrativo, os salários tinham que ser baixos — mais baixos do que a renda necessária para manter uma pessoa viva.

Os donos de engenhos primeiro tentaram resolver o problema contratando índios, oferecendo bugigangas e ferramentas para o trabalho nos campos. Mas os índios tinham pouca noção do valor da produtividade. Sua cultura não tinha experiência com emprego de longo prazo. Dada a escolha entre um dia de trabalho excruciante em um campo aberto sob o sol direto ou pescar em um riacho sombreado, eles tendiam a optar pelo meio de vida mais fácil e tradicional. Para todos os propósitos econômicos além dos seus, eles eram inúteis.

O que os índios precisavam, na opinião portuguesa, era de um pouco de educação, algum esclarecimento sobre a maneira correta de fazer as coisas, algumas lições sobre valores cristãos e os costumes das pessoas civilizadas. Não era apenas uma questão de aprender a trabalhar um dia. Eles tinham que aprender a construir aldeias permanentes e permanecer nelas. Se pescassem, deveriam pegar o suficiente não apenas para comer, mas para vender. Eles deveriam pastorear, não caçar; plantar, não coletar. Eles não deveriam estar correndo nus na floresta ou pintando suas mulheres de vermelho. Eles deveriam amar seus inimigos, não comê-los. Eles faziam sexo ao contrário. Eles não sabiam sobre Jesus ou os Dez Mandamentos. Eles precisavam do cristianismo ou seriam inúteis para sempre em um canavial.

Para preparar esses pagãos para um emprego remunerado e salvar suas almas não iluminadas das garras de Satanás, a Companhia de Jesus – os jesuítas – enviou missionários, a princípio uma equipe de seis, depois muitos mais. Os primeiros chegaram em 1549, liderados por Manuel da Nóbrega. Sua estratégia: persuadir os índios a se mudarem para assentamentos permanentes, para lá aprenderem melhor os fundamentos da civilização. Dezenas de milhares de índios, do Paraguai à costa norte do Brasil, fizeram a mudança. Embora muitos tenham se tornado nominalmente cristãos, poucos mudaram sua opinião sobre o trabalho agrícola.

Açúcar e Escravos

Eles achavam que era simplesmente estúpido. Sua relutância em entender o ponto deixou os portugueses acreditando que os índios eram os estúpidos, incapazes de raciocinar muito melhor do que os animais.

Contribuindo para essa aparência de irracionalidade estava uma tendência a compartilhar em vez de trocar. O jesuíta Manuel da Nóbrega observou como eles dividiam sua comida, e o jesuíta Martim da Rocha notou uma certa característica cristã: "Esses índios mantêm o tempo dos Apóstolos.... Eles não têm nada de seu; tudo é comum entre eles." [4]

Mas eles não conseguiam entender o conceito de lucro. Eles trabalhavam o suficiente para agora, mas não para depois. Quando tinham o suficiente, eles parariam. Eles fumvam, tiravam um cochilo, jogavam um jogo, mexiam em suas armas, se prepavam para a batalha. Para os europeus, eles pareciam preguiçosos, indisciplinados e desgovernados – em suma, pessoas que precisavam de supervisão cristã. O governador Diogo de Meneses escreveria, em 1610, "Estes índios, senhor, são um povo muito bárbaro sem governo e incapazes de governar a si mesmos, e eles são tão carentes a esse respeito que mesmo para seu sustento eles não guardarão para amanhã o que está em excesso hoje."[5]

Se os nativos não gostavam da ideia de trabalhar por salário, então os portugueses teriam que oferecer a eles uma alternativa – invadir suas aldeias, acorrentar quem quer que pudessem capturar, levá-los para os canaviais e açoitá-los para a produtividade. O assentamento de índios em aldeias jesuítas facilitou esse processo. Lá, índios que confiavam podiam ser facilmente reunidos e levados embora. Os que ainda estavam na natureza, no entanto, eram mais difíceis de caçar. A caça aos índios no inte-

---

[4] Schwartz, *Sugar Plantations*, 31 (back-translated).

[5] Ibid., Sugar Plantations, 30, quoting Diogo de Meneses, in a letter to the Crown (Sept. 1, 1610), Arquivo Nacional do Torre do Tombo, Lisbon, Fragmentos, box 1, no. 6. (back-translated)

37

rior se tornou uma profissão lucrativa. Aventureiros implacáveis de São Paulo, conhecidos como paulistas e depois como bandeirantes, se destacaram em vasculhar territórios remotos e capturar pessoas. Muitas de suas milícias eram compostas por mamelucos, mestiços semiqualificados nascidos de mães índias e pais brancos, muitos deles descendentes dos própriospaulistas e de suas concubinas índias.

Mas o bastão não funcionou melhor do que a cenoura. Os conceitos de trabalho forçado e de ser possuído não se encaixavam nas culturas locais. Ao contrário dos astecas, incas e maias, os índios do litoral brasileiro nunca foram colocados em cativeiros para trabalhar como escravos. Eles nunca viram, experimentaram ou, até onde sabemos, sequer consideraram forçar as pessoas a trabalhar. Nem viram, experimentaram ou consideraram o tipo de trabalho repetitivo exigido pela agricultura monocultural. O estresse mental e físico do trabalho repetitivo matou pessoas que sempre ganharam a vida caçando, coletando e plantando algumas pequenas parcelas de culturas de subsistência. E se o trabalho europeu não os matava, as doenças europeias – varíola, sarampo, resfriado comum, gripe – frequentemente o faziam. E se eles sobreviviam ao trabalho, à opressão e à doença, eles fugiam assim que podiam. A floresta a oeste era seu habitat natural, não um obstáculo proibitivo. Ao mesmo tempo, os espinhos e arbustos, os insetos e répteis, a chuva e o calor frustraram as tentativas de persegui-los.

Então a conveniência da oferta de mão de obra local não compensava sua baixa qualidade. Os investimentos em escravos indígenas não estavam dando resultado. Cinquenta anos de persuasão não lhes ensinaram nada. Se os portugueses quisessem alguém para fazer seu trabalho, teriam que encontrar essas pessoas em outro lugar. Eles já tinham uma boa ideia de onde procurar. Escravos negros africanos, todos prontos trabalhando duro produzindo cana e açúcar nas colônias portuguesas em Cabo Verde

Açúcar e Escravos

e nos Açores, estavam se mostrando rentáveis. Eles resistiam a doenças, entendim o conceito de escravidão, resistiram ao trabalho extenuante e sobreviviam ao cativeiro por cinco anos ou mais, recuperando seus donos do custo de sua captura e transporte em apenas 14 a 24 meses.[6] Como eles mal se qualificavam como humanos, ninguém questionava a crueldade inerente ao trabalho forçado. Como eles não tinham visto a luz de Jesus, a exposição à bondade da vida cristã seria para sua melhoria moral. Um sistema de suprimento na África os estava produzindo em grande número. E que nova nação já havia sido fundada sem o trabalho de escravos? Nenhuma.

---

[6] Ibid., *Slaves, Peasants, and Rebels*, 4.

Peças

Em 1535, Duarte Coelho Pereira, donatário e primeiro governador de Pernambuco, chegou ao Recife com sua esposa de dezoito anos, Brites de Albuquerque, e o irmão dela, Jerônimo. Os barracos patéticos do Recife, fétidos casebres e ruas lamacentas doo Recife pareciam impossíveis de serem melhorados. A pedido da esposa, ele decidiu simplesmente construir uma nova cidade nas proximidades. Em 1537, ele fundou Olinda, ao norte do Recife, em uma área mais elevada, onde a brisa do mar varria a letargia tropical, e as águas da estação chuvosa escoavam em vez de se acumularem em poças. Ele deixou grande parte do projeto e dos planos de construção para Brites, que provou ser uma executiva confiante e capaz. Construir uma cidade em uma colina era uma grande tarefa – grande demais para os índios, extenuante demais para os portugueses – então, em 1539, Pereira pediu permissão a Dom João III para receber alguns "escravos da Guiné." Então 1559, um decreto real permitiu a importação de cento e vinte escravos para cada dono de engenho estabelecido no Brasil.[1] Em 1570, havia vinte e três engenhos em Pernambuco. Em 1583, havia 66.[2] Segundo uma estimativa contemporânea, em 1585 havia de quatro a <u>cinco mil escravos</u> em Pernambuco.[3]

[1] Taunay, *Subsídios para a História*, 532-535.
[2] Gandavo, Tratado da Terra do Brasil, 43.
[3] Alves Filho, *Memorial dos Palmares*, 110.

Peças

Aparentemente, aqueles primeiros escravos africanos estavam resolvendo a inadequação dos índios. Os plantadores de açúcar rapidamente descobriram o que o padre jesuíta Antonio Vieira notaria no século seguinte: "Sem negros, não há Pernambuco, e sem Angola [ou seja, a metade sul da África ocidental], não há negros." Mas os portugueses não precisavam de um padre dizendo a eles como ganhar dinheiro com o suor dos escravos. Eles vinham fazendo isso nas ilhas de Cabo Verde, São Tomé, Príncipe e Açores; eles tinham fortes na costa oeste da África desde 1482; seu sistema de suprimento poderia ser facilmente expandido para satisfazer o novo mercado. E assim começou a diáspora involuntária para as Américas.

A escravidão já era uma tradição antiga na África, mas era crucialmente diferente da escravidão de bens produtivos praticada pelos europeus. Em geral, os escravos na África desfrutavam de tanta liberdade quanto os servos feudais na Europa. Seu trabalho era o trabalho de trabalhadores africanos comuns – agricultura, transporte, mineração, construção, serviço. Eles eram tipicamente cativos de uma guerra dentro da região, então tendiam a acabar com outros de sua própria tribo e cultura, até mesmo suas próprias famílias. Sua cultura não era tão diferente daquela de seus senhores. Eles eram um símbolo do status de seus donos, a coisa mais cara que um homem rico poderia possuir. Como a terra na África nunca foi propriedade de indivíduos, os escravos eram a riqueza pessoal subjacente. Assim como a terra era na Europa e em suas colônias nas Américas, os escravos significavam riqueza e uma fonte fundamental de mais riqueza. Por essa razão, a escravidão e o comércio de escravos estavam bem estabelecidos na África. Os europeus conseguiram explorá-la da mesma forma que exploraram o comércio de minerais, têxteis e outros produtos. Os europeus aumentaram a demanda por escravos, e o mercado

41

africano fez todos os esforços para aumentar a oferta. Os escravos não eram mais pilhagem colateral da guerra; eles eram o propósito da guerra.[4]

Mas os europeus corromperiam a natureza da escravidão na África. Seu comércio de escravos começou como uma extensão do comércio de outras mercadorias. Os portugueses simplesmente compravam escravos disponíveis para uso na Europa, depois nas plantações de açúcar de São Tomé, depois nas plantações do Brasil. Como a demanda excedia a oferta, os comerciantes e caçadores de escravos, trabalhando em fortes na costa central e sudoeste da África, iam para o interior para capturar escravos à força. Eles os prendiam, os emboscavam, os capturavam em ataques, os caçavam enquanto fugiam. Mas conquistar africanos em território africano provou ser difícil. As fortificações dos africanos eram resistentes e, embora os soldados africanos não tivessem armas de fogo e bestas, os portugueses raramente venciam uma batalha a menos que tivessem africanos os apoiando.[5]

Cada "peça" que os portugueses capturavam era imediatamente marcado para indicar quem o havia capturado. Eram então amarrados no pescoço com um libambo, uma corrente longa e pesada com anéis que prendiam braços e pelo pescoço. Mulheres e homens eram acorrentados em libambos separados, e as crianças eram autorizadas a correr sem correntes. Com muitas pausas para descarter os mortos, trens de até cem cativos se arrastavam até a costa. A jornada mortal podia levar até oito meses.[6]

À medida que a demanda aumentava, tribos e nações africanas começaram a travar guerras entre si para capturar mais escravos. Mas essa era a nova escravidão. Os cativos não permaneciam com suas famílias ou

---

[4] Thornton, *Africa and Africans*, 105-106.
[5] Ibid., 112.
[6] Robert Edgard (sic) Conrad, *Tumbeiros*, 50.

dentro de suas regiões. Eles não se tornavam parte de famílias extensas e não tinham valor além do seu valor de mercado. Eles eram capturados expressamente para exportação. Luiz Mendes de Vasconcelos, governador português de Angola em 1617, disse que as indígenas da tribo jaga eram particularmente bons nisso, embora "como cães de caça, deven ser mais os que comem que os que entregavam vivos, por ser esta a sua mais ordinaria comida".[7] Os portugueses (e outros europeus) compravam os cativos com bugigangas, rum, pólvora, tabaco e tecidos. Armas e cavalos eram os pagamentos mais úteis porque aumentavam o poder militar dos comerciantes de escravos africanos, tornando-os caçadores de escravos mais eficazes. Para se defenderem, os grupos caçados tinham que adquirir armas e cavalos. Para pagar por eles, eles tinham para se juntar ao tráfico de escravos também.[8] O ciclo terrivelmente vicioso – os meios de destruição e os meios de produção alimentando-se mutuamente – resultou em guerras generalizadas e grave despovoamento, especialmente de homens. A perda de artesãos qualificados, de ferreiros a tecelões têxteis, dizimou a economia regional, tornando as pessoas ainda mais dependentes dos produtos europeus obtidos no tráfico de escravos.[9] A instabilidade política, social e econômica resultou em ainda mais lutas e mais escravos. Com pouco esforço direto de sua parte, os portugueses se beneficiaram da deterioração econômica, política e social da civilização africana do rio Congo ao sul de Angola e ao redor do Cabo da Boa Esperança até Moçambique.

A eficiência do sistema de aquisição minimizou o custo dos escravos. A oferta atendia a demanda tão bem que os proprietários e comerciantes de escravos tinham pouco incentivo para cuidar das pessoas que já possuíam. Era mais barato comprar e transportar novos escravos do que man-

---

[7] Ennes, *Guerras Nos Palmares*, 18.
[8] Thornton, *Africa and Africans*, 98-99.
[9] Ibid., 72-73.

ter os que tinham. Perder um determinado escravo para punição ou outro abuso incapacitante tinha pouco impacto na lucratividade. Alimentá-los além de um mínimo nutricional era um desperdício de dinheiro. Pelo mesmo motivo, não era rentável criar uma criança negra até a idade adulta produtiva. Sem interesse em descendentes, o mercado tinha pouca necessidade de mulheres negras para fins de reprodução. Metade de seus descendentes seriam mulheres, que eram menos úteis para trabalho pesado, e metade dos homens não sobreviveriam até a infância. Consequentemente, a população negra do Brasil não cresceu tão rápido quanto os negros que foram trazidos. Cada remessa da África aumentou a população apenas temporariamente. Dada a vida útil média de cinco anos de um escravo, vinte por cento do suprimento existente tinha que ser reposto a cada ano, com uma rotatividade quase total a cada cinco anos.[10]

Uma vez em um porto africano, os cativos eram marcados para marcá-los como vassalos do rei de Portugal. Se tivessem a sorte de ter seus pecados lavados em um rito de batismo, recebiam outra marcação. O batismo poderia muito bem ser feito em lotes, uma multidão de negros amontoada em correntes purgados com alguns pingos de água benta, salvos de uma eternidade no Inferno.

Os mercados de escravos nos portos reuniam pessoas de muitas culturas africanas diferentes. Os comerciantes fizeram algum esforço para identificá-los com suas supostas fontes, mas as identificações significavam pouco ou nada. Um escravo da terra de "Mina" se referia apenas à região geral ao redor da atual engenho. O nome não se referia a uma tribo, nação ou cultura, mas às minas de ouro míticas na área. Dois negros Mina podem muito bem falar línguas diferentes e até mesmo ser inimigos históricos. Um escravo de "Angola" não veio de nenhuma dessas nações. Em vez disso, Angola se referia a todas as terras controladas pelos portugueses ao

---

[10] Freitas, *Palmares: A Guerra dos Escravos*, 30.

Peças

sul e ao longo do rio Congo. Os escravos que chegavam a um porto angolano da costa leste da África podiam ter vindo do interior profundo, mas ao serem exportados para o Brasil, eram identificados como angolanos.

Não se sabe qual a porcentagem de mulheres ou crianças na carga nos séculos XV e XVI mas em anos posteriores, um navio normalmente tinha o dobro de homens do que mulheres. Homens e mulheres eram mantidos em espaços separados. Os homens eram empilhados no porão e acorrentados para evitar uma revolta. Mulheres grávidas eram isoladas. As crianças eram colocadas juntas, possivelmente no convés aberto.

Os carregadores compactavam esses humanos com densidade desumana. Um decreto emitido em Lisboa em 1664 observou que alguns capitães estavam transportando o dobro do número de cativos permitido por tonelada de espaço de carga.[11] Uma lei emitida em 1684, promulgada para melhorar as condições, especificou que um navio poderia transportar apenas cinco "cabeças" por tonelada de capacidade de carga se o navio não tivesse vigias para ventilação, ou sete se tivesse. Mais cinco "cabeças pequenas" (crianças) por tonelada eram permitidas no convés superior. (Para referência, o Mayflower era um navio de 180 toneladas. Ele poderia transportar 900 escravos. Os 102 peregrinos que ele transportava mal tinham espaço suficiente para todos se deitarem simultaneamente, embora, é claro, o espaço no porão abaixo do convés estivesse cheio de suprimentos em vez de mais pessoas.) A lei também exigia que os cativos recebessem três refeições e 2,6 litros de água por dia.[12] Mas os carregadores frequentemente ignoravam a lei em prol da lucratividade. Eles esticavam a margem de lucro levando mais algumas pessoas em vez de um peso equivalente em comida e água. Temos que presumir que as receitas de pessoas

---

[11] Conrad, Tumbeiros, 52.
[12] Mattoso, To Be a Slave in Brazil, 35.

extras amontoadas no navio excederam a perda de mortes adicionais por sede ou desnutrição.

Em um navio negreiro com 500 cativos que navegou em 1569, 120 pessoas morreram em uma única noite. Temos registros de cinco navios negreiros que deixaram Angola em 1625. Da carga total de 1.211 cativos, apenas 628 sobreviveram, e 68 dos sobreviventes morreram logo após chegarem ao Brasil. Não sabemos se essa taxa de mortalidade era típica naqueles primeiros anos do tráfico de escravos. As mortes podem ter sido documentadas porque eram excepcionalmente altas; talvez todos os cinco navios tenham sido atrasados em calmarias, ou talvez tenham sido atingidos por uma epidemia. Acredita-se que a mortalidade média nos dois primeiros séculos de comércio tenha sido em torno de vinte por cento.[13]

A travessia de Angola para o Recife podia ser feita em 35 dias, com a média sendo cerca de duas vezes maior. Uma viagem de Moçambique, no outro lado da África, podia levar de 50 a 70 dias. Algumas viagens levavam cinco meses. Ventos mortos podiam deixar um navio à deriva por dias ou semanas. Enquanto isso a comida e a água escasseavam e a carga sufocava no porão.[14]

Temos poucos relatos honestos sobre as condições nos séculos XVI e XVII, mas em 1829, o reverendo inglês Robert Walsh descreveu um navio negreiro português, com destino ao Brasil, capturado na costa da África:

> ...Mas a circunstância que mais nos impressionou foi como era possível que um número tão grande de seres humanos existisse, amontoados e encurralados tão apertados quanto pudessem, em celas baixas de 90cm de altura, a maior parte das quais, exceto aquelsa imediatamente abaixo das escotilhas gradeadas, estava fechada para luz ou ar, e isso quando o termômetro, exposto ao céu aberto, estava na sombra, em nosso convés, a

---
[13] Ibid., 35-38.
[14] Ibid., 34.

Peças

32°C. O espaço entre os conveses era dividido em dois compartimentos de um metro de altura; o tamanho de um era de 5 metros por 6 e do outro 12 por 6,5. No primeiro foram amontoadas mulheres e meninas, no segundo os homens e meninos: 226 criaturas foram assim enfiadas em um espaço de 6 metros quadrados e 336 em outro espaço de 22,5 metros quadrados, dando ao todo uma média de 148 centímetros quadrados e para cada uma das mulheres não mais do que 84 centímetros quadrados. Também encontramos algemas e grilhões de diferentes tipos, mas parece que eles tinham sido retirados antes de embarcarmos..."[15]

Naquela viagem em particular, dezessete dias após a travessia, cinquenta e cinco negros já tinham morrido, seus corpos jogados ao mar. A tripulação também estava ficando doente. Nove já tinham morrido devido às condições fétidas e incrivelmente insalubres de 562 pessoas amontoadas a poucos metros de distância, sofrendo de disenteria e enjoo no calor tropical sem ventilação. Walsh continuou observando que os membros da tripulação inglesa relataram ter visto condições ainda piores.

O historiador do século XIX Oliveira Martins escreveu uma descrição escabrosa dos navios negreiros em geral no Brasil e nas Colônias Portuguesas:[16]

> Amontoados no porão, quando o navio jogava batido pelo temporal, a massa de corpos negros agitava-se como um formigueiro de homens, para beber ávidamente um pouco dêsse ar lugubre que se escoava pela escotilha gradada de ferro. Havia lá no seio do navio balouçando pelo mar, lutas ferozes, gritos, uivos de colera e desespero. Os que a sorte favorecia, nêsse ondear de carne viva e negra, aferravam-se á luz e rolhavam a estreita nesga do céu. Na obscuridade do antro, os infelizes, promiscua-

---

[15] Walsh, "Notices of Brazil in 1828 and 1829," unpaginated.
[16] Martins, *Brasil e as Colonias Portuguezas*, 59-60, cited in Ennes, *Guerras nos Palmares*, 19.

mente arrumados a monte, ou caíam inânimes num torpor letal, ou mordiam-se, desesperados e cheios de furias. Estrangulavam-se, esmagavam-se: a uns saiam-lhe do ventre as entranhas, a outros quebravam-se-lhe o membros no choques dessa obscuras batalhas. E a massa humana, cujo rumor selvagem saía pela escoltilha aberta, revolvia-se no seu antro afogada em lágrimas e em inundicie.[17]

Alguns cativos, tendo uma chance, se jogaram ao mar, preferindo a morte à miséria do porão. Alguns rasgaram buracos no casco para afundar o navio e se igualarem aos seus opressores na morte.

Oliveira Martins descreveu os passageiros que sobreviveram à viagem:

Quando o navio chegava ao porto do estino—uma praia deserta e afastada—o carregamento desembarcava; e à luz clara do sol os tropicos aparecia una coluna de esqueletos cheos de pustulas, com o ventre protuberante, as torulas chagadas, a pele rasgada, comidos de bishos, com o ar parvo e esgazedo dos idiotas. Muuitos não se tinham de pé; topeçavam, caíam, e eram levados aos ombros como fardo.[18]

Os navios traziam mais do que escravos. Em algumas viagens, 15 a 20 por cento da tripulação morria de doenças que escorriam dos conveses inferiores.[19] Os navios chegavam ao porto com uma carga de varíola, sarampo, febres, disenteria, hepatite e oftalmia. Cada navio infectava primeiro as pessoas no porto, depois as pessoas nas fábricas. Os negros que sobreviviam eram selecionados biologicamente por resistência a doenças. A seleção fez pouco para fortalecer a raça, no entanto, porque a maioria morria de outras causas antes de poder se reproduzir.

As estimativas da importação total de escravos para o Brasil ao longo

---

[17] Ennes, *Guerras nos Palmares*, 19.
[18] Martins, *Brasil e as Colonias* Portuguezas, 60, cited by Ennes, 20.
[19] Mattoso, *To Be a Slave in Brazil*, 35.

de 350 anos, com base em registros fiscais e palpites sobre a extensão do comércio ilegal, variam de 3,6 milhões a oito milhões, com cinco milhões sendo a estimativa mais amplamente aceita.[20] Não se sabe quantos outros morreram antes do embarque. Muitos morreram durante a caçada. Muitos morreram durante a marcha forçada para a costa, morrendo sob a dor do chicote e das correntes, do peso da bagagem, de fome e do trauma mental excruciante do cativeiro. Mais morreram esperando por navios no porto. Os cativos podiam ter que esperar semanas devido ao mau tempo, às demandas do mercado, ao tamanho do suprimento esperando pelo embarque e à disponibilidade de navios. Eles permaneciam acorrentados, provavelmente expostos aos elementos o tempo todo. Sua nutrição mal sustentava a vida humana. Um historiador inglês estimou que 40 por cento das pessoas capturadas no interior da África morreram antes de chegar a um porto, e outros dez a 12 por cento morreram enquanto aguardavam um navio.[21]

Uma vez em terra no Brasil, os cativos eram transferidos para armazéns para se recuperarem da viagem. Seus donos os lavavam, os engordavam um pouco, tratavam de quaisquer ferimentos, pintavam suas gengivas com um adstringente para fazê-los parecer mais saudáveis.[22] O importador pagava um imposto sobre cada cabeça; o valor variava de acordo com o sexo e a origem na África. Os angolanos valeriam uma quantia por serem dóceis, honrados, leais e apropriados para uso doméstico. Os do Congo valiam outra coisa por serem ativos e mais adaptáveis ao trabalho no campo. Gambianos e moçambicanos eram considerados preguiçosos e

---

[20] Conrad, *Tumbeiros*, 35, and Transatlantic Slave Trade Database, slavevoyages.org

[21] Miller, "Mortality in Atlantic Slave Trade," *Journal of Interdisciplinary History*, 413-414.

[22] Mattoso, *To Be a Slave in Brazil*, 532.

menos inteligentes – "pesados", o que poderia significar qualquer coisa, de azarados a letárgicos ou deprimidos.[23]

Os comerciantes marcavam cada "peça" para indicar o pagamento do imposto. Esta seria a terceira ou quarta marcação. Se o indivíduo não tivesse nenhuma marca de batismo, ele ou ela seria batizado e então marcado no peito com a marca da cruz. Mesmo aqueles já marcados como batizados poderiam ser batizados novamente, apenas para garantir. A marcação batismal, no entanto, não precisaria ser repetida.

Do armazém, eles eram levados para pontos de venda, que podiam ser internos ou externos. Durante o processo de marketing, eles permaneciam nus para melhor exibir suas características. Como sapatos e sandálias eram um símbolo de status, os escravos eram proibidos de usar qualquer coisa nos pés em qualquer momento durante seu cativeiro.[24] No armazém, os clientes vinham para avaliá-los, cutucar seus músculos, puxar seus lábios para trás para verificar seus dentes, examinar suas línguas, sacudir seus braços e pernas, fazxê-los correr para cima e para baixo na loja, fazê-los gritar para mostrar o poder de seus pulmões. As donas de casa podiam muito bem participar das compras, tão imperturbáveis pela nudez de um homem negro quanto seriam pela nudez de uma mula. E assim como as mulas, as pessoas, uma vez compradas, seriam marcadas com o ícone de seu dono.

Compradores astutos tentavam comprar pessoas de várias culturas. Ao comprar uma mistura de pessoas que falavam línguas diferentes e adoravam deuses diferentes, eles esperavam minimizar a possibilidade de rebelião organizada. Embora batizados, os cativos tinham permissão para adorar seus antigos deuses e praticar seus antigos rituais. Certa vez,

---

[23] Brandão, 1988, Comissão Estadual do Centenário da Abolição, 19, quoting an Englishman, "Koster," of the early 19th century.

[24] Conrad, *Tumbeiros,* 27.

Peças

quando certos proprietários de terras na capitania da Bahia reclamaram com o rei que seu governador estava permitindo rituais pagãos, o governador respondeu que "proibir esse ato singular de desunião entre os negros seria promover indiretamente a unidade entre eles, da qual apenas consequências terríveis poderiam resultar". Ele alertou que "a desgraça da escravidão os une como irmãos mas a religião e linguagem os mantem separados."[25]

Privilégio e medo também os separavam. No espectro de destinos que poderiam recair sobre um escravo, o pior era o trabalho nos campos, trabalhando sob chicote e sol desde antes do amanhecer até que estivesse escuro demais para enxergar.[26] Morte por exaustão e exposição ao calor e umidade tropicais era o resultado provável, geralmente dentro de cinco a sete anos. Bronquite, difteria, pneumonia, tuberculose, sífilis, escorbuto, malária, tifo e disenteria mortal encontraram pouca resistência nos corpos exaustos e subnutridos

O historiador André João Antonil escreveu, embora não descrevendo especificamente a escravidão no século XVII ou em Pernambuco, que os escravos podiam desfrutar de certos privilégios e status de acordo com seu treinamento e mistura racial:

> Alguns chegam ao Brasil muito rudes e ignorantes e continuam os mesmos por toda a vida. Outros, em poucos anos, tornam-se ladinos e espertos, tanto para aprender a doutrina cristã quanto para encontrar uma maneira de ganhar a vida, e podem ser encarregados de um barco, para levar mensagens e para fazer qualquer tarefa comum....Entre os ladinos, alguns são escolhidos para funileiros, carpinteiros, construtores navais, taxeiros [aquele que cuida da cristalização do açúcar], marinheiros, pois tais ocupações exigem maior habilidade...Os que nasceram no Brasil ou

---

[25] Freitas, *Palmares: A Guerra dos Escravos*, 51 (back-translated).
[26] Mattoso, *To Be a Slave in Brazil*, 103.

51

foram criados desde pequenos em casa de brancos, apegados aos seus senhores, dão boa conta de si mesmos; e sob bom domínio qualquer um destes vale quatro boçais [trabalhadores do campo não qualificados]. [27]

Chicotes tinham pouco para inspirar as pessoas que tinham que pensar para fazer seu trabalho. Correntes apenas os atrasariam ou tornariam seus trabalhos impossíveis. Eles precisavam de uma certa quantidade de liberdade de movimento, e sua disposição tinha que ser inspirada por algo mais positivo do que a dor. A relativa facilidade de suas vidas era o suficiente. A ameaça de serem enviados para os campos era toda a motivação de que precisavam. Seu dia de trabalho, no entanto, podia ser terrivelmente longo. Os ladinos podiam trabalhar dentro dos engenhos de quinze a dezessete horas por dia durante a época da colheita.

Os escravos domésticos que trabalhavam no conforto das casas dos donos desfrutavam de privilégios de proporções relativamente aristocráticas. Enquanto se comportassem, o que certamente acontecia, não sofriam nem flagelação nem correntes, nem desnutrição nem punição dos elementos tropicais. Podiam até se tornar animais de estimação virtuais da família, seus ferimentos e doenças atendidos, seus filhos dotados de privilégios semelhantes, sua velhice mimada. Ao contrário dos escravos do campo, seu valor aumentava com o tempo, à medida que aprendiam melhor seus trabalhos. Esses trabalhos incluíam não apenas tarefas domésticas padrão, mas também servir como parteira, ama de leite e babá. Muitas crianças brancas emergiam do útero em mãos negras, alimentavam-se de seios negros, passavam a amar mulheres negras com o instinto normalmente reser-

---

[27] Andre João Antonil, *Cultura e opulencia do Brasil por suas drogas e minas* (São Paulo, 1923) 91, citado (em inglês) em René Ribeiro, "Relations of the Negro with Christianity in Portuguese America," *The Americas* (Abri, 1958) 14, No. 4, 457.

vado às mães. A partir daí, eles frequentemente passaram a usar mulheres negras para iniciação sexual.[28]

As mulheres escravas recebiam seus papéis domésticos não apenas porque cozinhar, limpar, cuidar de crianças estavam abaixo da dignidade das mulheres brancas ricas, mas porque havia poucas outras mulheres brancas disponíveis para o trabalho doméstico. As mulheres brancas eram escassas em Pernambuco e outras capitanias. Poucas mulheres deixaram Portugal para viver na fronteira áspera e sombria do Brasil. Para aumentar a população feminina, o governo enviou meninas órfãs para fazer o que pudessem de suas vidas no Novo Mundo.[29] As poucas mulheres que se encontravam no Brasil eram protegidas de perto por maridos e pais ou trabalhavam em negócios mal pagos, se não ilícitos. O trabalho de uma mulher, então, era o trabalho de uma mulher negra. As mulheres negras também estavam lá para ajudar as mulheres brancas que foram forçadas a se casar pouco depois da puberdade e começaram a ter filhos aos quinze anos.[30] As mulheres escravas também trabalhavam nos canaviais, carregando a cana cortada pelos homens.

Os homens brancos estupravam escravas à vontade e sem repercussão. Os pais encorajavam os filhos a usar escravas para aprender os prazeres do sexo e serem orientados adequadamente sem corromper as mulheres brancas. Essas relações sexuais de forma alguma terminavam na adolescência ou no casamento. Consequentemente, as escravas frequentemente engravidavam de um filho de um branco. A prole não era adicionada aos embaraços do dono, mas aos seus bens. Elas eram mais valiosas do que escravas de raça africana pura por seu conteúdo de sangue branco, mas embora talvez fossem descendentes de um mestre, elas certa-

---

[28] Freyre, *Masters and the Slaves*, 395.

[29] Ribeiro, "Relations of the Negro with Christianity," 464.

[30] Freyre, *Masters and the Slaves*, 379.

mente não eram valiosas o suficiente para fazer parte da família branca. Seja de pai branco ou de pai negro não identificável, a prole de escravas pertencia às suas mães e era criada pela comunidade escrava.[31] Até a lei do "ventre livre" de 1871, os bebês de escravas nasciam por padrão em cativeiro.

As crianças negras na casa do senhor podiam brincar com as crianças brancas, mas a criança escrava era um brinquedo, não uma companheira de brincadeiras. Nessa idade precoce, as crianças brancas aprendiam a dar ordens e a desrespeitar e maltratar negros. Em jogos de faz de conta, a criança negra era o cavalinho, o servo, a vítima de brincadeiras, o escravo. Eles eram bodes expiatórios profissionais – meninos chicoteadores – punidos por quaisquer problemas que ocorressem no decorrer da brincadeira. Dessa forma, as crianças – negras e brancas – aprendiam o relacionamento adequado entre as raças. As crianças brancas aprendiam a não se importar, e as crianças negras aprendiam o mesmo.[32]

Todos os escravos temiam a perda de privilégios, mas seu maior medo era a punição – tortura tão dolorosa quanto a imaginação europeia pudesse conceber. Os europeus nunca abusariam de um animal, nem mesmo da cobra mais venenosa, de forma tão cruel, completa ou metódica. Uma punição passiva ou psicológica era preferida porque era menos provável que resultasse em atitudes ruins e inimigos agravados. Também era menos provável que danificasse o ativo. Mas quando a punição física era prescrita, era horrível e era usada como exemplo. Para servir como tal, era executada em público, diante de uma audiência de negros chamados dos campos e engenhos para ver o que acontecia com qualquer um que ousasse roubar, destruir, se rebelar, resistir ou fugir. A menor indicação de recalcitrância justificava uma tortura pública. Se a punição ocorria na

---

[31] Mattoso, *To Be a Slave in* Brazil, 111.
[32] Freyre, *Masters and the Slaves*, 349-350.

cidade, provavelmente era no pelourinho, um pilar de pedra com um anel de ferro que ficava na praça em frente à magnificência ornamentada de uma igreja barroca. Como a punição poderia muito bem aleijar, se não destruir, um ativo, o objetivo não era nem o sadismo nem a educação do indivíduo. Era o terrorismo clássico – punição de um para inspirar medo em outros. O indivíduo punido servia apenas como um meio, um meio de entregar uma mensagem. A tortura pública era uma tarefa, algo que os brancos tinham que fazer regularmente para sustentar o medo e manter seu domínio. O sacrifício de uma peça era um investimento na educação do resto.

Os brancos reuniam uma audiência negra por razões óbvias, mas por razões desconhecidas, seu dono também podia comparecer, geralmente com esposa e filhos. Talvez essas testemunhas brancas sentissem satisfação em sua dominação total. Talvez o propósito prático do show fosse adoçado com sadismo. Talvez o dono quisesse acostumar sua família à crueldade. Talvez eles não tivessem nada mais interessante para fazer em uma fazenda ou engenho a um oceano de distância de qualquer tipo de arte, teatro, música ou outra alegria da sociedade civilizada. Era uma chance de sair de casa para algo além da igreja.

As mulheres, não mais livres que os escravos na cultura portuguesa, têm a reputação de terem sido mais cruéis do que os homens. Muitas vezes com ciúmes das escravas que atraíam seus maridos, as matronas portuguesas eram conhecidas por chutar dentes, cortar seios, arrancar globos oculares e vender adolescentes bonitas para outros senhores.[33]

O bacalhau servia como motivador cotidiano, bem como a ferramenta básica de punição medida. Uma sessão de punição poderia consistir de duzentos a trezentos golpes, embora um Código Penal aprovado no século XIX restringisse o chicoteamento a cinquenta chicotadas por dia, embora

---

[33] Ibid., *Masters and the Slaves*, 351-352.

sem limite para o número de dias consecutivos de punição.[34] Por razões relacionadas mais à psicologia do que à preguiça, outro escravo realizava o chicoteamento. As chicotadas podiam ser aplicadas nas costas, peito, cabeça, rosto, pernas e pés. Sal, vinagre, pimenta ou limão esfregados nas feridas aumentavam e prolongavam a agonia, ao mesmo tempo que minimizavam as infecções que poderiam impedir o indivíduo de trabalhar ou mesmo de viver. Por outro lado, se a infecção fosse desejada, o escravo poderia ser encharcado com urina. Alguns cortes com uma faca ou cortes com uma navalha aumentavam a dor. O indivíduo poderia permanecer acorrentado ao pelourinho pelo resto do dia quente e depois pelo frio da noite, esperando mais chicotadas para abrir as feridas no dia seguinte. Arruinado para qualquer propósito útil além da reiteração da mensagem, o indivíduo provavelmente continuaria sendo açoitado até morrer.

Cristãos devotos, os portugueses tomaram emprestado um termo da Igreja Católica: novena. Na igreja, a palavra se referia a orações devocionais continuadas ao longo de nove dias. No pelourinho, se referia a uma surra de nove noites, cada sessão durando até o chicote tirar sangue.

Os donos de escravos emprisionavam seus trabalhadores mal-comportados em várias formas de berlinda, aprisionando suas cabeças e membros em posições dolorosas por dias, semanas ou meses. Eles os amarravam no tornozelo ou no pescoço. Eles os penduravam-nos com correntes em volta da cintura, ou no quadril de modo que se dobrassem para o lado, com o próprio peso lentamente rasgando a espinha. Eles acorrentavam os escravos a caldeirões borbulhantes nas usinas de açúcar — inferno doce, eles chamavam — por meses a fio, expostos a chamas, faíscas e respingos de xarope de cana fervente.

A mutilação de escravos era legal no Brasil até 1824. Os donos de escravos quebravam dentes com martelos. Em ataques de ciúmes, eles mu-

---

[34] Conrad, *Tumbeiros*, 30.

tilavam órgãos genitais. Para desencorajar fugas, eles cortavam tendões de Aquiles. Eles perfuravam globos oculares, marcavam rostos, decepavam escrotos, cortavam orelhas, amputavam dedos, cortavam seios, espancavam mulheres por estarem ou não grávidas. Eles amarravam pessoas no chão para formigas as comer ou as penduravam em árvores para moscas e mosquitos fazerem o mesmo. Eles as enterravam vivas, as afogavam, as estrangulavam, as ferviam em caldeirões de xarope, as jogavam em moedores de cana. Eles levavam os homens a se matarem, as mulheres a matarem seus recém-nascidos.[35]

Eles inventaram equipamentos: o cepo, um tronco carregado na cabeça e acorrentado ao tornozelo; a gargalheira, semelhante a uma coleira de cachorro mas feito de metal; a golilha, um sistema de correntes que restringia os movimentos, prendendo opcionalmente uma placa de ferro nas costas, com a palavra "ladrão" ou "fugitivo"; a "máscara de Flandres" de ferro que cobria o rosto, preso pelas costas, com um buraco grande o suficiente para respirar, mas não para comer; o anjinho de dois anéis e um parafuso apertado lentamente em volta do polegar para extrair a confissão; o vira-mundo, que segurava as mãos e os pés, torcendo o corpo em posições torturantes.

Essas formas de tortura eram mais do que uma punição. Eram táticas que desumanizavam com sucesso os escravos e os faziam ter medo de ajudar uns aos outros. Os escravos de fazendas e engenhos raramente se levantavam contra a minoria que os oprimia. Só podemos imaginar o estado de espírito desmoralizado, o desespero incapacitante de pessoas que foram arrancadas de suas sociedades, jogadas entre estranhos, amontoadas com eles como sacos de mercadorias, espancadas, torturadas, obrigadas a trabalhar até a exaustão, famintas, negadas qualquer conforto, negadas qualquer senso de humanidade, qualquer senso de esperança.

---

[35] Mattoso, *To Be a Slave in Brazil*, 136.

Quilombo dos Palmares e o Guerreiro Zumbi

Muitos dos escravos no Brasil eram pessoas sem família, sem filhos, sem posses, sem orgulho, sem o fruto de seus trabalhos, nem mesmo sabendo para que serviam seus trabalhos ou para onde ia o produto, sem a língua de seus mestres, sem a adoração cerimoniosa de seus deuses, sem identidade além das marcas de seus donos e da religião que lhes era imposta. Até certo ponto, eles retiveram pedaços das culturas de suas terras natais, mas nas populações aleatórias que se formaram nas fazendas, eles tiveram que se adaptar às línguas, religiões e modos de vida uns dos outros.

A sociedade branca não identificava os indivíduos por suas origens étnicas ou culturais, exceto que eles eram de algum lugar da África, não da Europa. Eles categorizavam os não brancos pelas circunstâncias de seu nascimento. Os negros nascidos no Brasil eram crioulos. Um mameluco era filho de um homem branco e uma mulher índia. Um brasileiro (ou seja, aquele que trabalha com a árvore pau do brasil) era um índio ou mameluco. Um banda-fôrra era o filho de um homem branco e uma escrava negra. Um mulato era o produto de qualquer negro e branco. Um pardo era um mulato ou até mesmo apenas alguém com pele morena. Um salta-atrás era a filho de um mameluco e umaa negra. Um terceirão era o filho de um branco e uma mulata.[36] Um cariboca era o filho de um tupi e uma branca. Um cafuso era o filho de um negro e uma tupi ou outra nativa.[37]

Nas primeiras décadas da economia açucareira, os africanos eram uma minoria nas cadeias, superados em número pelos escravos indígenas. Mas, à medida que os indígenas morriam ou fugiam e o negócio de capturar e transportar africanos se tornava mais organizado e econômico, a proporção de escravos negros aumentava. Em 1574, os africanos representavam apenas sete por cento dos escravos. Em 1591, eles representavam

---

[36] Ribeiro, *O Povo Brasileiro*, 151.
[37] Cunha, *Os Sertões*, 61.

Peças

trinta e sete por cento. Nas décadas seguintes, esse número chegaria a quase cem por cento.

O número de escravos também aumentou à medida que os canaviais se espalhavam para cima e para baixo na costa de Pernambuco e Bahia, a capitania ao sul. Os campos se estendiam para o interior, mas a floresta da mata atlântica resistia a eles. Cem anos no negócio do açúcar, os produtores ainda não tinham avançado oitenta quilômetros para o interior. A cana precisava ser processada no mesmo dia em que era cortada, então os campos tinham que estar perto dos engenhos que alimentavam. Os engenhos eram fábricas de produtos complexos e caros. Eram máquinas complexas e caras, muitas delas esculpidas em madeira local – engrenagens gigantes de mogno, eixos de madeira tão fortes quanto aço. Embora o açúcar fosse o ouro que um homem podia cultivar, a inicialização envolvia mais do que uma pá e uma bateia. Precisava de capital. Um engenho precisava de um homem rico para financiá-lo. Também precisava de campos produtivos. O açúcar esgota o solo rapidamente. Se um campo não pudesse ser fertilizado, tinha que ser abandonado. Campos cada vez mais distantes dos engenhos necessitavam da construção e manutenção de estradas. Campos e estradas tendiam a seguir a costa em vez de lutar para entrar na floresta da mata atlântica do interior.

Enquanto a floresta servia como limite geográfico, a estrutura da indústria açucareira servia como limite econômico. O capital circulava por um triângulo transatlântico: produtos manufaturados baratos iam da Europa para a África. Esses produtos compravam escravos, e os escravos iam para o Brasil, enquanto o açúcar ia do Brasil para a Europa. A maior parte do capital ficava na Europa, mas algun voltava ao o ciclo como produtos baratos destinados à África. Os navios não necessariamente navegavam nessa rota triangular, mas o tráfego de navios e dinheiro fluía entre esses três pontos. Os engenhos estavam acorrentados a esse ciclo. Os donos dos

59

engenhos tinham que comprar escravos ou os transportadores não levariam seu açúcar para a Europa. Aqueles que monopolizavam o transporte ficavam com uma parte desproporcional do capital que circulava pela economia. O Brasil, quase totalmente dependente desse único produto, tinha poucos outros elementos econômicos para sustentá-lo. Somente com capital emprestado da Europa a economia açucareira poderia se sustentar. Os juros do crédito e o preço cada vez mais baixo do açúcar impediram grande acúmulo de riqueza no Brasil. Embora alguns tenham lutado para chegar ao topo e prosperaram, a maioria dos donos de engenhos e plantadores de cana lutaram para sobreviver. Devido à divisão da riqueza, com grandes somas no topo, mas pouco para a vasta maioria, a renda per capita era alta em média, mas precariamente baixa na maioria dos casos. O rico Brasil era povoado por pessoas miseráveis, destituídas, escabrosas e desnutridas.[38]

A floresta permaneceu como uma barreira para o assentamento e, consequentemente, tornou-se uma oportunidade para escapar desse assentamento. Para entrar na floresta com os apetrechos da civilização, era preciso atravessá-la. Mas para desaparecer nela – sem armadura, arma, bagagem ou comida – um homem com medo de sua vida poderia deslizar para dentro da vegetação e abrir caminho. A pobreza absoluta dos escravos fugitivos dava a eles uma vantagem sobre os europeus sobrecarregados por roupas pesadas, armas e bagagem. A natureza abrigava os mansos. O urbanismo e o materialismo dos poderosos – sem dúvida sua própria ganância – os restringiam como uma coleira.

As aventuras no interior, então, não foram longe, e o risco de desastre aumentou com a distância da costa. A sociedade europeia terminou na margem da floresta escura. Então, quando, perto do fim do século XVI, um número desconhecido de escravos em um engenho de açúcar indeter-

---

[38] Moura, *Quilombos*, 48

minado em algum lugar perto da costa da parte sul de Pernambuco de alguma forma conseguiu se rebelar contra seus donos e feitores, escapulir para dentro da floresta e escapar.

Palmares Inicial

Os primeiros fugitivos dos últimos anos do século XVI a princípio sobreviveram necessariamente como caçadores-coletores, vivendo da terra, literalmente ao deus-dará. Como eles acabaram se estabelecendo em uma área chamada Palmares – Palmeiras – podemos presumir que os palmarianos comiam muitos cocos e outras frutas de palmeira. Pernambuco oferecia uma variedade de espécies que produziam cocos, cera, açaí e o pequeno e polpudo fruto coquinho. O coqueiro pindoba (Attalea pindoba) se tornou um recurso natural primário.[1] Outras palmeiras na área incluíam o ouricuri (*Syagrus coronata*), o catrolé (*Syagrus cearensis*) e um tipo de videira espinhosa, a titara (*Desmoncus polyacanthos*). Os palmarianos bebiam leite de coco, comiam polpa de coco e usavam cascas de coco raspadas como tigelas e xícaras. Eles socavam o leite de coco até virar manteiga e o fermentavam para virar vinho. Eles cobriam suas casas com folhas de palmeira e as teciam em esteiras e cestos. Eles fiavam fibras de casca de palmeiras em tecidos e barbantes. Eles comiam insetos do tamanho de dedos que viviam sob a casca de palmeira. Eles comiam palmito, o miolo branco e tenro das árvores jovens. Eles cozinhavam com óleo de palma (azeite de dendê) e queimavam óleo de palma em lamparinas. Eles pren-

---

[1] Carneiro, *O Quilombo dos Palmares*, 45.

Palmares Inicial

diam uma pequena tigela de barro a uma palha de bambu e a uma casca de coco cheia de água para formar um narguilé através do qual eles podiam fumar um certo cânhamo, "fumo Angola", que lhes dava sonhos maravilhosos e acalmava sua tristeza quando sentiam falta da África.[2] Sem dúvida eles olhavam para as palmeiras do Brasil e se lembravam das palmeiras do lugar de onde tinham vindo. Depois de trabalhar nas extensões implacáveis e sem sombra dos canaviais, os bosques de palmeiras, tão parecidos com os da África, devem ter sentido como o paraíso.

Nas décadas seguintes, mais fugitivos chegaram. Mulheres tiveram bebês. Pequenos assentamentos, chamados mocambos, brotaram aqui e ali, geralmente no topo de montanhas com acesso difícil. Às vezes, eles se juntavam a aldeias indígenas, e às vezes os índios se juntavam a eles. No início, os quilombolas – os moradores dos quilombos – não se identificavam entre si como uma única entidade política. Mas, ao longo dos primeiros anos do século XVII, eles reconheceram que compartilhavam um inimigo comum, um medo comum e necessidades comuns. O uso da palavra quilombo no Brasil, adotado da palavra semelhante em Mbundu, indica que os campos de guerra de Palmares provavelmente adotaram a tradição jaga de integrar homens de várias culturas – vários territórios conquistados – em uma irmandade militar unificada.[3]

A palavra *quilombo* aparentemente não era usada geralmente (pelo menos não pelos portugueses) durante o tempo de Palmares, todo o período do século XVII. Documentos existentes se referem às aldeias de Palmares como mocambos. A primeira referência escrita a Palmares como um quilombo aparece em um documento de 1692, referindo-se a mercenários que estavam "fasendo cruel guerra aos negros com os quaes tem tido ja alguns recontros bem socedidos de que se pode esperar que neste

---

[2] Ibid., 48.

[3] Schwartz, *Slaves, Peasants, and Rebels*, 125.

Quilombo dos Palmares e o Guerreiro Zumbi

veram com o favor de Deos sejam os negro desalojados do outeiro do barriga e incapacitadas as suas Lavouras sem as quaes nam se poderam sustentar nem Conservar naquelle Citio e por consequencia em todos os mocambos e quilombos que ocupam no Sertao."[4] (Neste livro, "quilombo" se refere a todo Palmares, já que "Quilombo dos Palmares" é hoje uma expressão amplamente usada e o primeiro uso acima mencionado é em referência específica a Palmares. Enquanto mocambo pode ser sinônimo de quilombo, aqui se refere a vilas e cidades de refugiados da escravidão.)

Os mocambos que compunham Palmares se estendiam por uma faixa de cerca de 350 quilômetros de comprimento e largura variável. Essa faixa ficava a cerca de 80 quilômetros da costa do que é hoje o estado brasileiro de Alagoas. Mais tarde, no século XVII, a área de Palmares era considerada "maior do que todo o reino de Portugal".[5] (Isso só poderia ser verdade se incluíssemos como parte de Palmares a vasta e instável área para o interior dali, o sertão, que os colonos da costa não conseguiam alcançar por causa do sertão e dos mocambos que ficavam entre eles e o sertão.) A terra se elevava gradualmente da costa, formando uma planície interrompida aqui e ali por cristas altas e íngremes isoladas umas das outras por florestas, riachos e pequenos rios. Mais para o interior, logo além de Palmares, a geografia e o ecossistema se tornavam o sertão áspero e semiárido de arbustos espinhosos, vegetação esparsa e solo de cascalho. O extremo sul de Palmares e a capitania de Pernambuco alcançavam o rio São Francisco, um rio que lembra o Mississipi em seu comprimento, largura,

---

[4] Ernesto Ennes, Doc. 35, "Consulta do Conselho Ultramarino sobre a retificação dos Capítulos que o Governador João da Cunha Sotto-Maior concedeu ao Coronel Domingos Jorge Velho, que pede o Governador de Pernambuco Marquez de Montevello. Recife, 5 de Setembro de 1692", 243. Note que Schwartz, em *Slaves, Peasants, and Rebels*, faz referença a Palmares chamado de "quilombo" em 1691.

[5] Ennes, Doc. 30, "Parceres acèra da campanha dos Palmares", 210.

Palmares Inicial

tendência a inundações e no tráfego de barcos a vapor com rodas propulsoras do século XIX. Com cerca de 2.830 km de comprimento, o rio, mais tarde conhecido como "Velho Chico", começa a sudoeste de Pernambuco nas colinas cheias de ouro de Minas Gerais. Ele flui para o nordeste pela Bahia antes de virar para o leste e sudeste para formar parte da fronteira sul do atual Pernambuco e, em seguida, a fronteira entre Alagoas e Sergipe. Alguns quilômetros rio acima do Atlântico ficava (e ainda fica) a cidade de Penedo.

Em qualquer mocambo, pessoas de várias culturas africanas viviam cooperativamente. Elas elaboraram uma linguagem que pode ter começado como gestos e pantomima e gradualmente se desenvolveu em uma combinação funcional de palavras africanas e portuguesas, alguns termos tupi-guarani para plantas, animais e lugares locais, e algumas palavras que eles inventaram conforme necessário. Muitas delas compartilhavam a língua bantu ou jaga. Mocambo s distantes uns dos outros e em comunicação apenas ocasional podem ter desenvolvido dialetos ou sotaques locais. Não temos nenhuma evidência, no entanto, de como essas pessoas se comunicavam ou se compartilhavam alguma forma de escrita. Se elas usavam uma linguagem escrita, poucas sabiam como fazê-lo.

Muito do pouco que sabemos sobre a vida em Palmares vem do relato de um espião, um escravo enviado a Palmares por Manuel de Inojosa. Proprietário de terras e escravos e veterano de incursões contra quilombos na Bahia e em Pernambuco, Inojosa era ardente em eliminar a rebelde república negra. Em ou um pouco antes de 1677, ele ofereceu liberdade a um de seus escravos se ele fosse a Palmares, reconhecesse a maneira como as pessoas viviam lá e relatasse. O escravo assim o fez, passando seis meses em Palmares antes de retornar. Nem o motivo de seu retorno nem seu destino subsequente são conhecidos. Inojosa enviou um relatório a

Quilombo dos Palmares e o Guerreiro Zumbi

Lisboa. O relatório foi perdido, mas o documento que o acompanhava resume o que o espião relatou:

Neste relatório [anexo], Manuel de Inojosa, por causa da conquista [de Palmares], enviou um escravo negro seu, com a promessa de emancipação, para viver entre os negros, fingindo fugir do cativeiro e assim obter sua confiança e observar a maneira como vivem, trabalham, casam e governam porque conhecer os caminhos do inimigo facilita o sucesso na guerra. Durante seis meses, o dito escravo esteve entre os negros como um deles, ganhando em todos os sentidos a confiança não apenas dos moradores, mas dos mais altos líderes.

Cada negro que chega ao mocambo fugido de seus senhores logo é ouvido pelo conselho de justiça que tem que saber de suas tenções porque são grandemente desconfiados, nem se fiam só do fato de ser negro que se apresente; que tanto se certificam das boas intenções do negro que chega lhe dão mulher a qual possuem junto com outros negros, dois, três, quatro e cinco negros, pois sendo poucas as mulheres adotam esse estilo para evitar contendas; que todos os maridos da mesma mulher habitam com ela o mesmo mocambo, todos em paz e harmonia, em arremedo de família, mas próprio dos bárbaros sem as luzes do entendimento e a vergonha que a religião impõe; que todos esses maridos se reconhecem obedientes à mulher que tudo ordena na vida como no trabalho; que cada uma dessas chamadas famílias os maiorais, em conselho dão uma data de terra para que a cultivem e isso o fazem a mulher e os seus maridos [...] que à guerra acodem todos nos momentos de maior precisão, sem exceção das mulheres que nessas ocasiões mais parecem feras que pessoas do sexo

Eles têm essas terras, mas não como suas porque não podem vendê-las, e as perdem sob prisão se não as plantarem conforme as instruções

Palmares Inicial

do conselho dos líderes. Entre eles, tudo é de todos, e nada é de ninguém, pois os frutos do que plantam e colhem ou do que fazem em suas oficinas são obrigados a depositar nas mãos do conselho, que divide a cada um de acordo com o que precisam para seu sustento. Todos eles se levantam para a guerra quando mais necessário, sem exceção das mulheres, que nessas ocasiões parecem mais animais selvagens do que pessoas de seu gênero. As queixas, sejam elas da família fictícia ou da república, são ouvidas pelo conselho de justiça, sem recurso. Os líderes, todos eles, são escolhidos por uma reunião dos negros que vivem no mocambo, mas o líder principal é escolhido pelos líderes. O líder principal resolve questões de guerra sem consulta ou opinião contrária de ninguém, e qualquer um que não vá para a batalha em conformidade com sua vontade, ele o mata. Na guerra, eles usam facas, lanças, armas de fogo e pólvora, das quais eles têm grandes quantidades roubadas em seus ataques ou compradas de brancos com quem eles têm um acordo. Eles estão dispostos a morrer antes de abandonar Palmares.[6]

Da perspectiva moderna, a sociedade palmariana era, em aspectos cruciais, semelhante ou séculos à frente da sociedade europeia. As mulheres eram social, econômica e militarmente empoderadas. O casamento e a moralidade sexual eram aparentemente estabelecidos por necessidade e eficiência, em vez de por decreto religioso. Um conselho parlamentar era eleito pelo voto popular, e o líder mais alto era eleito pelos líderes em um processo eleitoral. A propriedade era comunal, e, em um ante-eco de Karl Marx, esperava-se que cada cidadão contribuísse de acordo com sua capacidade e recebesse de acordo com sua necessidade.

O aspecto comunitário da propriedade da terra era uma tradição na África, assim como dos nativos latino americanos que povoavam Palmares.

---

[6] Freitas, "Sobre a conquista dos negros dos Palmares," *República de Palmares*, 11

Em qualquer caso, a propriedade da terra em Palmares teria sido impraticável. Durante um ataque, as pessoas precisavam abandonar uma aldeia, o que significava, é claro, abandonar suas terras, sem mencionar a maioria de suas posses, incluindo alimentos armazenados. Ao mesmo tempo, novos fugitivos estavam sempre chegando e não tinham nenhuma maneira prática ou equitativa de tomar posse da terra. A sobrevivência e o bem comum tinham prioridade absoluta sobre a riqueza pessoal.

Na África, essas pessoas eram fazendeiros, pastores, caçadores, artesãos, ceramistas, mineiros, artistas, pescadores, ferreiros, marceneiros, tecelões, comerciantes, donas de casa, soldados, escravos, artistas e empresários. Eles trouxeram essas habilidades para Palmares. Eles cultivavam, pescavam e caçavam. Eles faziam cerâmica e tecidos. Eles extraíam hematita, fundiam-na em ferro, forjavam-na em aço e a martelavam em enxadas, facões, machados e pontas de flechas. Eles negociavam com fazendeiros próximos. Eles criavam galinhas e porcos, mas não gado.[7] Por serem seres humanos, é bem provável que tenham sucumbido ao desejo de expressão artística.

Não sabemos exatamente o que aqueles primeiros colonos palmarianos estavam fazendo para incomodar os portugueses na costa, mas registros posteriores nos dão uma indicação. Assim que seus soldados ficaram fortes o suficiente, eles começavam a invadir engenhos e plantações para pegar armas, pólvora, suprimentos e ferramentas. Eles também levaram ouro e prata que poderiam usar para comprar armas, munições e outros produtos manufaturados de colonos cooperativos.[8] Enquanto estavam lá, eles atearam fogo em construções e campos. Não sabemos se a destruição era por vingança, uma tentativa agressiva de derrotar ou empurrar os por-

---

[7] Freitas, *Palmares: A Guerra dos Escravos.*, 44-46.
[8] Kent, "Palmares: An African State in Brazil," *Journal of African History*, 170.

Palmares Inicial

tugueses para trás, ou apenas um véu de caos para dificultar a perseguição. O palpite lógico: todos os três.

Eles também capturavam pessoas – homens negros para se juntarem às suas tropas, e mulheres de qualquer cor, presumivelmente para reprodução e conforto, bem como para trabalho doméstico. O estupro como vingança ou ato de crueldade era aparentemente raro. As muitas reclamações documentadas sobre Palmares de proprietários de terras e líderes locais nunca mencionam violência sexual.[9] Mulheres brancas eram frequentemente resgatadas de volta para suas famílias e retornavam ilesas.[10]

Palmares precisava aumentar sua população. Poucos homens tinham coragem de fugir para os perigos desconhecidos da floresta. Muitos tinham medo de punição horrenda caso fossem pegos. E, claro, muitos eram simplesmente incapazes de escapar a menos que fossem libertados. Os invasores palmarianos tiveram que capturá-los efetivamente de seus captores e forçá-los a fugir – pelo menos foi o que os portugueses relataram que estava acontecendo. Em Palmares, esses fugitivos forçados se tornaram escravos de seus novos captores. Mas era escravidão na tradição africana. Eles não eram explorados para ganho financeiro ou abusados até a morte. Eles eram mais como ajudantes, fazendo o mesmo trabalho que todos os outros. E eles podiam ganhar sua liberdade invadindo a costa e capturando outra pessoa.

Mesmo antes de Palmares se tornar uma entidade política unificada sob um único governante, ele era uma ameaça à sociedade colonial portuguesa. O jesuíta Pero Rodriguez escreveu uma carta sobre o problema em 1597: "Os primeiros inimigos são os negros de Guiné levantados que estão em algumas serras donde vem a fazer saltos e dar algum trabalho, e

---

[9] Carneiro, 62.
[10] Kent, 170.

póde vir tempo em que se atrevam acommetter e destruir as fazendas, como fazem seus parentes na ilha de S. Tomé."[11]

São Tomé, uma ilha perto da Linha do equador na costa ocidental da África central, vinha usando com sucesso escravos negros para plantar cana e produzir açúcar. Sobreviventes angolanos de um navio negreiro naufragado estabeleceram um mocambo em uma montanha, e logo escravos fugitivos da ilha estavam se juntando a eles. Em 1574, eles lançaram um ataque contra engenhos e plantações. Os contra-ataques não conseguiram eliminar a ameaça. Outro ataque em 1595 causou ainda mais danos. Não conseguiu expulsar os colonos brancos, mas o mocambo continuou sendo um problema no século seguinte.[12]

No Brasil, o problema para os donos de engenhos e fazendas não eram apenas os ataques e sequestros. Era o exemplo. Como sociedade e economia, Palmares estava funcionando efetivamente. Seu povo estava trabalhando junto e se sustentando. Eles ainda queriam e talvez precisassem dos produtos europeus que roubavam dos engenhos e fazendas que atacavam, mas não precisavam de Portugal, seu rei ou sua aristocracia. Este foi o início de uma tendência de longo prazo nas Américas – um movimento político e econômico em direção à independência de uma tirania hierárquica e imóvel. Como a revolução que aconteceria na América do Norte 150 anos depois, ela foi fundada na vida, na liberdade e na busca pela felicidade. Como a revolução que aconteceria logo depois na França, ela sustentou (na prática, se não em uma declaração articulada) os princípios de *liberté, égalité, fraternité*. Embora não oferecesse os estratos sociais que permitiriam a mobilidade ascendente através das classes econômicas – era uma única classe de trabalhadores e soldados sob uma pequena elite de governadores – ela absorvia os cansados, os pobres, os atingidos por tempestades, os es-

---

[11] Ribeiro, *O Povo Brasileiro*, 458, citando "Carta do Padre Pero Rodrigues etc."
[12] Schwartz, *Sugar Plantations*, 15.

Palmares Inicial

cravizados e as massas amontoadas ansiando por respirar livremente. Os imigrantes incluíam não apenas negros fugitivos, mas pessoas pobres que estavam fartas da opressão do governador ou de um dono de engenho, ou que tinham sido acusadas de um "crime". No contexto de tirania total e intolerância religiosa, um crime incluiria falar contra a estrutura de poder existente, qualquer conflito com a aristocracia, deserção, traição, miséria, bruxaria, prostituição, sodomia, vadiagem e ser judeu.[13] Mas o número de brancos em Palmares era provavelmente muito pequeno. Muitas das incursões falharam em capturar ou matar qualquer branco, e os documentos oferecem muito poucas referências a brancos em Palmares. Pode muito bem ser que os colonos brancos em território palmariano, com permissão palmariana, fossem considerados parte da sociedade palmariana, mesmo que não a defendessem ativamente. E é claro que na panmixia de casamentos mistos, concubinatos e estupros, a definição de branco pode se tornar nebulosa.

Palmares estava demonstrando várias alternativas fundamentais ao modo de vida português. Os negros podiam sobreviver em liberdade e podiam viver com outras raças como iguais. Uma colônia podia sobreviver sem sua terra natal. Uma economia podia se sustentar sem ouro, açúcar ou navios. Uma sociedade podia funcionar sem aristocracia, cristianismo, peões, racismo ou o chicote. E embora um homem não pudesse possuir sua própria terra, pelo menos a terra que ele arava e capinava não pertencia a ninguém além de todos.

Em outras palavras, Palmares se opôs à sociedade portuguesa em quase todos os sentidos.[14] Para os portugueses, o conflito foi muito além da questão dos escravos fugitivos. A luta com Palmares foi um conflito de classes: os pobres contra os ricos. Foi racial: negros contra brancos. Foi

---

[13] Schwartz, *Slaves, Peasants, and Rebels*, 12.

[14] Ribeiro, *O Povo Brasileiro*, 173.

cultural: dois conjuntos de valores irreconciliáveis. Foi social: duas maneiras de organizar uma comunidade. Foi econômico: uma economia coletiva versus uma monocultura de rendimento sob dominação oligárquica. Foi político: súditos portugueses obedientes a um rei versus antigos súditos portugueses se saindo perfeitamente bem sem o rei.

Palmares provou que a liberdade era possível, a escravidão desnecessária. Ela representava esperança. Tinha que ser provada inviável. A melhor maneira de fazer isso – a única maneira – seria erradicá-la.

Assim Eles Vão sem Castigo

O problema de Palmares doeu tanto em Lisboa que em 1602 um novo governador-geral do Brasil, Dom Diogo Botelho, navegou para o porto de Recife em vez de ir direto para a Bahia de Todos os Santos em Salvador, a capital do Brasil. Foi a primeira vez que um governador-geral ousou pisar delicadamente na lama daquela cidade fétida e infectada ou, por falar nisso, em qualquer lugar de Pernambuco. Ele não pretendia ficar muito tempo antes de seguir para o sul, para seu palácio em Salvador. Ele queria apenas avaliar a situação naquela que ele considerava a capitania mais importante do território sul americano do rei.

Botelho encontrou Pernambuco numa confusão maior do que esperava. O assentamento primário na capitania mais importante precisava de governança, obras públicas, instalações militares, um sistema de justiça, uma aparência de ordem. Ele passou um ano nas alturas da vizinha Olinda, registrando depoimentos de cidadãos importantes. Todos concordavam em uma coisa: Palmares tinha que ser exterminado.

Antes do fim do ano, Botelho reuniu um exército ad hoc de alguns oficiais profissionais, alguns donos de engenhos aventureiros e, nas palavras do Governador-Geral Botelho, "pessoas de pouca importância". Entre os de pouca importância estavam os brancos plebeus, os negros libertos e os mestiços brancos-índios mamelucos – basicamente qualquer um que precisasse de trabalho.¹ Os oficiais iam pela glória e pela esperança de favores do rei. Os índios provavelmente trabalhavam por bugigangas, ferramentas e, em alguns casos, pela carne de negros capturados. Os peões faziam o que lhes era dito, talvez inspirados por promessas de pilhagem humana. Todos esperavam ganhar um pouco de dinheiro com os escravos que capturassem, seja vendendo-os ou recebendo uma recompensa por seu retorno. Sob a liderança de Bartolomeu Bezerra, o pequeno exército empacotou seus facões, mosquetes, espadas, chumbo e pólvora, sua farinha de mandioca, carne seca e peixe seco, seus mantos e redes, e começou a trabalhar arduamente, suar, cortar e tropeçar em seu caminho para o interior.

Poucos meses depois, eles retornaram. A história não registrou detalhes da excursão, mas a correspondência ao rei relatou que os rebeldes haviam sido capturados ou mortos, e Palmares havia sido varrido da face da capitania. Os rebeldes negros estavam extintos. Problema resolvido. Todos puderam voltar ao trabalho, e o governador-geral Botelho pôde navegar para seu quartel-general na Bahia. Mais tarde, ele recebeu uma carta do rei, elogiando-o por essa contribuição ao império.²

A declaração de vitória de Bartolomeu Bezerra não foi necessariamente apenas um erro de julgamento. O que os líderes da expedição disseram e realmente fizeram muitas vezes tinha pouco em comum. Uma petição enviada ao rei em 1689 pelo conselho de Pernambuco alertou que os oficiais frequentemente mentiam para obter promoções, pagamentos e favores reais.³ Embora não mencione Palmares especificamente, o documento atesta a desonestidade e o exagero que explicariam os repetidos re-

---

[1] "Correspondênca de Diogo Botelho," Revista IHGB, vol. LXXIII, part 1, 121

[2] Décio Freitas, *Palmares: A Guerra dos Escravos, 5th Edition* (Rio de Janeiro: Edições Graal, 1990), 40

[3] Freitas, *República de Palmares*, 13-15.

Assim Eles Vão sem Castigo

latos da morte do rei palmariano, o massacre de um grande número de pessoas, as vitórias exageradas sobre aldeias e os vários extermínios de Palmares. As imprecisões foram agravadas pela perspectiva unilateral dos portugueses relatando um inimigo que eles nunca conheceram bem e nunca se importaram em descrever com qualquer discernimento. Os escribas que mantinham diários durante as excursões escreviam longamente sobre as jornadas árduas e as batalhas gloriosas, mas gastavam poucas palavras observando o inimigo.

De fato, a extinção relatada que rendeu a Botelho e Bezerra os elogios do rei acabou se mostrando mais otimista do que realista. Os escravos ainda estavam fugindo para algum lugar, e alguém continuava a atacar os assentamentos brancos. Botelho enviou excursões a Sergipe, a capitania no lado sul do rio São Francisco, onde ordenou a destruição de "quatro ou cinco aldeias muito grandes".[4]

A essa altura, já se falava em não mais importar escravos da África porque, depois de todas as despesas de compra e embarque, disse Botelho, metade deles logo fugiu para as matas. Embora ele provavelmente estivesse exagerando, a população de Palmares aumentava às centenas a cada ano. Um novo governador-geral, Diogo de Meneses e Sequeira, sugeriu ao rei que seria melhor investir nos índios locais do que em mais negros. Os africanos não eram necessários, escreveu ele, porque os engenhos estavam trabalhando com menos da metade de seus trabalhadores "porque eles fogem e se escondem no sertão, e há tantos à solta que formam aldeias e se rebelam, e ninguém pode fazer nada a respeito".[5]

Mas os indígenas brasileiros não iriam resolver o problema. Eles não aceitavam bem a vida de escravos. Em 1612, os jesuítas estavam reclamando dos índios abandonando seus assentamentos e se juntando aos ne-

---

[4] "Correspondência," 192.

[5] Ibid., 39.

gros em Palmares.⁶ O trabalho forçado, nativo ou africano, era cada vez mais incerto e, portanto, próximo de inviável, o que significava que o açúcar era inviável, o que significava que o Brasil era inviável, o que colocava a viabilidade de Portugal em questão, e Portugal, que de 1580 a 1640 estava politicamente unido à Espanha, era um pilar da Igreja Católica.

Enquanto isso, o preço do açúcar estava caindo, pois outras fontes aumentaram o fornecimento para a Europa. A lucratividade caiu. A última coisa que os donos do engenho precisavam era de vandalismo e sabotagem por ex-escravos. Ataques de palmarianos espalharam a fama do lugar, encorajando mais escravos a fugir. Os fugitivos levaram consigo habilidades que poderiam ser usadas para construir uma economia e uma sociedade. Entre fugas e a horrenda taxa de mortalidade de escravos, os donos de engenhos não tinham escolha a não ser importar mais africanos, cada barco trazendo não apenas uma nova carga de miséria, mas novos recrutas para o maior inimigo de Pernambuco.

Um relatório ao rei em 1613 alertou sobre uma situação que estava piorando:

> Nesta Capitania [Pernambuco], 30 léguas (180 km) ao sertão, está um sítio entre umas serras, a que chamam os Palmares, ao qual ordinàriamente se acolhem, fugindo do trabalho, os escravos...e depois, come asssaltos e correrias, que fazem, obrigam os brancos a que os busquem com m um lugar entre duas serras chamado Palmares, onde são acolhidos os escravos, fugindo do trabalho... e depois, fazendo assaltos e incursões, obrigam os brancos os que busquem com mão armada, de que sucede trazerem muitos algumas vêzes, porém, tanto que os soltam nos trabalhos, logo se toernam para a mesma parte, não sendo possível extinguir-

---

⁶ Freitas, *República de* Palmares, 41.

Assim Eles Vão sem Castigo

lhes o fundamento, leo que os insultos, que os vadios cometem, lançam a fama aos dos Palmares, e assim ficam sem castigo...[7]

Após a excursão que o governador-geral Botelho havia enviado, Palmares continuou a crescer em população, força econômica, estrutura social e coesão política. O tráfico humano continuou a fluir da África para os assentamentos brancos em Pernambuco, e de lá fluía para Palmares. Ironicamente, e sem saber, Palmares e Portugal estavam ambos trabalhando contra seus próprios interesses. Para sustentar sua economia baseada na escravidão, Portugal teve que continuar importando inimigos potenciais da África. Ao mesmo tempo, a dependência de Portugal da escravidão estava sustentando um sistema econômico que estava se tornando obsoleto. Potências rivais na Europa – Inglaterra e Holanda – embora ainda dependentes da escravidão para a produção agrícola no Novo Mundo, já estavam se movendo para um sistema industrial de trabalho qualificado e finanças sofisticadas. Enquanto os escravos fossem o esteio da economia ibérica, as ineficiências do sistema aristocrático de Portugal continuariam, a Igreja exerceria seu poder excessivo e um rei com poderes herdados governaria de acordo com seus caprichos.

Ainda assim, a indústria açucareira era uma transição do feudalismo para o industrialismo capitalista. Ao contrário da agricultura e da indústria caseira, ela exigia capital substancial, planejamento extensivo e organização administrativa complexa. Um processo intrincado tinha que ser racionalizado. Uma dada operação tinha que ser eficiente se esperasse ser lucrativa. Ela exigia um sistema de produção não muito diferente de uma linha de montagem com um fluxo contínuo de trabalho e a contribuição de especialistas em cada etapa.[8]

---

[7] "Livro que Dá Razão do Estado do Brasil," cited in Edison Carneiro, *O Quilombo dos Palmares*, 50.

[8] Veja os pensamentos do Stuart Schwartz em *Sugar Plantations*, 254-258.

Os escravizados, é claro, não tinham interesse em ajudar essa nova indústria a prosperar. Palmares estava fazendo o que podia para destruí-la fazenda por fazenda, engenho por engenho, mesmo enquanto roubavam da indústria produtos que eles não conseguiam produzir. Os escravos sabotavam engenhos, incendiavam campos e fugiam sempre que tinham a chance.

A taxa de fuga e a ameaça representada pelos fugitivos deram origem a uma nova profissão, o capitão do mato. Ele era tipicamente um mulato abençoado com sangue europeu suficiente para ser confiável para caçar negros fugitivos por uma recompensa. Em uma terra com pouca lei fora das cidades, os capitães do mato ganharam uma reputação de brutalidade que nem sempre se limitava aos fugitivos. Como agentes de fato do império, eles frequentemente recebiam autoridade sobre um distrito e se reportavam a um dono de engenho em vez do governo. Eles eram conhecidos por intimidar colonos rurais e extorquir-lhes dinheiro para proteção.[9] Estando no negócio brutal de caçar humanos em uma colônia governada pela brutalidade, o capitão do mato não reconhecia limite para seu poder.

Nas primeiras décadas do século XVII, os colonos continuaram a explorar um dos recursos naturais do Brasil – a população indígena. Os bandeirantes de São Paulo, caçadores de escravos, sondaram o sertão em busca de aldeias que pudessem capturar. Seus achados favoritos eram as aldeias administradas por jesuítas de índios "civilizados" (ou seja, vestidos e batizados). Os jesuítas abominavam esse abuso de seu evangelismo. Eles sustentavam que os índios eram nobres e humanos demais para serem submetidos à escravidão. A escravidão era mais apropriada para os africanos, eles acreditavam, desde que fosse acompanhada de batismo e reverência a Cristo.

Dom Felipe II estava inclinado a concordar que a ênfase deveria ser

---

[9] Ibid., 471.

Assim Eles Vão sem Castigo

colocada nas importações africanas. Sua preferência não tinha nada a ver com a humanidade relativa percebida dos indígenas. Suas preocupações eram mais financeiras. Era mais fácil taxar escravos africanos que chegavam de navio do que escravos indígenas sendo arrastados do campo.[10]

Um dos mais proeminentes e eloquentes jesuítas, Antônio Vieira, veio para a Bahia quando menino com sua família em 1618. Sua mãe era filha de uma mulher que era metade africana. Ele estudou em uma escola jesuíta e entrou no noviciado jesuíta em 1623. Durante a invasão holandesa de Salvador em 1624, ele fugiu para o interior, onde começou a trabalhar como missionário e a apreciar a dignidade dos índios. Ele fez seus votos em 1625 e, depois de se tornar padre em 1634, subiu ao púlpito para defender a humanidade dos índios. A inteligência e a eloquência de seus sermões eram amplamente respeitadas, mas sua posição sobre as questões lhe rendeu muitos inimigos. Ele irritou a Inquisição por defender judeus e "cristãos-novos" (ou seja, judeus que se converteram durante a Inquisição) que vieram para o Brasil. Embora justificasse a escravidão de escravos, ele também protestou contra os proprietários de escravos que abusavam de seus escravos. Ele pregou contra pregadores que abusavam do poder de seus sermões. Ele foi acusado de traição por sugerir que os holandeses recebessem Pernambuco em nome da paz, mas foi Dom João IV quem o salvou de ser expulso da Companhia de Jesus. Em vários momentos, por vários motivos, ele foi expulso do Maranhão, exilado (junto com todos os jesuítas) do Brasil e expulso de Lisboa.

Em 1633, em um sermão para a "Irmandade dos Pretos" em um engenho de açúcar na Bahia, ele tentou confortar seu rebanho negro comparando-os a Cristo:

Não se pudera nem melhor nem mais altamente descrever que coisa é ser

---
[10] Thornton, *Africa and Africans*, 137.

escravo em um engenho do Brasil. Não há trabalho nem gênero de vida no mundo mais parecido à Cruz e Paixão de Cristo que o vosso em um destes engenhos. O fortunati nimium sua si bona norint! Bem-aventurados vós, se soubéreis conhecer a fortuna do vosso estado, e, com a conformidade e imitação de tão alta e divina semelhança, aproveitar e santificar o trabalho!

Em um engenho sois imitadores de Cristo crucificado:Imitatoribus Christi crucifixi - porque padeceis em um modo muito semelhante o que o mesmo Senhor padeceu na sua cruz e em toda a sua paixão. A sua cruz foi composta de dois madeiros, e a vossa em um engenho é de três. Também ali não faltaram as canas, porque duas vezes entraram na Paixão: uma vez servindo para o cetro de escárnio, e outra vez para a esponja em que lhe deram o fel. A Paixão de Cristo parte foi de noite sem dormir, parte foi de dia sem descansar, e tais são as vossas noites e os vossos dias. Cristo despido, e vós despidos; Cristo sem comer, e vós famintos; Cristo em tudo maltratado, e vós mal-tratados em tudo. Os ferros, as prisões, os açoites, as chagas, os nomes afrontosos, de tudo isto se compõe a vossa imitação, que, se for acompanhada de paciência, também terá merecimento de martírio. Só lhe faltava a cruz para a inteira e perfeita semelhança o nome de engenho: mas este mesmo lhe deu Cristo, não com outro, senão com o próprio vocábulo.[11]

A posição de Vieira sobre a escravidão não poderia ter lhe rendido muitos amigos entre os africanos, embora ele tenha tentado confortá-los com uma lógica distorcida que se aplicava a eles, mas não aos índios. Um sermão, mais tarde intitulado "Filhos do Fogode Deus", justificou a escravidão em bases lógicas e bíblicas. Ele estava se dirigindo a uma congregação de "irmãos negros do Rosário" e, aparentemente, seus senhores. Os senhores, vestidos com elegância dominical, estariam sentados nos

---

[11] Vieira, *Obras Completas do Padre António Vieira*, Sermão XIV.

bancos enquanto seus escravos, quase nus e fedendo, ajoelhavam-se atrás. Vieira transmitiu a mesma mensagem a todos eles: era lógico que Deus nunca destinaria ninguém a dois mandatos no Inferno. Escravos vivos certamente viviam em um Inferno na Terra. Era lógico, então, que se eles fossem para a vida após a morte sem o fardo do pecado, eles seriam libertados do Inferno.

> Vós sois os irmãos da preparação de Deus, e os filhos do fogo de Deus. Filhos do fogo de Deus na transmigração presente do cativeiro, porque o fogo de Deus neste estado vos imprimiu a marca de cativos: e posto que esta seja de opressão, também como fogo vos alumiou juntamente, porque vos trouxe à luz da fé, e conhecimento dos mistérios de Cristo, que são os que professais no Rosário. Mas neste mesmo estado da primeira transmigração, que é a do cativeiro temporal, vos estão Deus, e sua Santíssima Mãe, dispondo e preparando para a segunda transmigração, que é a da liberdade eterna. Isto é o que vos hei de pregar hoje para vossa consolação. E reduzido a poucas palavras, será este o meu assunto: que a vossa irmandade da Senhora do Rosário vos promete a todos uma Carta de Alforria: com que não só gozeis a liberdade eterna na segunda transmigração da outra vida, mas também vos livreis nesta do maior cativeiro da primeira.[12]

As palavras do Padre Vieira devem ter confortado os donos dos filhos do fogo de Deus, aliviando-os de quaisquer suspeitas de pecado de sua parte. Tendo trazido aos africanos não iluminados à luz da Fé e o conhecimento dos mistérios de Cristo, eles podiam ficar seguros de que nunca sofreriam os fogos do Inferno. Eles devem ter conforto, também, ao ouvir sobre o pecado da desobediência ao seu mestre:

> Que fique claro, todos vocês que são escravos, que nem tudo o que vocês

---
[12] Vieira, Sermão XXVII do Rosário.

81

são é escravo. Todo homem é composto de um corpo e uma alma, mas o que é escravo... não é a pessoa inteira, mas apenas metade dela.... Falando de escravos, e com escravos, São Paulo disse: "sejam obedientes aos vossos senhores segundo a carne."[13]Quem são esses ʹ senhores segundo a carne'? Todos os intérpretes declaram que eles são os senhores temporais, como os vossos, a quem servis durante toda a vossa vida; e o Apóstolo chama-os de 'senhores segundo a carne ʻporque o escravo, como qualquer outra pessoa, é feito de carne e espírito, e o controle do senhor sobre o escravo é apenas sobre a carne, isto é, o corpo, e não inclui o espírito, que é a alma.

É por isso que entre os gregos, os escravos eram chamados corpos. Mas não precisamos voltar tão longe quanto Roma e Grécia. Eu pergunto a vocês: no seu próprio Brasil, quando vocês querem dizer que fulano tem muitos ou poucos escravos, por que vocês dizem que ele tem tantos ou tantos peças? Porque as primeiras pessoas que os nomearam dessa forma pretendiam significar, sabiamente e de maneira cristã, que a sujeição do escravo ao senhor, e o controle do senhor sobre o escravo, consistem apenas no corpo... vocês [donos de escravos] chamam seus escravos de peças, assim como chamamos um pedaço de ouro, um pedaço de prata, um pedaço de seda, ou qualquer outra coisa entre aquelas que não pos-

---

[13] Efésios 6:5-9 "Escravos, obedeçam a seus senhores terrenos com respeito e temor, com sinceridade de coração, como a Cristo. Obedeçam-lhes, não apenas para agradá-los quando eles os observam, mas como escravos de Cristo, fazendo de coração a vontade de Deus. Sirvam aos seus senhores de boa vontade, como servindo ao Senhor, e não aos homens, porque vocês sabem que o Senhor recompensará cada um pelo bem que praticar, seja escravo, seja livre. Vocês, senhores, tratem seus escravos da mesma forma. Não os ameacem, uma vez que vocês sabem que o Senhor deles e de vocês está nos céus, e ele não faz diferença entre as pessoas."

suem alma. E dessa forma fica ainda mais provado que o nome peça não inclui a alma do escravo, e significa apenas seu corpo.

Não temos registro de como as "peças" de sua congregação se sentiram em relação a essas palavras reconfortantes ou se conseguiram associar sua situação com a de Jesus na cruz. A julgar por quantos deles optaram por assumir o fardo da desobediência, podemos supor que eles estavam menos do que inteiramente convencidos de sua boa sorte de serem abençoados com a escravidão. Em números crescentes, eles encontraram maneiras de obter uma vantagem em sua liberdade eterna escapando de seus donos e correndo para o interior em direção a um lugar com sombra de palmeiras que deve ter parecido o paraíso na Terra.

Brasil Holandês

Enquanto Vieira pregava sobre a posse temporal do corpo, algumas pessoas estavam preocupadas com a posse temporal do Brasil. Portugal queria mantê-lo, mas o Conselho Ultramarino do rei suspeitava que a Holanda queria tomá-lo. Uma trégua de doze anos entre a Espanha e a Holanda havia terminado em 1621, tornando um movimento militar holandês quase inevitável. Na época, a Península Ibérica estava passando por uma transferência problemática de poder que havia começado em 1580. A morte do Rei Henrique I havia deixado o país sem um herdeiro para a Casa de Aviz. O próximo em uma linha complicada para o trono era o Rei Felipe II da Espanha. Um Habsburgo, ele se tornou o Rei Felipe I de Portugal.[1] Os dois países não se uniram exatamente, mas compartilhavam um rei e uma política externa. Essa política externa levou Portugal à Guerra dos Oitenta Anos da Espanha com a Holanda. Começou em 1568 e continuaria até 1648. No meio dela, Felipe e a Holanda assinaram uma trégua de doze anos que durou de 1609 a 1621.

Enquanto o tratado se manteve, a Holanda e a União Ibérica estavam desfrutando de um comércio extensivo. O ouro, a prata, o vinho, o sal e o

---

[1] Felipe também foi rei da Inglaterra e da Irlanda durante seu casamento com a rainha Maria I, também conhecida como Maria Sangrenta, de 1554 até sua morte em 1558, período em que foi pretendente ao trono da França.

Brasil Holandês

açúcar da Espanha iam para a Holanda. O trigo, o queijo, o equipamento de navegação e os têxteis da Holanda iam para a Espanha. A maior parte do açúcar do Brasil ia direto para a Holanda, onde era refinado e distribuído por toda a Europa. A Holanda, em outras palavras, estava usando tecnologia avançada enquanto a economia hispano-portuguesa ainda dependia de matérias-primas e produtos de tecnologia relativamente simples. Mas a tecnologia é ainda mais lucrativa quando as matérias-primas vêm do território nacional. Como o tratado terminou em 1621, a Holanda estava pronta para chamar o Brasil de seu. No mesmo ano, o rei Felipe IV subiu ao trono em Madri e como Felipe III subiu ao trono em Lisboa. Ele tinha dezesseis anos. Também em 1621, a Companhia Holandesa das Índias Ocidentais foi incorporada e, para uma precificação mais eficiente, sua primeira missão corporativa foi cortar o intermediário ibérico no negócio do açúcar.[2]

Madri sabia das intenções da Companhia, mas nunca se preocupou em fortificar sua capital no Brasil. Afinal, o Brasil era espanhol apenas no sentido técnico-legal. O povo e os líderes do Brasil eram todos de Portugal. Então, dos dois fortes em sua capital, Salvador, na capitania da Bahia, um estava desmoronando e o outro estava inacabado. A ampla e profunda Bahia de Todos os Santos estava totalmente aberta. Em 9 de maio de 1624, uma frota holandesa de vinte e seis navios com trinta e três mil homens e quatrocentos e cinquenta canhões navegou sem impedimentos para a baía, bombardeou Salvador por uma noite e a invadiu na manhã seguinte. Em vinte e quatro horas, eles capturaram a capital do Brasil. Eles se moveram tão rápido que conseguiram apreender não apenas um enorme estoque de açúcar e pau-brasil, mas o próprio governador-geral Diogo de Mendonça Furtado. Os produtos e o governador logo acabariam na Holanda.

---

[2] Bueno, *Brasil: Uma História*, 90.

Quilombo dos Palmares e o Guerreiro Zumbi

Os "homens bons" da cidade – ou seja, os *homens ricos*, ou seja, os grandes donos de escravos – se reuniam em fazendas fora da cidade.³ A necessidade levou à invenção. Eles não conseguiram derrotar os holandeses, mas conseguiram contê-los. Eles cercaram a cidade o melhor que puderam e usaram táticas de emboscada para prender os holandeses lá dentro. Matias de Albuquerque, neto de Duarte Coelho Pereira (o primeiro donatário de Pernambuco) e irmão de Duarte de Albuquerque (o donatário que efetivamente era dono de Pernambuco) trouxe ajuda e se juntou à guerra. Os homens bons gostaram do fogo nos olhos de Albuquerque e de sua disposição de marchar com seus homens em vez de ser carregado em uma rede como os homens ricos costumavam ser. Eles o elegeram governador-geral interino do Brasil e o deixaram liderar.

Os holandeses e os portugueses permaneceram em um impasse, cada um aguardando reforços de suas pátrias. Os holandeses, desesperados, ofereceram liberdade a qualquer escravo que se juntasse a eles no esforço militar. Eles colocaram Francisco Probero, um ex-escravo, no comando de um regimento negro de pensadores otimistas. O regimento lutou com toda a ferocidade esperada de soldados que seriam homens livres se vencessem ou homens mortos se perdessem.

Madri reconheceu a urgência do perigo. Do ponto de vista de Madri, a invasão bem-sucedida do Brasil poderia logo se expandir para invasões de lugares mais importantes, lugares com prata e ouro – México e Peru. Cinquenta e dois navios de guerra ibéricos zarparam para Salvador com doze mil soldados. A frota chegou em 29 de março de 1625 e bloqueou o porto, formando uma temível lua crescente de poder de fogo.

Os holandeses, cercados, não demoraram a decidir que poderiam aplicar seus esforços com mais sucesso em outras partes do mundo. Eles se renderam em 30 de abril. Uma frota holandesa chegou alguns dias de-

---

³ Fausto, *Concise History of Brazil*, 41.

Brasil Holandês

pois, mas honrou a rendição e levou seus fuzileiros de volta para casa. O Brasil era novamente uma colônia portuguesa no império da Espanha.[4]

Os recrutas negros de Francisco Probero não estavam a bordo dos navios holandeses que retornavam. Os holandeses aparentemente se viam mais próximos de seus companheiros brancos do que de seus companheiros lutadores. Eles abandonaram o regimento de Probero ao seu destino nas mãos dos vencedores. Os portugueses, notoriamente implacáveis com traidores, esperavam lealdade até mesmo de seus escravos. Eles cortaram Probero e cinco de seus oficiais serem cortados em quatro pedaços cada, e seus aspirantes a soldados-escravos foram condenados ao que já tinham sido condenados antes de defenderem sua nação: trabalho duro por toda a vida.[5]

Nos anos seguintes, a Holanda saqueou outros lugares. A Companhia Holandesa das Índias Ocidentais não obteve lucro até 1628, quando sua frota atacou a frota espanhola que transportava um carregamento anual de prata para a Espanha. Os carregamentos de pilhagem forneceram financiamento para outro esforço militar.[6] Matias de Albuquerque, o comandante veterano na batalha por Salvador, previu outra invasão holandesa. Em agosto de 1629, ele deixou Lisboa em um único navio com vinte e sete soldados e algumas munições básicas. Este navio constituiu toda a defesa naval do Brasil. Chegou ao Recife em outubro. Albuquerque não tinha ideia de onde ou quando os holandeses poderiam invadir, mas Recife era uma boa aposta. A cidade estava tão mal defendida quanto Salvador quando os holandeses a tomaram em um dia.

Em 3 de fevereiro de 1630, uma frota holandesa de cinquenta e dois navios transportando 3.680 marinheiros e 13.500 soldados chegou à

---

[4] Fausto, *Concise History of Brazil*, 4.
[5] Freitas, *Palmares: A Guerra dos Escravos*, 56.
[6] Bueno, *Brasil: Uma História*, 90.

costa. Uma parte da frota tentou entrar no porto, mas encontrou resistência em um forte. Outro destacamento navegou para o norte. Em 15 de fevereiro, ele despejou três mil homens em uma praia chamada Pau Amarelo, a apenas duas léguas (12 km) ao norte da cidade vizinha de Recife, Olinda. Bem organizadas, as forças holandesas invadiram a capital pernambucana em dois dias, quando a frota já havia entrado no porto. Os portugueses recuaram para o sul, para Recife. À medida que os holandeses pressionaram o ataque, os portugueses se retiraram daquela cidade. Os negros em Recife, subitamente livres, se revoltaram, se rebeltaram e incendiaram a cidade. Ou pode ter sido Matias de Albuquerque que incendiou a cidade para negar aos holandeses a satisfação do saque.[7] Em ambos os casos, os holandeses logo restauraram a ordem e tomaram posse da cidade e de seu conteúdo, incluindo todos os escravos que não haviam fugido para o interior.

Os defensores portugueses reuniram suas forças em uma colina a uma légua (6 km) fora da cidade. Com apenas vinte homens e quatro canhões, eles precisavam de um milagre para defender sua posição. Eles chamaram o Arraial de Bom Jesus. Suas tropas aumentaram à medida que outros refugiados chegaram até elas, com alguns com escravos a tiracolo. Um chefe potiguar chamado Antônio Camarão apareceu com um contingente de índios um tanto cristianizados que por um preço razoável estavam dispostos a apoiar os portugueses.[8]

De Bom Jesus, os pernambucanos mantiveram os holandeses na costa e enviaram forças de resistência de guerrilha para ensinar aos invasores o quão difícil era lidar com o Brasil. Ao longo dos anos seguintes, as lições incluíram emboscadas e a destruição de quaisquer campos e engenhos que os holandeses tentassem explorar. Com efeito, os portugueses foram re-

---

[7] Abreu, *Chapters of Brazil's Colonial History*, 74.
[8] Ibid., 75.

duzidos a perseguir a mesma guerra de ataque e fuga na infraestrutura econômica que Palmares vinha usando para impedir o progresso e desgastar o inimigo.

O Padre Antônio Vieira sempre controverso e nunca relutante em falar o que pensava, estava pedindo que Portugal simplesmente entregasse Pernambuco aos invasores. Ele não achava que valia a pena defender. A Holanda era muito forte, ele dizia, e defender Pernambuco estava custando mais do que valia a pena.

Enquanto isso, o povo de Palmares tinha pouca simpatia por seus antigos donos. Com a ajuda de índios de inclinação semelhante, eles estabeleceram uma segunda frente no interior da cidade para dificultar as manobras de holandeses e portugueses. Escravos por todo Pernambuco aproveitaram a falta de governo e fugiram para o interior. A população de Palmares, estimada em 3.000 antes da invasão holandesa de 1630, aumentou à medida que a economia de seus antigos donos entrou em paralisia e decadência.

As necessidades da guerra forneceram outro meio de emancipação. Palmares não era o único caminho a seguir. Os negros podiam se juntar a um regimento que foi formado sob Henrique Dias, um ex-escravo que havia conquistado sua liberdade em lutas anteriores. Juntar-se ao regimento de Henrique não era especialmente voluntário. Os escravos eram forçados ao serviço por seus donos e disciplinados com a promessa de autopropriedade.

Em 1639, Henrique Dias foi nomeado governador dos crioulos, mulatos e negros. Suas tropas tinham um certo esprit de corps. Como voluntários a serviço do rei, eles desfrutavam de uma posição social elevada bem acima da dos escravos e negros livres, rivalizando até mesmo com o status de brancos assalariados e soldados. O alistamento no Regimento Henrique era a única maneira de chegar ao degrau mais baixo da escada social.[9]

O Brasil não tinha capacidade para fabricar armas de fogo. Qualquer coisa mais sofisticada do que uma espada tinha que vir da Europa. Mas mesmo quando os holandeses assumiram o controle da parte mais valiosa do Brasil, Portugal não foi de nenhuma ajuda. Ainda sob o controle da Espanha, Lisboa tinha pouco poder para oferecer armas ou reforços. O Rei Felipe IV da Espanha, que detinha poder absoluto sobre as decisões sobre o Brasil, tinha pouca motivação para gastar recursos lá. Sua reivindicação ao trono em Lisboa era realmente apenas uma questão de linhagem, não de cultura ou aclamação popular. A regência da Espanha sobre Portugal e suas colônias não era necessariamente para sempre. Era mais uma questão de quem tinha o bebê de quem e por quanto tempo Portugal suportaria um rei distante. E, além disso, o Brasil ainda não tinha oferecido nada em termos de metais preciosos. Uma tentativa de defender o Brasil poderia despertar a ira da Holanda, e a Holanda poderia então se sentir justificada em olhar para as colônias espanholas que tinham recursos comprovados de prata e ouro.

Felipe estava, portanto, mais preocupado com questões de curto prazo. Investimentos de longo prazo em uma colônia do Novo Mundo não levariam necessariamente a vantagens de longo prazo. Ao mesmo tempo, uma mudança nos tratados agora tinha a Espanha (e, portanto, Portugal) em desacordo com a Inglaterra e a França. O jovem Felipe estava tentando conciliar uma situação política incrivelmente complexa que envolvia a maioria dos principais tronos da Europa. (Nas três décadas e duas esposas seguintes, ele seria pai de dois príncipes das Astúrias (Baltasar Carlos e

---

[9] Kalina Vanderlei Silva, "Os Henriques nas Vilas Açucareiras do Estado do Brasil: Tropas de Homens Negroes em Pernambuco, seculos XVII e XVIII," *Estudos de História,* Franca, v. 9, n.2., 2002. UNESP, ISSN 1413-1587.

Brasil Holandês

Felipe Próspero), uma rainha da França (Maria Teresa), uma imperatriz do Sacro Império Romano (Margarida Teresa), um rei da Espanha (Carlos II), a esposa de um Sacro Imperador Romano (Margarida) e um primeiro-ministro da Espanha (João da Áustria, o Jovem).) Mas, por enquanto, ele preferia não irritar os holandeses. O conselho do padre Antônio Vieira fazia muito sentido: Pernambuco poderia ser mais problemático do que valia a pena.

Os donos de engenhos em Pernambuco gradualmente e relutantemente chegaram a uma conclusão semelhante: que a resistência era menos lucrativa do que a cooperação. À medida que o domínio holandês alcançava suas fazendas, eles concordavam. Se resistissem, os holandeses simplesmente tomaram suas terras e engenhos. Se cooperassem, pelo menos poderiam manter seus ativos e vender um pouco de açúcar, embora a um preço desvantajoso. O preço baixo os obrigava a aceitar crédito estendido de Amsterdã.

Para qualquer um disposto a deixar o passado para trás, a guerra abriu novas oportunidades de negócios. Guerra ou não, negro era negro, e branco era branco, e um negro fugitivo era dinheiro no banco. Os holandeses colocaram um preço fixo para qualquer negro retornado, fossem eles idosos, crianças, mulheres, homens, saudáveis ou moribundos. João Fernandes Vieira, um homem ambicioso e sem princípios que havia deixado sua casa em Portugal e ido para o Brasil quando menino, estava feliz em aceitar recompensas dos holandeses pela captura de escravos fugitivos. Negociando com o inimigo não muito depois da invasão de 1629, ele começou a acumular uma fortuna considerável que até então havia dependido principalmente em pedir dinheiro emprestado e não pagá-lo de volta.

O dinheiro sempre foi uma ferramenta eficaz para dobrar os princípios do patriotismo. Isso era especialmente verdadeiro em uma colônia fundada em nada além da avareza. Mesmo quando os donos de engenhos

91

se resignaram à cooperação, e os capitães do mato capturaram negros e os venderam aos invasores, a luta entre impérios continuou em pontos críticos isolados. Os holandeses continuaram a manter as áreas costeiras, mas os portugueses impediram o progresso para o interior. A esperança dos portugueses se resumia a pequenos fortes: Forte Bom Jesus, nos arredores de Recife, e Forte Nazaré, 40 km ao sul de Recife, no Cabo Santo Agostinho. Bom Jesus estava sitiado quando Matias de Albuquerque partiu para Serinhaém para reunir a resistência lá. Seu irmão, Duarte de Albuquerque, escreveu mais tarde sobre as condições em Bom Jesus:

> Afinal faltou o que tudo rende, que é o sustento, e não já de rocins, que isto seria regalo, mas de couros, cachorros e gatos e ratos", escreve Duarte de Albuquerque. "E quando disto houvesse o necessário, já não havia pólvora nem outra munição. Não é de admirar, pois, que se perdesse, não por certo; o admirável é que em tal estado o sustentasse o governador André Marin com seus capitais três meses e três dias.[10]

O impasse foi finalmente quebrado por um brilhante estrategista, Domingos Fernandes Calabar. Calabar era um mulato, criado por jesuítas, que mais tarde se tornaria um bandido ou contrabandista ou alguma outra profissão obscura que lhe permitiu levantar capital suficiente para se tornar um proprietário de terras e de um engenho. Ele ficou do lado de Matias de Albuquerque por mais de dois anos, então de repente mudou de lado, dando aos holandeses a vantagem de que precisavam para quebrar a resistência portuguesa. Ele conhecia a topografia do interior e as táticas dos portugueses. A mesma audácia e inteligência que lhe permitiram ascender de um começo humilde para uma riqueza respeitada serviram para enganar seus antigos aliados. Sua decisão de trair sua nação, rei e amigos poderia ter sido inspirada por qualquer coisa, desde o mais alto altruísmo

---

[10] Abreu, *Chapters of Brazil's Colonial History*, 48.

Brasil Holandês

até o mais cínico apoio a prováveis vencedores. A história popular brasileira lembra Calabar como o traidor icônico, mas uma carta de Calabar para Matias de Albuquerque sugere lealdade a um ideal em vez de rendição à realidade:

> Depois de ter derramado o meu sangue pela causa da escravidão, que é a defendeis ainda, passo para este campo, não como traidor, mas como patriota, porque vejo que os holandeses procuram implantar a liberdade no Brasil, enquanto os espanhóis e portugeses cada vez mais escravizam o meu país. Como homen, tenho o direito de derramar o meu sangue pelo ideal que quiser escolher; como soladado, tenho o direito de quebrr o juramento que prestei enganado. O meu desinteresse é sabido por aqueles que foram os meus chefes. Quisestes confiar-me um honoroso posto na frente de vossas tropas. Recusei. Se os meus bems se acham em terras ocuadas pela vossa gente, não é visível que só eu tenho a perder com a minha mudança da bandeira?
>
> Derramei o meu sangue por uma causa que reputava santa e que, entretanto, era a da escravidão da minha pátria. É a causa que vós defendeis.
>
> Com seus atos, os holandeses têm provado melhor que os portugueses e espanhóis. Enquanto nas terras por vós ocupadas existe a mais negra escravidão e tirania, eles não somente protegem materialmente os naturais do país, como lhes dão até liberdade de consequência.
>
> Em Recife e Olinda, como na Europa, cada um pensa que quer.
>
> E entre vós?
>
> Vós bem o sabeis. Como o mesmo ardor e sinceridade com que me bati para vossa bandeira, me baterei pela bandeira da liberdade do Brasil, que é a holandesa.
>
> Tomo Deus por testemunha de que o meu procedimento é o indicado pela minha consciência de verdadeiro patriota.

Quilombo dos Palmares e o Guerreiro Zumbi

– DOMINGOS FERNANDES CALABAR.[11]

Tentando manter unida a última resistência, Matias de Abuquerque deixou Bom Jesus nas mãos de seus melhores homens enquanto corria para Serinhaém para reunir a resistência lá. No caminho de volta com algumas centenas de homens, ele atacou os holandeses em Porto Calvo. Embora em menor número quase três para um, eles tomaram a cidade após uma semana de combate duro. Eles capturaram o comandante holandês e alguém ainda mais importante: o traidor Calabar.

Os registros holandeses agraciam a execução subsequente de Calabar com uma descrição em latim: *Strangulatusque, jugulo defectionem expiat, et dissectos artus infidelitatis ac miseriae suae testes ad spectaculum reliquit.*[12] Mesmo uma tradução resume inadequadamente o tipo indizível de morte que os portugueses reservavam aos traidores, escravos e índios: "Para expiar sua traição, ele foi estrangulado [ou enforcado] e sua garganta foi cortada, e por sua infidelidade ele foi desmembrado e deixado como um espetáculo público por sua desgraça."[13]

A satisfação de entregar Calabar em pedaços ao seu criador foi diminuída dentro de um ano. Em 3 de junho de 1635, os holandeses invadiram Bom Jesus, debandando os defensores portugueses para o interior e encerrando a resistência organizada. A parte mais lucrativa do Brasil era agora holandesa.

Embora alguns donos de engenhos tenham permanecido em seus engenhos, muitos se juntaram às oito mil pessoas que fugiram para a Bahia. Os donos que ficaram para trás tiveram que trabalhar com os holandeses,

---

[11] "A Morte de Calabar—Motivos de sua deserção – luz sobre a História," a chapter from from an unidentified book by an unidentified author, 48-49.

[12] Abreu, *Chapters of Brazil's Colonial History*, citando G. Barlaeus, *Rerum per octennium in Brasilia*.

[13] Southey, *History of Brazil*, sem paginação.

apoiar a resistência persistente e lutar contra bandos de negros armados que vinham de Palmares. Restava pouco poder para conter os escravos e, no final da década, quase todos tinham fugido. As tropas de Palmares ficaram fortes o suficiente para cortar suprimentos e munições que vinham da Bahia por terra.

Em geral, as tribos indígenas da região, devendo aos portugueses nada além de vingança, ficaram felizes em se aliar aos invasores holandeses, embora os portugueses pudessem contratar alguns como mercenários. Em 1636, os portugueses estabeleceram um regimento de índios sob o comando de um cristão bem-educado da tribo Potiguara, o Capitão-mor Filipe Camarão. Mas os holandeses já haviam feito grandes esforços para formar boas relações com os combatentes indígenas. Eles já haviam levado um índio tupi para Amsterdã para treinamento em linguagem e assuntos militares. O tupi retornou para comandar um regimento indígena holandês. Sua tribo implorou a Camarão que parasse de defender "uma nação que nunca teve nenhuma intenção para nós além da escravidão", mas Camarão, um homem livre com educação jesuíta que agora era bem pago (pelo menos com promessas), continuou com seus empregadores ibéricos.

Em janeiro de 1637, a Companhia Holandesa das Índias Ocidentais enviou o conde Johann Mauritius Nassau-Siegen para Recife. Ele encontrou uma cidade mal erguida das cinzas da guerra, suas terras ao redor em ruínas, seus engenhos e fazendas abandonados, queimados até o chão ou paralisados por falta de mão de obra. Um homem de ação, educação e inteligência, Nassau limpou a remanescente resistência portuguesa e a Holanda estabeleceu relações viáveis com os donos de engenhos e fazendeiros. Eles precisavam de sua misericórdia, crédito e cooperação; ele precisava de sua experiência no engenho e de seu conhecimento sobre o plantio de cana e criação de gado no interior. Mas os portugueses com experiência prática – os artesãos, fazendeiros e vaqueiros que faziam as coisas funcionarem e mantinham as pessoas alimentadas – não viam vantagem em viver onde não tinham imóveis, então fugiram para a Bahia. Os escravos ladinos que tinham habilidades semelhantes fugiram para Palmares. Quando Hollanda se ofereceu para enviar três mil camponeses para colonizar a área e assumir a produção de suprimentos alimentares, Nassau disse a seus superiores para não se incomodarem. A menos que a empresa quisesse importar nada mais do que carne e alimentos básicos, o que ele precisava era de escravos.

À medida que a Holanda começou a tomar as fortalezas portuguesas ao longo da costa africana, Nassau começou a transformar o caos em civilização. Embora cem anos de domínio português não tenham conseguido elevar o Recife para acima do nível da miséria, Nassau reconheceu o potencial de uma ação rápida. Sua educação aristocrática em teologia, filosofia, arte, história, matemática, música e ciência militar lhe deu uma visão que se estendia além da imediatez da ganância. Ele resumiu sua atitude com um rápido aforismo: "grandes impérios e mentes fechadas não são bons companheiros". Com trabalhadores da Holanda e novos escravos da África, Nassau pavimentou ruas, livro do lixo, construiu avenidas ladeadas por árvores frutíferas. Ele proibiu o lançamento de cana usada em rios e córregos. Ele fundou um zoológico, um museu, um jardim botânico, uma escola de guerra. Ele começou a planejar uma universidade livre e aberta. Ele contratou artistas holandeses para capturar imagens de sua terra selvagem e bela. Ele contratou cientistas para catalogar plantas e animais. Na confluência dos rios Capibaribe e Beriberibe, ele construiu Mauristaad, uma nova cidade disposta geometricamente e cortadas por canais que lembravam aqueles de Amsterdã. Para promover uma economia mais equilibrada e autossustentável, ele obrigou os proprietários de terras a plantar outros alimentos além da cana. Ele estabeleceu uma legislatura

Brasil Holandês

um tanto democrática (embora de forma alguma igualitária), a primeira na América Latina, representando a classe alta e os maiores proprietários de terras e engenhos.[14] Eles não podiam dizer a ele o que fazer, mas pelo menos ele ouvia. Ele não tinha objeções a católicos e calvinistas que adorassem o que quisessem. Ele permitiu a construção de sinagogas e convidou judeus holandeses para ajudar a estabelecer negócios. Ele permitiu que judeus locais – os chamados criptojudeus ou cristãos-novos – parassem de frequentar igrejas cristãs enquanto praticavam o judaísmo secretamente em outros lugares. Ele convenceu os donos de engenhos portugueses a trabalhar com os holandeses para seu próprio bem financeiro, e ele os emprestou dinheiro para se recuperarem da guerra. Séculos depois, os brasileiros olhariam para trás, para os anos de Nassau, imaginando como seu país poderia ter se desenvolvido se os holandeses tivessem mantido seu país por mais tempo. (Seus arrependimentos melancólicos não parecem reconhecer como as coisas foram em outras colônias tropicais holandesas, como Suriname e Indonésia.)

A nova estabilidade política e social tornou mais difícil a fuga dos escravos, mas a força de trabalho ainda era muito baixa para sustentar a indústria açucareira. A Companhia Holandesa das Índias, tendo tomado portos ao longo da costa de Mina, na África, em 1637, e tomado Angola em 1641, agora possuía todos os três lados do triângulo Brasil-Europa-África. Preparando-se para um aumento nos lucros, eles aumentaram seus embarques de escravos. Com o crédito financeiro revigorando a economia e cinco mil escravos adicionados à força de trabalho a cada ano, a produção de açúcar aumentou. Embora a produção fosse deixada para a livre iniciativa, o fornecimento de escravos era controlado pela Companhia, o preço acessível apenas por meio de crédito holandês. Houve relatos de comer-

---

[14] José Honório Rodrigues, e Ribeiro, *Civilização holandesa no Brasil*, 233-236. 21

ciantes holandeses de escravos holandeses envenenando escravos ou forçando-os a beber água do mar logo após vendê-los para forçar o comprador a comprar ainda mais. Enquanto isso, o preço dos produtos holandeses subia enquanto o preço do açúcar caía. Na verdade, os holandeses conseguiram escravizar os portugueses. O único chicote de que precisavam era a ganância que mantinha os donos dos engenhos trabalhando em busca de uma esperança cada vez menor de lucro.

Apesar das políticas relativamente liberais dos holandeses, a opressão dos escravos continuou com a mesma intensidade cruel. A única inovação na escravidão veio na forma criativa de tortura: crucificação, suspensão por ganchos no corpo, corte de rostos, amputação de mãos, quebra de ossos com marretas. Os novos suprimentos de escravos vindos da África haviam derrubado o preço, então eles eram mais dispensáveis do que nunca.

Em 1640, o malabarismo do Rei Felipe IV com a política europeia de repente tinha muitas bolas no ar. Quando a Catalunha se revoltou em rebelião, outra coisa teve que cair. Era Lisboa. O rei estava irritando nobres e burgueses ao designar mais e mais espanhóis para posições de poder no governo português. Sua prima, a duquesa de Mântua, estava mantendo seu trono aquecido. Então, quando Felipe teve que desviar recursos para a Catalunha, nobres portugueses deram um golpe de estado, matando o secretário de estado, removendo a duquesa do trono e jogando-a em uma masmorra. João, o oitavo duque de Bragança, foi declarado de sangue suficientemente nobre para se qualificar como rei. A Espanha não aceitou a perda de Lisboa, no entanto, e 18 anos de hostilidade entre os dois países começaram. A Holanda, tão rápida em manobras políticas quanto nos negócios, declarou a Espanha inimiga e, portanto, Portugal, um aliado. Dom João IV não estava em posição de argumentar. Se a Holanda fosse sua aliada, o Brasil estava a salvo da invasão holandesa. Ele não precisaria

Brasil Holandês

se preocupar tanto em manter sua colônia no Novo Mundo. Já era bem difícil manter seu assento no Velho.

Este tratado tácito na Europa significava que os holandeses tinham apenas um inimigo no Brasil: aquele na porta dos fundos, a nação rebelde e florescente de Palmares. Os ataques esporádicos, mas dolorosos vindo do interior continuaram a atingir a economia. Quando o administrador da Companhia das Índias Ocidentais, Adriaen van Bullestrate, viajou para o sul de Pernambuco em 1640, ele ouviu as histórias de horror de colonos que relatavam ataques quase todos os dias. Negros rebeldes estavam invadindo engenhos, vilas inteiras, até mesmo assentamentos indígenas jesuítas, saqueando-os em busca de ferramentas, armas, pólvora, ferro, comida e prata. Desprotegidos, os colonos fugiram para o sul em pânico. Eles encontraram refúgio em Alagoas do Sul (hoje cidade de Maceió, capital do estado de Alagoas), uma vila costeira então sob a tênue proteção de 293 soldados holandeses. Por um tempo, esta foi a única área segura fora de Recife e Olinda. Os 250 km de estrada entre Recife e Alagoas do Sul tornou-se intransitável. Os negros estavam se mostrando mais bem-sucedidos em conter os invasores do que os portugueses. Se a situação piorasse muito, o Brasil, pelo menos uma grande parte dele, poderia muito bem se tornar uma colônia da África em vez da Europa.

Nassau enviou espiões, incluindo um Bartolomeu Lintz, para o interior para aprender mais sobre Palmares. Eles fizeram amizade com os palmarianos por tempo suficiente para aprender como e onde eles viviam. Eles descobriram que Palmares não era uma única grande cidade-estado, mas várias aldeias na margem esquerda do rio Gurungumba, seis léguas (36 km) rio acima de sua confluência com o rio muito maior, o Paraíba. Eles estimaram que cerca de seis mil pessoas viviam nesses pequenos mocambos.[15] Mas havia duas aldeias maiores, verdadeiras cidades, mais para

---

[15] Freitas, *Palmares: Guerra dos Escravos*, 62-69.

o interior, perto de uma cadeia de montanhas chamada Behé (em Kariri) ou "Barriga" (em português) a cerca de trinta léguas (180 km) da costa.[16] Lintz calculou que cerca de cinco mil pessoas viviam lá.[17] O grupo de aldeias ao longo do rio Gurungumba ficou conhecido em português como Palmares Pequeno, as duas cidades maiores Palmares Grandes.

Em 1643, a violência palmariana era tão perturbadora e perigosa que Nassau teve que permitir que o povo português subjugado – pelo menos aqueles de "qualidade e confiança" – se armasse.[18] Ele ofereceu compensação para qualquer um que capturasse um africano fugitivo. Ele tinha guarnições de índios postadas em pontos estratégicos, mas os palmarianos os expulsaram prontamente.

Os holandeses não conseguiam proteger cada fazenda, engenho, vila e estrada. Eles tinham que eliminar a fonte do problema todo – acabar com ele, esmagar cada mocambo e destruir a esperança de qualquer escravo de escapar para um lugar seguro. Nassau reuniu um exército expedicionário de trezentos soldados holandeses bem armados, cem mulatos e setecentos índios portando arcos e flechas – certamente o suficiente para fazer o trabalho. Os holandeses haviam tomado capitanias inteiras – Rio Grande do Norte, Paraíba, Maranhão – com exércitos daquele tamanho. Uma plebe de africanos esfarrapados e índios vivendo em cabanas de folhas de palmeira que mal conseguiam falar as línguas uns dos outros não teriam chance. Mas antes que o exército pudesse reunir sua pólvora e comida, um navio chegou com notícias perturbadoras. Africanos rebeldes do outro lado do oceano, na ilha de São Tomé, na época sob controle holandês, es-

---

[16] Brandão, em *Os Negros Na História de Alagoa,* 29, diz que Behe é Kariri, em que o plural seria Bcheig, talvez a inspiração da Barriga portuguesa.

[17] Kent, "Palmares: An African State in Brazil, *The Journal of African History,* 166, citando Gaspar Barleus, "Nederlandsch Brazil onder het bewind van Graaf Johan Mauritz" (1923).

[18] Freitas, *Palmares: Guerra dos Escravos,* 64.

tava se rebelando e ameaçando expulsar seus mestres. A Holanda, com suas forças espalhadas entre o Brasil, o Caribe e Angola, não tinha tropas suficientes para reprimir a revolta. Era quase como se um aliado de Palmares estivesse criando uma distração. Como São Tomé tinha mais valor estratégico, Nassau teria que enviar tropas para restabelecer o controle.

Não foi até janeiro de 1644 que Nassau conseguiu reunir outro exército para enviar contra os os "negros do mato". Rudolph Baro, que havia provado suas habilidades militares na tomada de Pernambuco de Portugal, foi colocado no comando. Os homens de Baro caminharam para o sertão, desapareceram por alguns meses e então retornaram ao Recife para declarar vitória sobre Palmares. Baro relatou ter matado cem negros e capturado outras trinta e uma pessoas, incluindo índios e crianças. Palmares Grandes, ele disse, havia sido destroçada. Palmares não existia mais. [19]

Mas a declaração de vitória de Baro não levou em conta dez mil outros palmarianos – talvez o dobro desse número, talvez menos – que não foram mortos nem capturados. Aqueles que escaparam da pequena faixa de destruição de Baro logo se vingaram, sequestrando escravos, massacrando donos de engenhos, queimando campos de cana. Com intenções semelhantes de vingança, Nassau convocou outro exército para invadir o interior, desta vez sob o comando do capitão Jon Blaer. Como Baro, Blaer era um militar bem treinado em emboscadas e guerrilha de guerra. Ele também era conhecido como um homem de extrema crueldade.[20] Blaer reuniu uma força especialmente preparada para a guerra no sertão – oficiais e soldados holandeses apoiados por índios e mamelucos, mestiços de índios e brancos.

---

[19] Carneiro, *O Quilombo dos Palmares*, citando Caspar Barleus, *Nederlandsch Brazil onder het bewind van Graaf Johan Mauritz* (1923), 90.

[20] Carneiro, *O Quilombo dos Palmares*, 94.

Quilombo dos Palmares e o Guerreiro Zumbi

Blaer manteve um relato detalhado da excursão, desde do ponto de partida, um engenho conhecido como Salgados, perto da atual cidade de Pilar, em 26 de fevereiro de 1645.[21] No primeiro dia, eles conseguiram caminhar três quilômetros através da vegetação densa até o rio Elinga, depois mais três quilômetros até o rio Sebahuma. Exaustos, eles decidiram acampar durante a noite. Seus índios pegaram alguns peixes. Na manhã seguinte, as forças cruzaram o rio, caminharam seis quilômetros até o rio Tamala. Eles descansaram um pouco e então seguiram em frente. Dois km adiante, eles chegaram a um engenho de açúcar abandonado, o São Miguel. Algumas de suas peças originais de cobre e ferro ainda estavam nas ruínas. Eles seguiram por dois quilômetros até o rio São Miguel. Dez km foram o suficiente para um dia. Eles acamparam na margem norte do rio.

Em 28 de fevereiro, eles seguiram o rio por um quartocentros metros, cruzaram, caminharam um quilômetros e meio, cruzaram novamente, caminharam oitocentos metros e pararam para acampar perto de um pântano. Eles encontraram algumas armadilhas para pegar caça, mas estavam vazias. Supondo que as armadilhas tinham sido colocadas por caçadores de Palmares, eles olharam ao redor em busca de mais sinais de pessoas, mas não encontraram nada que valesse a pena anotar.

Levaram três dias para avançar pouco mais de 16 quilômetros e já estavam além do ponto de apoio da Europa no continente. Dois dias depois, o capitão Blaer, "mortalmente doente", não conseguiu prosseguir. Cinco soldados holandeses e uma dúzia de índios o carregaram de volta para Alagoas. (Poucos meses depois, Blaer e seus mercenários seriam capturados pelas forças portuguesas e executados por sua crueldade desumana

---

[21] Todos os detalhes desta incursão vêm do "Diário da Viagem do Capitão João Blaer aos Palmares em 1645", em Carneiro, O Quilomobo dos Palmares, 251-260. A tradução consta do Apêndice A do presente livro.

em batalha.)²² O tenente Jurgens Reijmback assumiu o comando. Eles caminharam uma milha pela floresta, depois mais seis quilômetros através de um campo chamado Campo de Humanha. Eles acamparam perto de um trecho rochoso do rio São Miguel.

No dia 3 de março, eles continuaram cruzando o Humanha, passaram por três leitos de rios arenosos que mal tinham água suficiente para beber. Eles voltaram para a mata, passaram por uma montanha alta que os índios chamavam de Taipoú. Na margems do rio Sagoú, eles acamparam.

Em 4 de março, eles caminharam um quilômetros e meio, encontraram uma trilha, mas logo a deixaram para entrar em mais matas. Um quilômetros e meio depois, eles passaram por uma montanha alta. Três quilômetros mais adiante, eles tiveram que parar para passar a noite.

Em 5 de março, mais cinco quilômetros . Em 6 de março, oito quilômetros ao longo de um riacho, cruzando-o várias vezes até chegarem ao rio Paraíba. Eles sabiam que estavam oito quilômetros rio acima do engenho do português Gabriel Soares. Aqui eles se encontraram com os homens que tinham levado o Capitão Blaer de volta para a costa. Os homens relataram uma caminhada difícil rio acima. As margens eram impenetravelmente densas com vegetação, e o leito do rio era irregular com pedras e declives.

Eles passaram o dia 7 de março pescando com anzóis e flechas. No dia seguinte, eles abriram caminho por oito quilômetros ao longo do rio Parangabo, então pararam para passar a noite. No dia seguinte, eles andaram dez quilômetros por uma floresta. Quando chegaram ao rio Itubahumma, eles tinham certeza de que não estavam perdidos. Eles sabiam exatamente onde estavam. Eles estavam a apenas oito km de Salgados, onde tinham começado duas semanas antes. Eles ainda não tinham visto um único palmariano.

---

²² Carneiro, *O Quilombo dos Palmares*, 94.

Quilombo dos Palmares e o Guerreiro Zumbi

Em 10 de março, eles caminharam cinco km, passaram por uma montanha, um prado, um leito de rio seco e arenoso. Os índios atiraram em seis grandes porcos selvagens e dois pequenos. Eles permaneceram no leito seco do rio por maiscinco km até que novamente alcançaram o rio São Miguel.

E assim foi, dia após dia, pouco a pouco, duas ou cinco quilômetros por dia, vagando rio acima, por campos de grama alta, por florestas densas, por montanhas, subindo penhascos, descendo cachoeiras, atravessando rios pulando de pedra em pedra, armas e mochilas balançando, vendo-se como um bando de "cabras nas ilhas do Mar do Norte". Em certo ponto, entre rios, eles estavam com tanta sede que tiveram que cavar para encontrar água. Poucos dias depois, começou a chover. Eles dormiram molhados, levantaram e caminharam molhados.

Em 17 de março, eles comeram o último de seus mantimentos. Em 18 de março, a chuva tinha parado, e eles ficaram felizes em encontrar água em uma montanha que eles chamaram de Oiteiro dos Mundos – a Montanha das Armadilhas, das quais eles encontraram cerca de sessenta, todas com mais de três anos. Mas eles estavam chegando perto de algo. Do outro lado da montanha, eles encontraram campos de banana pacovã verde, depois um campo de cana-de-açúcar. Mas não era cana portuguesa ou cana holandesa. Era cana de Palmares, uma cultura que nunca veria o interior de um engenho de açúcar. Estava destinada a ser espremida a seiva ou servida como uma bebida ou fervida até virar melaço e seca para se tornar um açúcar mascavo bruto. (Não há evidências de que Palmares tenha fermentado e destilado o caldo de cana-de-açúcar para fazer o destilado cachaça.)

Os invasores abriram uma trilha através da cana e emergiram na borda de uma cidade fortificada. O lugar era enorme, impossivelmente fora de lugar naquele sertão, uma cidade de quase um quilômetro de largura e cer-

Brasil Holandês

cada por uma paliçada que era cercada por outra paliçada. Cruzamentos permitiam a passagem para dois portões, mas a vegetação que crescia através deles era tão densa que os soldados tiveram que abrir caminho. À medida que se aproximavam, ninguém atirou neles, ninguém sequer gritou.

Lá dentro... *ninguém*. O lugar tinha sido abandonado três anos antes. De alguma forma, eles sabiam que era porque ele tinha se tornado "insalubre". Muitos haviam morrido lá, então o resto simplesmente se mudou. Os holandeses chamavam o lugar de Palmares Velho; talvez os palmarianos desaparecidos também o chamassem assim.

Uma rua de dois metros de largura passava pelo meio da cidade. No centro havia duas cisternas. Eles encontraram uma casa que só poderia ter pertencido a um rei. Tinha um pátio, ou uma praça, onde os holandeses imaginavam que o rei havia se exercitado com seu povo. Por que eles pensaram isso, não sabemos. Aparentemente eles não capturaram ninguém lá, então não tinham nenhuma fonte de informação. Eles tiveram que imaginar as pessoas que viveram lá.

Eles não demoraram muito. Eles marcharam, cruzando campos abandonados, pegando bananas pacova e cana para matar a fome. Em 19 de março, em uma passagem pouco clara de um diário, o escriba "da missão escreveu nós caminhamos meia milha e chegamos ao outro Palmares, onde os quatro holandeses tinham estado com seus brasileiros e tapuias, e eles atearam fogo em parte, então os negros abandonaram e se mudaram dez ou 13 km de distância, onde construíram um novo Palmares igual ao lugar que eles tinham habitado antes." Os outros quatro holandeses devem ter se referido à expedição de Baro.

Eles seguiram em frente, chegaram a um belo rio, cheio de pedras, chamado Cabelero, um tributário do rio Mondoú, o estreito rio que hoje corre abaixo da fortaleza no topo de Barriga. Três quilômetros depois, eles

105

chegaram a outro riacho, passaram por duas montanhas sob chuva constante, dormiram e então continuaram por mais sete quilômetros até o rio Japondá.

E então eles começaram a passar por mocambos, um a cada meia hora, aldeias que os negros haviam estabelecido depois de fugir de seus insalubres Palmares Velho. O pequeno exército, faminto e fatigado, estava se aproximando de alguma coisa, mas não conseguiam ir mais longe. A chuva estava dificultando o progresso, e as tropas estavam se desintegrando. Muitos ficaram para trás com ferimentos sofridos após quedas em estacas escondidas. Eles esperaram em um determinado local por duas horas até que três homens se aproximaram por atrás. Eles conseguiram caminhar mais um quilômetro e meio sob chuva constante antes de desmaiar exaustos. Eles dormiram na chuva até as duas da manhã, então acenderam tochas e seguiram em frente. O sol estava nascendo em 21 de março quando eles chegaram a uma cidade fortificada que eles decidiram que tinha que ser Palmares.

A cidade era cercada por duas cercas de paliçadas com grossas vigas conectando-as. Os soldados abriram um buraco na primeira cerca, mas avançaram rápido demais. Dois corneteiros caíram para a frente em um poço de estacas. Eles foram empalados, mas não fatalmente.

O escriba descreveu a cena assustadora como silenciosa, abandonada, exceto por dois homens negros, uma mulher e seu filho. Sob pressão não especificada – talvez apenas o medo de serem detidos pelos brancos que tinham uma reputação tão assustadora – os negros relataram que todos tinham partido cinco ou seis dias antes. Todos estavam escondidos nos campos ou nas florestas, armando armadilhas. Os holandeses enviaram homens para procurá-los. "[M]ataram os nossos brasilienses dois ou três negros no pântano vizinho; dissseram ainda os negros pegados que o seu rei sabia da nossa chegada por ter sido avisado das Alagoas," escreveu o escriba. Um dos nossos cornetas, enraivecido por ter caído nos estrepes, cortou a cabeça a uma negra...".[23]

A cidade tinha um quilômetro de comprimento, com uma rua de dois quilômetros de largura indo de oeste para leste. Eles contaram duzentas e vinte casas. No centro da cidade ficava uma capela, quatro forjas e uma grande casa do conselho. "Havia entres os habitantes tôda sorte de artífices e o seu rei os governava com severa justiça, não permitindo feiticeiros entre a sua gente e, quando alguns negros fugiam, mandava-lhes crioulos no encalço e, uma vez pegados, eram mortos, de sorte que ente êles reinava o temor, principalmente nos negros de Angola; o rei também tem uma casa distante dali duas milhas, com uma roça muito abundante, casa que fêz construir ao saber da nossa vida, pelo que mandamos um dos nosso sargentos, com vinte homens, a fim de prendê-lo; mas todos tinham fugido, de modo que apenas encontraram algumas vitualhas de pouca importância..." Eles queimaram a casa e levaram as posses do rei. Perto dali, eles encontraram plantações de milho e um suprimento de óleo de palma.

Os interrogadores perguntaram qual era a população de Palmares. Os cativos disseram que eram quinhentos homens, além de mulheres e crianças. Os holandeses calcularam que a população da cidade era de cerca de mil e quinhentos.

Eles passaram a noite em Palmares. No dia seguinte, 22 de março, um sargento e vinte homens saíram para bater nos arbustos. Tudo o que encontraram foi "uma negra côxa de nome Lucrécia, pertencente ao Capitão Lij." Eles a deixaram ir porque ela não conseguia andar. Eles já estavam carregando homens feridos demais para adicionar uma ex-escrava manca e inútil ao seu fardo.

---

[23] *Diário da Viagem do Capitão João Blaer aos Palmares em 1645*, sem paginação.

Não havia mais nada a fazer em Palmares a não ser pegar a comida que encontravam e queimar todo o resto:

> [E}nchemos os nossos bornais com alguma farinha sêca e feijões, a fim de voltarmos para casa; neste dia a nossa gente queimou para mais de 60 casas nas roças abandonadas; o caminho dêste Palmares era margeado de aléias de palmeiras, que são de grande préstimo aos negros, porquanto, em primeiro lugar, fazem com elas as suas casas, e segundo, as suas camas, em terceiro, abanos com que abanam o fogo, em quarto, comem o interior dos côcos e dêstes fazem os seus cachimbos e comem o exterior dos côcos e também os palmitos; dos côcos fazem azeite para comer e igualmente mateiga que é muito clara e branca, e ainda uma espécie de vinho; nestas árvores pegam uns vermes da grossura dum dedo, que comem, pelo que têm em grande estima estas árvores. Ali também feriram-se muitos dos nossos nos estrepes que havia por trás das suas casas. Êste era o Palmares Grande de que tanto se fala no Brasil; a terra ali é muito própria ao plantio de tôda sorte de cereais, pois é irrigada por muitos e belos riachos; a nossa gente regressou à tarde sem nada ter conseguido; ainda esta noite dormimos nos Palmares.
>
> A 23 do dito, queimamos o Palmares com tôdas as casas existentes em roda, bem como os objetos nelas contidos, que eram cabaças, balaios e potes fabricados ali mesmo; em seguida retiramo-nos, vendo que nenhum proveito havia mais a tirar.[24]

Depois de quase um mês de marcha árdua, eles não conseguiram nada além de ser um incômodo para o inimigo. Eles armaram uma emboscada a dois quilômetros de distância, mas ninguém apareceu. Mais tarde, eles capturaram um homem, uma mulher e uma criança, e no dia seguinte, eles capturaram um homem negro e uma mulher brasileira coberta de feridas. Ela disse que era escrava da filha do rei e que outros negros ainda estavam

---

[24] Carneiro, *O Quilombo dos Palmares*, 257, citando Diário do Blaer.

na área. Os holandeses sondaram o mato, mas não encontraram ninguém. Eles encontraram a casa da filha do rei, mas não a filha do rei. Eles a queimaram, passaram a noite por perto, olharam ao redor no dia seguinte, mas ainda assim não encontraram ninguém. Mil e quinhentas pessoas tinham evaporado.

Os invasores continuaram a explorar a área e procurar por negros. A chuva os oprimia dia e noite. Eles seguiram o Paraíba rio abaixo, mas entraram nas florestas quando puderam, escalaram montanhas para ver o que podiam ver, caçaram e pescaram para obter comida. Em 1º de abril, eles encontraram uma antiga trilha de carroças e a seguiram até o antigo engenho de Gabriel Soares. Em 2 de abril de 1645, eles cambalearam de volta para Alagoas com um morto e vários doentes ou feridos.[25] Eles tinham pouco a relatar a Nassau. Eles nem tinham visto o inimigo.

---

[25] "Brieve en Paieren uit Brasilien," uma coleção de documentos por um autor ou autores não identififado(s), traduzido da holandeza por Alfredo de Carvalho, *Revista do Instituto Arqueológico*

Palmares em Ascensão, Pernambuco em Declínio

No início da década de 1640, Palmares prosperava no interior enquanto o assentamento europeu em Pernambuco estava desmoronando. Secas e incêndios alternavam-se com inundações e epidemias. A produção de cana caiu.

Ao mesmo tempo, a produção de açúcar em outros lugares estava derrubando os preços. O plano holandês de estender o crédito agiota estava aumentando a dívida para além do alcance de qualquer um. Os donos de engenhos compensavam isso forçando seus escravos a trabalhar mais e pagando pouco ou nada aos outros trabalhadores. Nassau sempre encontrava uma maneira de perdoar as dívidas dos donos por um pouco mais de tempo, mas as classes mais baixas continuavam a sofrer.

Em maio de 1644, um mês após o retorno da excursão de Blaer, a Companhia Holandesa das Índias Ocidentais chamou Nassau de volta à Holanda. Ele deve ter ficado feliz em se retirar. O tênue relacionamento entre os proprietários de engenhos portugueses endividados e seus senhores agiotas não poderia durar muito mais. Percebendo isso, os colonos de ambos os lados protestaram contra a partida de Nassau e avisaram a Companhia que seus sucessores desfariam tudo o que ele havia conquistado.[1] Eles estavam certos. Os novos governantes, menos politicamente cri-

---

[1] Eduardo Bueno, *Brasil: Uma História* (São Paulo: Editóra Ática, 2003), 95.

teriosos, insistiram em cobrar as dívidas, o que geralmente significava confiscar fazendas e engenhos, o que significava que os proprietários tinham cada vez menos motivos para cooperar com seus senhores. A cooperação relutante dos portugueses se transformou em atos de ganância desesperada. Aqueles que ainda tinham influência política ou econômica suficiente induziram os holandeses a confiscar açúcar de proprietários menos poderosos, tirando-os do mercado e ajudando temporariamente os engenhos mais fortes a sobreviver.

À medida que extremos climáticos e ambições políticas açoitavam a economia, as classes mais baixas sofriam mais. Motivadas pela fome, elas já estavam se rebelando, não como exércitos revolucionários ou mesmo como turbas, mas como assaltantes de estrada que emboscavam carregamentos e roubavam qualquer um que tivesse algo para roubar. Com o governo holandês destruindo a estrutura socioeconômica dos engenhos enquanto os camponeses ignoravam a lei em prol da sobrevivência, a vida civil em Pernambuco estava mais uma vez se desintegrando.

À medida que os donos de engenhos perdiam suas propriedades, eles ganhavam algo em comum com os plebeus. Eles não possuíam nada e, portanto, não tinham nada a perder e todos os motivos para resistir ao status quo. Ricos e pobres começaram a conspirar juntos. Os holandeses tiveram que ir embora.

Um dos principais instigadores foi o repentinamente patriota João Fernandes Vieira, que era um dos maiores devedores da capitania. Ele tinha feito fortuna capturando escravos fugitivos, então usou essa fortuna, mais dinheiro emprestado, para comprar engenhos que os holandeses apreenderam. Agora ele tinha uma chance de se livrar da dívida livrando Pernambuco de seus credores holandeses. Envolto na bandeira do patriotismo altruísta, ele se tornou o organizador, financiador e líder militar de uma nova revolta.[2]

Em agosto de 1645, a rebelião portuguesa começou. Eles a chamaram de Guerra da Luz Divina. A Bahia, ainda sob controle português, enviou as brigadas indígenas de Filipe Camarão e o regimento negro de Henrique Dias para o norte, para Pernambuco. Fernandes Vieira, desesperado por mão de obra, ofereceu uma ampla promessa muito além de sua autoridade. Ele ofereceu a "todos os negros, Arda, Mina, Angola, Crioulo, mulato, mameluco, escravos libertos e cativos" liberdade e pagamento por seus serviços militares.[3]

Os holandeses contra-atacaram com mercenários negros trazidos do Congo, embora os africanos não estivessem dispostos a se envolver em muito combate. Maltratados e mal alimentados por seus empregadores, eles frequentemente escapavam de seus quartéis em busca de comida. Como o relacionamento mercenário não estava funcionando, os holandeses declararam seus mercenários escravos. Mas o caos da guerra tornou fácil para os escravos holandeses e portugueses escaparem. Inevitavelmente, eles fugiram para o interior em direção a Palmares. Os europeus tiveram que lutar entre si enquanto tentavam cercar os fugitivos antes que se tornassem inimigos em uma terceira frente. Ao mesmo tempo, os proprietários viam os fugitivos como uma nova fonte de escravos.

A luta do Brasil contra os holandeses ardeu e se reacendeu intermitentemente por quase dez anos, enquanto os colonos portugueses tentavam permanecer no negócio do açúcar com as pessoas que estavam tentando expulsar. Portugal em si não pôde contribuir para o esforço brasileiro. Dom João IV, mal retornando ao trono de Bragança, estava lutando a Guerra da Restauração contra a Espanha. Não foi uma guerra total, apenas

---

[2] Freitas, *Palmares: Guerra dos Escravos,* 69.
[3] Pereira, *Anais Pernambucanos,* 202.

Palmares em Ascenção, Pernambuco em Declínio

uma longa série de escaramuças que não terminaram até 1668. Mas a tensão com a Espanha não deixou Dom João em posição de irritar os holandeses. A União Ibérica não conseguiu prevalecer sobre a Holanda e nem ousou contribuir para a resistência anti-holandesa no Brasil. Agora Portugal estava lutando por sua independência, e o Brasil era sua própria colônia. Mas, à medida que a guerra no Brasil se arrastava, a política da Europa mudou mais uma vez, e a Espanha se aliou à Holanda. Se os portugueses resistissem à ocupação holandesa do Brasil, a Espanha poderia intensificar sua resistência à luta de Portugal pela independência. Mais uma vez, Portugal não ajudou Pernambuco.

O melhor que Portugal pôde fazer foi estabelecer a Companhia Geral do Comércio do Brasil, uma empresa quase privada controlada pela Coroa sob o modelo das companhias das Índias Ocidentais da Inglaterra e da Holanda. A missão original da Companhia era facilitar as exportações de áreas não controladas pelos holandeses. Mas os aristocratas que controlavam a Companhia a usaram para criar monopólios para empresas na terra natal e para controlar os preços dos produtos que saíam do Brasil. Ela continuaria a proibir o Brasil de plantar azeitonas ou uvas, garantindo a Portugal um mercado para seu próprio azeite e vinho. O sal também teria que vir da pátria-mãe, assim como o bacalhau salgado. Uma armada protegeria comboios de embarque duas vezes por ano, embora levasse uma década para ser construída. Embora a Companhia tenha estabelecido uma certa estabilidade e segurança, ela também sufocou o desenvolvimento no Brasil.

Sem apoio local, os pernambucanos recorreram à "combate de guerrilha", travada conforme sua conveniência tática. Ela veio a ser chamada de "guerra brasileira", sem dúvida uma precursora da maneira como os brasileiros jogariam futebol quatrocentos anos depois, usando táticas ad hoc de movimento rápido para compensar a falta de estratégia e organização geral. Esse era também o estilo de guerrilha do esforço militar de Palmares.

As táticas de bater e correr, apoiadas – se não inspiradas – pelos nativos sob Filipe Camarão e a ferocidade dos negros no regimento liderado por Henrique Dias, gradualmente desgastaram os holandeses, forçando-os a sair do interior e cercando-os em Recife. A cidade provou ser inexpugnável para as poucas e levemente armadas tropas dos guerrilheiros portugueses, mas a situação na Europa estava mudando. A Holanda estava em guerra com a Inglaterra, as pessoas estavam se rebelando em sua província Zelândia, e a indústria pesqueira holandesa precisava de sal de Setubal, am Portugal, para preservar seus peixes. Em janeiro de 1654, a defesa de Recife não valia o esforço. A Holanda concordou em sair. Portugal estava tão fraco que teve que concordar em pagar quatro milhões de cruzados em compensação pelas perdas da Holanda no Brasil. Essas perdas incluíam quase tudo que Nassau havia construído. Aqueles que pagariam por essas perdas eram o povo de Pernambuco. Eles seriam, na verdade, taxados pelos danos que causaram ao forçar os holandeses a sair.

Pelo acordo, os judeus teriam permissão para emigrar. Muitos retornariam para a Europa, mas alguns navegaram para o Suriname, Jamaica ou Nova Amsterdã, um próspero assentamento holandês na ilha de Manhattan na foz do rio Hudson.[4] Embora tenha sido conjecturado que alguns judeus holandeses e cristãos-novos podem ter fugido para Palmares em vez de enfrentar o governo português, não há evidências disso. Mas pode-se razoavelmente presumir que qualquer judeu que fugisse para Palmares teria sido mais bem-vindo lá do que em qualquer outro lugar no Brasil português – a menos que fosse um dos muitos judeus que tinham sido donos de escravos.

Os portugueses no Brasil fizeram o que seu rei em Lisboa presumiu

---

[4] Fausto, *Concise History of Brazil*, 42.

Palmares em Ascenção, Pernambuco em Declínio

ser impossível. Eles expulsaram o império mais poderoso da Terra. Mas então eles enfrentavam um inimigo ainda mais intratável e duradouro: milhares de escravos que escaparam durante a luta estavam agora nas tropas de Palmares. Milhares a mais, privados da liberdade que lhes fora prometida por ajudar a expulsar os holandeses, seguiram na mesma direção, levando habilidades militares com eles. Uma faixa de mocambos em desenvolvimento agora se estendia por 320 quilômetros do interior do sul de Pernambuco. Palmares estava mais forte e mais organizado do que nunca, enquanto a colônia portuguesa cambaleava por uma década de caos e destruição. Palmares não era mais um conjunto de estados-vilarejos isolados. Era uma nação.

A Nação de Palmares

Em algum momento na primeira metade do século XVII, um homem chamado Ganga-Zumba tornou-se o líder de Palmares. Os historiadores supõem que Ganga-Zumba foi um cacique na África que naturalmente assumiu a liderança uma vez que ele escapou do cativeiro no Brasil. Ele pode muito bem ter escapado da escravidão com seguidores, ou ele pode ter sido conhecido como um líder africano por pessoas que já estavam em Palmares. Também é possível que ele tenha nascido lá.[1] Se assim for, sua idade avançada em 1678 indicaria que ele estava em Palmares desde seus primeiros dias.

Três dos filhos de Ganga-Zumba—Toculo, Acaiene e Zambi—foram capturados pelos portugueses num ataque em 1677. Eles e outros deram a Ganga-Zumba dez netos.

Os portugueses referiam-se ao líder de Palmares como rei, e acreditavam que o nome Ganga-Zumba poderia ser traduzido como Grande Senhor.[2] Pode ter sido o título de qualquer pessoa na posição de líder supremo, ou pode ter sido o nome do indivíduo. *Ganga* significa *senhor*

---

[1] Freitas, *Palmares: Guerra dos Escravos*, 102.
[2] "Memórias dos feitos," *Revista do Instituto Histórico e Geográfico Brasileiro* 39, 293-321.

A Nação Palmares

em várias línguas por toda a África central.³ O chefe de um acampamento de guerra *ki-lombo* era o *nganga a nzumbi*, um sacerdote que lidava com os espíritos dos mortos.⁴ Para os portugueses, um Grande Senhor era um rei. Eles não tinham outra palavra para o líder máximo de uma nação. "Primeiro-ministro" era um conceito novo na Europa, referindo-se apenas ao primeiro dos vários ministros de um rei.

Historiadores têm debatido até que ponto os governos central e local de Palmares podem ter sido democráticos ou parlamentares. O chefe de estado de Palmares era autocrático o suficiente para que as pessoas que vinham até ele tivessem que se ajoelhar e bater palmas para mostrar respeito. A existência de um conselho de anciãos, no entanto, implica que algum tipo de cidadão ou representação municipal detinha um certo poder. De acordo com o espião-escravo que Manuel Inojosa enviou para Palmares, as pessoas elegiam anciãos para um conselho, e o conselho elegia um líder geral. Isso implicaria que o líder precisaria de algum apoio político para permanecer no cargo ou tomar decisões cruciais. O espião nunca usou a palavra rei para descrever o líder. A prática de caciques de aldeia elegerem um chefe principal era uma tradição do século XVII entre os Imbangala da Angola, a mesma área da África Central que tinha aldeias de treinamento militar chamadas kilombos pelos jaga.⁵ Como a mãe do rei Ganga-Zumba, Aqualtune, liderou a cidade que levava seu nome, é evidente que as mulheres participavam da política e talvez pudessem ser eleitas para a posição de liderança máxima. O relacionamento também reforça a possibilidade de seleção hereditária não muito diferente daquela da Europa e de parte da África. A segunda maior cidade de Palmares, Sub-

---

³ Kent, "Palmares: An African State in Brazil," *Journal of African History*, 169.
⁴ Schwartz, *Slaves, Peasants, and Rebels: Reconsidering Brazilian Slavery*, 127.
⁵ Anderson, "The *Quilombo* of Palmares: a new overview," *Journal of Latin American Studies*, 545.

117

upira, era governada pelo irmão do rei, Gana-Zona. Embora isso pudesse apoiar a sugestão de governo por linhagem familiar, a história apresenta muitos casos de governantes autocráticos nomeando seus irmãos para controlar os militares.

Não há indicação de que o líder tivesse direito à liderança por meio de cargo religioso, nem tivesse poderes mágicos ou religiosos. O sistema eleitoral secular era uma solução para a situação prática das pessoas de várias crenças e origens religiosas e muitas tradições políticas diferentes.

Se Ganga-Zumba era tão autocrático quanto um monarca europeu, não sabemos. Temos algumas pistas de um documento escrito em 1678, intitulado "Descrição com notícias importantes do interior de Pernambuco", mas o escritor, quem quer que tenha sido, não deu nenhuma indicação de como veio a saber o que descreveu. Não parece possível que todos esses fatos, se fatos são, tenham sido baseados em observação. Eles podem ter sido relatos de prisioneiros ou apenas rumores.

> Toda a forma de guerra se acha neles com todos os cabos maiores e inferiores, assim para o sucesso das peleias, como para a assistência do Rei. Se reconhecem todos obedientes a um, que se chama o Gangazumba, que quer dizer (Senhor grande), a este tem a veneração por seu Rei e Senhor, assim os naturais dos Palmares, como os vindos de fora. Tem palácio capaz da sua família, que é grande. É assistido de todas as guardas e oficiais, que costumam ter as casas reais, trata-se com todos os respeitos de Rei, e com todas as cerimônias de Senhor. Os que chegam a sua presença põe o joelho no chão e batem as palmas das mãos, sinal do seu reconhecimento e protestação /sic/ da Sua Excelência, fala-se-lhe por Majestade, obedece-se-lhe por admiração. Habita na cidade Real, o que chaman o Macaco, nome surtido da morte que naquele lugar se deu a um animal destes; esta é a metrôpole entre as mais cidades e povoações. Está fortificada toda em cerca de pau a pique, com torneiras abertas para ofender

A Nação Palmares

em a seu salvo os combatentes, e pela parte de for a, toda se semeia de estrepes de ferro e de fossos tão cavilosos e dissimulados que perigará neles a maior vigilância. Ocupa a cidade dilatado espaço, forma-se de mais de mil e quinhentas casas. Há entre eles Ministros de Justiça, assim como Guerra para as execuções necessárias, e todos os arremedos /sic/ de qualquer República se conhecem entre eles.

E com serem estes bárbaros tão esquecidos de toda a sujeição, não perderam o reconhecimento da Igreja, tem nesta cidade Capela, a que recorrem nos seus apertos, e imagens a que encomendam suas tenções. Quando se entrou a Capela achou-se uma imagem do Menino JESUS muito perfeita, outra de Nossa Senhora da Coceição, outra de São Brás. Escolhem sempre um dos mais ladinos, a quem veneram como a Pároco e chaman Ganga, este os batiza e os casa. Porém o batismo é sem a forma determinada pela Igreja e os casamentos sem as singularidades, que pede ainda a lei da natureza. O seu apetite é o Juiz dos seus casamentos, cada um tem as mulheres que quer, ensinam-se entre eles algumas orações cristãs, e observam-se os documentos da fé que cabem na sua capacidade, o Rei que assistia nesta cidade estava acomodado com três mulheres, uma mulata, e dues crioulas, da primeira teve muitos filhos, das outras nenhum. O modo de vestir entre si, é o mesmo, que usam entre nós, mais ou menos enroupados conforme as possibilidades.[6]

E o que era possível? Saias de fibras de palmeira entrelaçadas. Túnicas de peles de animais selvagens. Pedaços preciosos de tecido manufaturado da Europa. Roupas roubadas de fazendas. Sandálias de grama retorcida. Joias de madeira ou nozes polidas, fragmentos de conchas, sementes coloridas, partes de osso.

Quanto à capela, os ícones de Jesus, Nossa Senhora da Conceição e

---
[6] Freitas, "Descrição com notícias importante do interior de Pernambuco," *República de Palmares*, 22.

São Brás indicam que os palmarianos mantiveram certas crenças e rituais católicos, mas os desvios nos sacramentos nos dizem que eles se afastaram de outros conforme necessário para satisfazer suas necessidades espirituais. São Brás por exemplo, foi avisado por Deus que deveria se esconder nas montanhas para evitar a captura por oficiais armênios. Ele é o santo das gargantas, o parte do corpo mais frequentemente cortada para executar um cativo e, como muitos rebeldes, ele foi decapitado. Conspicuamente ausente da linha de ícones estava Santo Antônio, santo padroeiro de Portugal e aquele que é chamado para recuperar coisas que foram perdidas – escravos fugitivos, por exemplo.[7] Em meados do século XVII, Palmares incluía pelo menos onze mocambos de tamanho notável. Macaco, a capital de fato, ficava em uma crista íngreme chamada Barriga. A palavra *macaco* pode ser de origem africana, ou de uma palavra kariri (indiana) *Behig*, que significa vermelho, possivelmente uma referência a pessoas que habitavam a montanha há séculos. Talvez os portugueses pensassem que a montanha parecia uma barriga; talvez pensassem que os índios a chamavam de Barriga.[8]

Macaco era cercada por paliçadas duplas ou, mais tarde, triplas e uma ampla dispersão de fossos cravejados com estacas afiadas. A cidade tinha cerca de mil e quinhentas casas e uma população de talvez oito mil pessoas. Outra vila, Osenga, ficava vinte quilômetros a oeste entre os rios Parabina e Jundia. Amaro, 54 quilômetros a nordeste de Serinhaem, tinha mil casas e cinco mil habitantes. Zambi ficava a 96 quilômetros a nordeste de Porto Calvo. Trinta quilômetros ao norte de Zambi havia dois mocambos chamados Tabocas (que significa canas selvagens). Acotirene ficava a

---

[7] Santo Antônio, o Divino Capitão-do-Mato" cited in Reis and Gomes, *Liberdade Por Um Fio*, 125.

[8] Brandão, *Os Negros Na História de Alagoas*, 29.

A Nação Palmares

30 quilômetros ao norte de Zambi. Dambrabanga,[9] possivelmente perto da atual cidade de Viçosa no estado de Alagoas, e das montanhas Dois Irmãos, ficava 84 quilômetros a nordeste das Tabocas e 50 quilômetros a sudoeste de Macaco. Andalaquituche ficava a 150 quilômetros a nordeste do atual Alagoas. Alto Magano e Curiva ficavam perto de Guaranhuns, no atual estado de Pernambuco.[10]

Subupira era a cidade que servia de quartel-general militar. Segundo o relato da "Relação", ficava a cerca de 36 quilômetros de Macaco, 48 quilômetros ao norte de Dambrabanga e 270 quilômetros de Porto Calvo. A cidade era fortificada com pedra e madeira, segundo documento português escrito durante uma incursão de 1678, "compreede mais de oitocentoas casas, ocupa o vão de perto de uma égua de coprido. É abundante de águas, porque corre por ela o Rio Cachingi, esta era a estância onde se preparavam os negros pervias /sic/ aos nossos impulsos estava semeada de estrepes..."[11]

Foi sugerido que os nomes de alguns dos mocambos podem vir de

---

[9] Chamado "Dambrabanga" em "Relação das Guerras Feitas ... ," mas chamado "bambiabonga" em documento semelhante, "Memórias dos feitos que se deram durante os primeiros annos da guerra com os negros quilobolas dos Palmares, seu destroço e paz aceita em junho de 1678", transcrito em *Revista do Instituto Histórico e Geográfico Brasileiro (1876), Parte I*, 293-321.

[10] Essas são as distâncias e coordenadas dadas em *Relação das Guerras Feitas aos Palmares de Pernambuco no Tempo do Governo D. Pedro de Almeida, de 1675 a 1678*. (Carneiro, 202)) Infelizmente, não há como colocá-las todas em posições relativas em um mapa moderno. Dambrabanga não pode estar a noroeste da atual Porto Calvo e das duas Tabocas de Palmares, mas ao sul de Macaco. Macaco é o único lugar em um local conhecido. Ele fica perto da atual União dos Palmares, que fica a oeste-sudoeste de Porto Calvo. A única explicação é que as localizações de Subupira e Dambrabanga estão defasadas em 180 graus, ambas ao sul de Macaco

[11] Freitas, *República de Palmares*, 22, 36.

Quilombo dos Palmares e o Guerreiro Zumbi

palavras africanas. Macaco pode ter vindo do luango *makoko*; Tabocas pode ter vindo de uma palavra mbundu, *taboka* ; Andalaquituche pode ter vindo de uma palavra kisama, n*dala kafuche*; Osenga pode ter vindo da palavra kwango, *hosanga* ; Subupira pode ter vindo de uma frase zande, *subusupu hara vura*; Dambrabanga pode ter sido formado a partir de palavras benguella-yombe, n*dombe e banga*.[12] Se os nomes desses lugares são de fato de origem africana, isso indicaria que os líderes de Palmares eram da África, não crioulos nascidos no Brasil. As fontes dispersas das palavras, se de fato são fontes, atestam a população multicultural de Palmares como um todo, possivelmente com alguma concentração de culturas africanas em aldeias individuais.

Mas essas são apenas suposições baseadas nos sons das palavras. Eles não são necessariamente nem mesmo os nomes reais dos lugares, os nomes que os palmarianos usavam. São apenas as palavras que os portugueses relataram que de como os lugares eram chamados, e os locais eram apenas onde os portugueses estimavam que poderiam ser encontrados. As distâncias não podiam ser medidas com precisão, especialmente para lugares que os portugueses talvez nunca tenham visto. Os nomes dos lugares eram apenas o que eles achavam que ouviam de cativos e outros, pessoas que falavam outras línguas e não estavam inclinadas a contar a verdade aos seus captores.

As descrições dos locais não nos levam a nenhum lugar discernível hoje. A única exceção é a montanha ainda chamada Barriga que se encaixa aproximadamente na descrição do local do forte em Macaco. Ela fica acima do rio Mundaú, nos arredores da atual cidade de União dos Palmares, no estado de Alagoas. União dos Palmares, na verdade, era conhecida como Macacos até 1831, quando a aldeia foi elevada à categoria de vila e recebeu

---

[12] Kent, "Palmares: An African State in Brazil," *Journal of African History*, 169.

A Nação Palmares

o nome de Vila Nova da Imperatriz.[13] O Macaco (ou Macacos) de Palmares pode muito bem ter sido uma aldeia no rio Mundaú, perto da água corrente, mas sob a proteção do enorme forte na montanha.

Em meados do século, este arquipélago de aldeias, vilas e cidades tinha todas as qualificações de uma nação. Pelo menos algumas delas tinham governos locais, pelo menos alguns desses governos envolviam um chefe e um conselho. Essas localidades individuais reportavam e pagavam tributo a um governo central. Toda a população compartilhava objetivos econômicos e militares. Todos os mocambos contribuíam com recrutas para um sistema comum de defesa. A nação tinha leis e um sistema de justiça criminal. O homicídio, por exemplo, era punível com a morte. O adultério, roubo e deserção também eram crimes capitais.[14]

De acordo com vários relatos, em 1677 Palmares era uma sociedade coesa e multicultural dentro da qual a discriminação social era, até onde sabemos, mínima. Negros, índios e alguns europeus compartilhavam sua comunidade assim como compartilhavam suas necessidades comuns e inimigo comum. Eles se dirigiam uns aos outros como malungo, um termo de solidariedade não muito diferente do "camarada" usado por revolucionários posteriores. O mesmo termo, de uma palavra mbundu que significa "no barco", era usado entre escravos que tinham chegado no mesmo navio.[15] Seu uso unia africanos de várias culturas e crioulos nascidos no Brasil em uma causa comum.

Palmares tinha uma pequena classe dominante que não poderia ter vivido muito acima das condições de vida da população em geral. Pelo menos alguns mocambos tinham alguém servindo na função de padre, mas é improvável que uma ordem religiosa ou hierarquia existisse. Palmares

---

[13] Brandão, *Os Negros Na História de Alagoas*, 29.
[14] Freitas, *Palmares: A Guerra dos Escravos*, 48.
[15] Schwartz, *Slaves, Peasants, and Rebels*, 124, and Novo Dicionário Aurélio.

não tinha flexibilidade para diferenças culturais, econômicas ou outras diferenças sociais internas divisivas. A principal preocupação com a sobrevivência – segurança e o suficiente para comer – anulou preocupações relativamente mesquinhas como diferenças raciais ou econômicas. Eles tinham que se dar bem, falar uma língua comum e compartilhar valores comuns, assim como compartilhavam sua comida. A alternativa era a morte ou a escravidão.

A população desta nação estava crescendo.[16] A excursão de Blaer de 1645 estimou a população de Palmares Grande e Palmares Pequeno em cerca de onze mil, embora isso provavelmente não considerasse todos os mocambos no território de Palmares. Um relatório sobre excursões realizadas entre 1675 e 1678 estimou uma população entre dezesseis mil e vinte mil.[17] Em um documento datado de 1675, Francisco de Brito Freire, que havia sido governador quinze anos antes, escreveu que ouviu dizer que a população de Palmares era de trinta mil.[18] É verdade que ele não tinha como contar as pessoas em lugares que seus soldados nem conseguiam encontrar mas o historiador do século XX Paulo Freitas também supôs que o número poderia ter sido assim tão alto. O professor de história da Universidade de Yale Stuart B. Schwartz, por outro lado, estima que a população total de escravos cativos de Pernambuco durante a maior parte do século XVII foi em média de apenas vinte mil, tornando duvidoso, para ele, que a população de Palmares pudesse ter sido de vinte mil ou mais.[19] Metade dos negros em Pernambuco estaria vivendo em Palmares. Outras estimativas do número de escravos em Pernambuco em meados do século XVII são tão altas quanto trinta e três mil a cinquenta

---

[16] Freitas, Palmares: *Guerra dos Escravos,* 72.

[17] Carneiro, *O Quilombo dos* Palmares, 206.

[18] Freyre, *Nova Lusitánia, História da Guerra Brasílica*, paragraph 527, 281.

[19] Schwartz, *Reconsidering Brazilian Slavery*, 123.

A Nação Palmares

mil.[20] Os arqueólogos Paulo Funari e Charles Orser estimam a população negra pernambucana em cerca de sessenta mil, Palmares em vinte mil.[21]

Há razões para acreditar que Palmares pode ter tido uma população tão substancial. Os escravos estavam fugindo para Palmares aos milhares, diminuindo o número de escravos e aumentando o número de palmarianos. Ao mesmo tempo, as mulheres negras, brancas e indígenas de Palmares, embora relativamente poucas, estavam tendo bebês. Se os homens estivessem dividindo as mulheres e o quilombo precisasse de mais pessoas, as mulheres provavelmente tinham muitos bebês, metade dos quais eram meninas e, no início da adolescência, tinham ainda mais bebês. Em meados do século, algumas das mulheres mais velhas podem ter sido avós pré-menopáusicas de meninas se aproximando da puberdade – três gerações produzindo bebês, provavelmente o mais rápido que podiam. Não temos informações sobre a mortalidade infantil em Palmares, mas se as mulheres fossem fortes, os suprimentos de comida fossem adequados e a localidade rural não fosse propensa a epidemias, os bebês nascidos lá poderiam ter tido mais chance de sobreviver do que os bebês nascidos em Recife ou mesmo na Europa. Algumas centenas de mulheres tendo dez ou mais bebês aumentariam a população em vários milhares em uma ou duas gerações. Se a fertilidade fosse suficiente, o tamanho da população de Palmares ao longo de várias gerações teria pouca relação com o tamanho da população de escravos em Pernambuco.

Um fato claro, no entanto, sugere uma população substancialmente menor. Mais de vinte incursões portuguesas e holandesas nunca conseguiram encontrar muitas pessoas. As pessoas tendiam a fugir conforme as invasões se aproximavam, mas seria difícil, se não impossível, que tan-

---

[20] Simonson, *História Econômica do Brasil*, 133.

[21] Orser and Funari, "Archaeology and slave resistance and rebellion." *World Archaeology*, 68.

tos milhares de pessoas desaparecessem. Da mesma forma, centros populacionais de mil pessoas ou mais não podiam ser escondidos. Outra questão sem resposta é por que uma população de dezenas de milhares não conseguia reunir homens combatentes suficientes para vencer forças invasoras de apenas algumas centenas.

Palmares estava acolhendo negros, índios e brancos fugitivos ou sendo retirados da sociedade europeia: soldados desertores, refugiados políticos, ladrões em fuga, pessoas de religião errada, mulheres sequestradas, os sem-teto, os aprendizes, os pobres, os emancipados que não tinham como se sustentar na sociedade portuguesa. No duro e arbitrariamente cruel sistema governamental/econômico português, os fracos inevitavelmente perdiam qualquer conflito. Se algum judeu ou protestante permanecesse da sociedade holandesa, eles estavam vivendo contrariamente à Igreja e à Coroa. Um amplo grupo demográfico tinha bons motivos para fugir para um lugar que fosse relativamente justo, próspero e livre, um lugar de cooperação em vez de competição acirrada, um lugar onde pudessem trabalhar um pedaço de terra, embora para um benefício comum em vez de pessoal. Entre a fartura da terra e a agricultura dedicada a plantações de alimentos em vez de plantações comerciais, os palmarianos viviam e comiam razoavelmente bem.[22] Uma prova da dignidade humana que uma sociedade sem escravidão estava satisfazendo as necessidades básicas das pessoas melhor do que a sociedade que tinha o suposto benefício do trabalho não remunerado. Palmares demonstrou que a ineficiência do trabalho escravo não era causada pela raça dos trabalhadores, mas pelo uso da força e da violência para motivá-los.[23]

Em *Relatório Nova Lusitânia* de Brito Freire (escrito Freyre no relatório) observou que, graças à sua laboriosidade e trabalho duro, os pal-

---

[22] Ennes, *Guerras nos* Palmares, 61.
[23] Freitas, *Palmares: A Guerra dos Escravos*, 73.

A Nação Palmares

marianos desfrutavam de abundância de alimentos durante todo o ano.[24] Palmares controlava as melhores terras agrícolas, e os palmarianos estavam negociando com colonos da fronteira. Domingos Loreto de Couto, um clérigo, historiador e crítico literário que escreveu sobre Palmares um século depois, registrou que tal comércio tinha que ser realizado sob "acordos secretos" desconhecidos do governo. Implícito nos acordos estava o entendimento de que suas "casas e escravos estariam seguros" da destruição ou captura pelos palmarianos.[25]

Os pecuaristas da Bahia, vagando pelo sertão árido do interior ao redor de Palmares, vivendo de leite e carne, vestidos de couro para se protegerem de espinhos e galhos, "tão corajosos e destemidos quanto o bandeirante, quanto resignados e tenazes como os jesuítas...," prestaram homenagem a Palmares.[26] Eles trocaram pólvora, sal, armas, carne, leite e ferramentas por direitos de pastagem no sertão, o interior ressecado e espinhoso do nordeste do Brasil. Eles também forneceram informações sobre movimentos de tropas e planos sendo feitos na costa. Esses vaqueiros itinerantes não tinham interesse na sociedade da costa. Eles não queriam que o governo taxasse seus produtos. Eles não queriam que os proprietários de terras reivindicassem e cercassem as terras de pastagem. Eles não queriam ser considerados invasores. Eles não tinham interesse em possuir escravos. Embora não fizessem parte de Palmares, eles tinham todo o interesse em que a nação rebelde permanecesse como uma força que preservasse a liberdade do sertão.[27]

Foi por meio desse comércio secreto e informal que os produtos de Palmares – milho, tabaco, cana, açúcar, batatas, óleos, cestas e outros

---

[24] Freyre, *Nova Lusitânia–História da Guerra Brasílica*.

[25] Couto, *Desagravos do Brasil e Glórias de Pernambuco*.

[26] Cunha, *Rebellion in the Backlands (Os Sertões)* 73.

[27] Freitas, *Palmares: A Guerra dos Escravos*, 75.

artefatos – chegaram às cidades costeiras e, até certo ponto, sustentaram a vida ali. Pela mesma rota, através de escambo, produtos manufaturados da Europa – armas, pólvora, chumbo, ferramentas, tecidos – encontraram seu caminho até Palmares.[28] Embora Palmares e Pernambuco estivessem em guerra quase constante, eles encontraram maneiras de se apoiarem.

---

[28] Carneiro, *Quilombo dos Palmares*, 22.

Uma Série de Assaltos

Palmares não era de forma alguma o único problema de Pernambuco. A capitania também teve que lidar com os negros que serviram no Regimento Henriques durante a guerra contra os holandeses. A primeira encarnação dessa organização de negros e crioulos foi formada em 1633 sob Henrique Dias, um escravo doado à causa por um generoso proprietário de terras. Motivado por uma promessa de liberdade, o destacamento (ainda não um regimento formal) serviu com coragem e competência. Em 1639, Dias foi nomeado governador dos crioulos, negros e mulatos. Em 1647, as tropas do grupo aumentaram para trezentos, incluindo escravos atuais e antigos, até mesmo escravos que fugiram de seus donos e se juntaram ao exército na esperança de oficializar sua liberdade.[1] Em uma carta escrita em 1648, Dias descreveu a ferocidade de seus homens. "De quatro nações se compõe este regimento: Minas, Ardas, Angolas e Crioulos [as três primeiras sendo regiões da África definidas pelos portugueses, a última consistindo de negros nascidos no Brasil]; estes são tão malcriados, que não temem nem devem, os Mias, tão bravos, que aonde não podem chegar com o braço, chegam com o nome; os Ardas, tão fogosos, que tudo querem cotrar de um só golpe; os Angolas, tão robustos, que nenhum tra-

---

[1] José Antônio Gonsalves de Mello, *Henrique Dias—governador dos crioulos, negroes e mulattos do Brasil*, Recife, Massangana, 1988. 9, 23, 25.

balho os cansa, considerem agoa, acrescenta êle, se romperá tôdos a Holanda, homens que tudo rompem."[2]

Uma vez que os holandeses foram expulsos, no entanto, os donos dos escravos que tinham sido emprestados ao regimento estavam reconsiderando sua contribuição. Pernambuco estava sofrendo uma escassez paralisante de escravos. Os donos de engenhos e fazendas não viam necessidade de ter tantos negros sem dono e, para os propósitos dos brancos, improdutivos. Eles também temiam que a dissolução das tropas liberaria uma nova população de negros livres e desempregados que tinham sido treinados nas habilidades de batalha. Uma alternativa sugerida era manter o regimento, embora as pessoas no poder em Pernambuco instintivamente percebiam problemas em qualquer organização desse tipo. Esses aliados poderiam, com algumas palavras de um líder inspirador, se tornar inimigos de Pernambuco ou mesmo confederados de Palmares. À medida que os meses se transformavam em anos, os soldados-escravos negros começaram a reconhecer o desespero de esperar pela liberdade daqueles que os escravizaram. Desistindo de seus sonhos de liberdade e de serem pagos por seu serviço militar, muitos fugiram. Alguns foram para Palmares, levando sua experiência militar com eles. Outros levaram essa mesma experiência para a Bahia, para servir em milícias lá.

Os homens livres não estavam muito mais felizes com a situação do pós-guerra. Muitos soldados ainda não tinham recebido o pagamento atrasado.[3] Até mesmo padres que tinham sido contratados para manter as tropas abençoadas durante a batalha estavam esperando para receber o que lhes havia sido prometido. Embora o rei tivesse ordenado que a terra fosse dividida entre aqueles que lutaram contra os holandeses, isso não es-

---

[2] Pereira, F.A. Costa, *Anais Pernambucanos,* 3, (1983): 362.

[3] Arquivo Histórico Ultramarino–Pernambuco–Frei João da Ressurreição, Códice 92, Lisboa, Dezembro 17, 1655

Uma Série de Assaltos

tava acontecendo mais do que a liberdade estava acontecendo para seus companheiros de armas negros. A terra que havia sido libertada dos holandeses estava gravitando de volta para as mesmas velhas mãos aristocráticas. Ao mesmo tempo, a economia da sacarose estava ficando comatosa. O açúcar do Caribe estava suprimindo o preço global, e poucos em Pernambuco tinham dinheiro para escravos para substituir aqueles que tinham fugido durante a guerra.

A classe plebeia estava furiosa, e precisava de alguém com quem ficar furiosa. Ela ficou furiosa com os holandeses e, posteriormente, acabou com eles. Agora, precisava de um novo inimigo para culpar por seus problemas. A elite econômica era um alvo potencial, Palmares outro. Os primeiros não estavam dispostos a assumir a culpa. Palmares continuava seus ataques a fazendas e engenhos, e os privilegiados foram rápidos em culpar Palmares pelos problemas de Pernambuco. Palmares foi novamente denunciado como o inimigo dentro do portão. Uma vez que os rebeldes negros estivessem de volta em suas correntes e Palmares tivesse sido libertado, o argumento era que a capitania poderia viver em paz e prosperidade: as fazendas prosperariam, os engenhos gerariam riqueza novamente, os camponeses poderiam se estabelecer com segurança ao longo da fronteira, e o novo suprimento de escravos de Palmares faria todo o trabalho. Algumas dezenas de escravos valiam tanto quanto um engenho, e milhares aguardavam a captura ou, em muitos casos, a recaptura. Os rebeldes negros eram propriedade legítima daqueles que tinham pago um bom dinheiro por eles nos mercados de escravos do Recife, as mesmas pessoas que tinham expulsado os holandeses das costas do Brasil. Não deveria ser muito difícil conquistar uma nação dispersa de criminosos subumanos.

Palmares também era naquela época a única fonte de novos escravos. A guerra deixou os donos de engenhos sem dinheiro e, em muitos casos,

131

sem engenhos. Investir em novos africanos estava além de suas possibilidades. Capturar índios não valia o esforço. Palmares era o lugar onde pegar escravos.

Em 1654, poucos meses após os holandeses abandonarem Pernambuco, o governador-geral do Brasil, o Conde de Atouguia, ordenou ao governador de Pernambuco, Francisco Barreto, que voltasse sua atenção para o inimigo que, diferentemente dos holandeses, estava atacando fisicamente a infraestrutura econômica e não fazia nenhum esforço para cooperar com os proprietários de engenhos e fazendas.

Mas o governador Barreto não precisava ser avisado. Ele já estava organizando uma poderosa força expedicionária sob o comando capaz de Bras da Rocha Cardoso, um herói da guerra que havia expulsado os holandeses. Seiscentos homens, mais do que o suficiente para o trabalho, seguiram para o interior com espadas e mandioca. A expedição não conseguiu eliminar muita coisa. De acordo com um relatório arquivado posteriormente, algumas escaramuças não resultaram em nada que pudesse ser chamado de vitória. Os invasores encontraram uma aldeia, queimaram as casas, e aparentemente capturaram ou mataram algumas pessoas. A tentativa de rastrear aqueles que fugiram fez com que o pequeno exército se perdesse. Eles vagaram na chuva por algumas semanas, famintos, brigando e à beira do motim. Então eles cambalearam de volta para a costa, o próprio da Rocha Cardoso meio morto pelo esforço.[4]

Não tendo aprendido aparentemente nada com a expedição fracassada, o governador Barreto reuniu outra e a despachou com a mesma estratégia. O resultado também foi o mesmo. Após uma marcha de 360 quilômetros em "trabalho excessivo, sempre cortando florestas e cruzando altas cristas", eles conseguiram apenas matar alguns palmari-

---

[4] Documentos Históricos, vol. 30, 205.

Uma Série de Assaltos

anos e capturar quase cem.[5] A missão foi uma vitória apenas porque se pagou. Aparentemente, essa vitória limitada foi razão suficiente para tentar novamente. Em 1655, o governador Barreto lançou outra incursão, desta vez sob o comando de Antônio Jácome Bezerra e Antônio Dias Cardoso, um comandante da guerra com a Holanda. Eles capturaram duzentas pessoas, queimaram uma ou duas aldeias e confrontaram um grande contingente de palmarianos. O relatório de Bezerra poupou detalhes da batalha, mas admitiu que seus soldados não eram experientes o suficiente para lidar com a situação. Sua única vitória foi sua sobrevivência.

A dediciência dessa vitória também foi uma boa indicação de que eles provavelmente perderiam a próxima batalha, então eles escolheram evitá-la. Eles retornaram para a costa, os soldados venderam seus cativos para os donos de engenhos e dividiram o lucro entre si. O governador Barreto recebeu uma carta do governador-geral Atouguia elogiando-o por melhorar a situação e desencorajar os escravos de fugir de seus legítimos donos.[6]

Mais ou menos na mesma época, os maiores proprietários de terras ao redor de Porto Calvo formaram e equiparam sua própria milícia ad hoc e a enviaram para Palmares. Não era um exército suficiente para invadir a nação rebelde, o máximo que esperavam realizar era capturar um suprimento de escravos, mas a missão não rendeu nada.

Em 1657, Barreto foi nomeado governador-geral do Brasil. Ele se mudou para Salvador, mas uma de suas primeiras emergências aconteceu em Recife – um motim do regimento Henriques. Os soldados negros tinham sido de um serviço inestimável na expulsão da Holanda, mas agora, três anos depois, eles ainda não tinham sido pagos. Os escravos entre eles nem tinham sido emancipados. O motim foi rapidamente reprimido, mas era óbvio que colocar os negros em correntes depois de ensiná-los a matar

---

[5] Arquivo Histórico Ultramarino – Pernambuco – Caixa 9, 2 de abril de 1688.
[6] Documentos Históricos, vol. 30, 265-266.

133

Quilombo dos Palmares e o Guerreiro Zumbi

não era uma boa ideia. Dom Afonso VI, que tinha acabado de chegar ao trono para substituir o falecido Dom João IV, apressou-se em confirmar a emancipação dos escravos que serviram na guerra. Ele também concordou em financiar o regimento pelo menos até que houvesse certeza de que a Holanda havia deixado o Brasil para sempre. Os ricos proprietários de terras teriam que absorver a perda de seus bens. Aqueles menos capazes de doar escravos seriam reembolsados pela Coroa.[7]

Um oficial de Henriques, Gonçalo Rebelo, era persistentemente patriota diante do racismo abusivo. Aleijado na luta, ele recebeu seus papéis de emancipação apenas para que um sobrinho de seu antigo dono os pegasse e os queimasse. O sobrinho então alegou que, como Rebelo não conseguia provar sua emancipação, ele deveria retornar à sua posição de escravo de antes da guerra. Rebelo evitou a recaptura e eventualmente conseguiu embarcar furtivamente em um navio para Lisboa. Lá, ele passou quase três anos vivendo na fome e na miséria, aguardando uma audiência com o Conselho Ultramarino, que supervisionava todos os negócios com as colônias. Em 1659, o Conselho aprovou sua emancipação sob a condição de que ele continuasse a servir no Regimento Henriques.[8] Rebelo navegou de volta ao Brasil com essa orgulhosa intenção.

Ele chegou à sua terra natal e encontrou Palmares tão ousado quanto sempre foi. Colonos na fronteira e donos de engenhos mais próximos da costa estavam exigindo uma ação. O governo de Vidal de Negreiros não tinha feito praticamente nada para acabar com o problema. O novo governador, Francisco de Brito Freire, que havia assumido o cargo em 1661,

---

[7] Freitas, *Palmares: A Guerra dos Escravos*, 9.

[8] Silva, "Os Henriques nas Vilas Açucareiras do Estado do Brasil: Tropas de Homens Negroes em Pernambuco, séculos XIII e XVIII," *Estudos de História*, 9.

Uma Série de Assaltos

estava tentando, mas não estava conseguindo. Mais tarde, ele escreveu ao rei, explicando que

> Sendo a liberdade o affecto mais natural do coração humano, & tantos os Negros cativos que entrárão, & entrão no Brasil, fugirão, & fogem muitos casaes, para os bosques ermos, daquelle immenso Sertão. Onde oppostos á Provincia de Parnambuco, correm os Palmares, que se dividen em mayores, & mais piquenos; distantes terra adentro trinta légoas, por outras tantas de circuito: copiosos de arvoredo & fecundos de novidade; a que juntandose o trabalho, & industria dos Negros, nas plantas que levão, & nas féras de cação, abundão de sustento em todo anno.
>
> Aqui levantando barracas de rama, dizen que habitarão trinta mil pessoas, en numerosas, mas não grândes aldeas, a que chamão Mocambos. Acautelados de nos ter por visinhos, sempre estão prevenidos de veredas occultas, que abre á força de machado, entre as brenhas mais densas, para se livrarem melhor da nossa gente, quando os busca nalguns verões, & lhe destroe a sementeiras, & difficulta a agua; que então se acha daquella banda em poucas partes. Ainda que tambem os mata, & torna a cativar, (principalmente ás Molheres, & Filhos, menos capases de acompanhalos nas retiradas) mais dano recebem com os descommodos, que com as armas: por ser tão cuberta a campanha, & elles tão destros nella, que metendoso pelo mato, ¶ sustentandose de animaes, & frutas sylvestres, com a mesm fcilidade que largão suas aldeas quando himos, as tornão a occupar quando voltamos.[9]

O governador Brito Freire queria uma ação séria, terminal, uma solução final. Ele sugeriu uma estratégia de cenoura e pau. "Pareceria melhor impossibilitarlhes o descanço, & o mantimento, com os perseguir pela campanha, largando aos soldados as presas que tomarem", escreveu anos de-

---

[9] Freyre, *Nova Lustitánia*, parágrafos 526-527.

135

pois, "e como os desaninhar dos Palmares, fazendo nelles duas povoaçãoes de Moradores concenientes, para assistencias & marchas semelhantes. Ou reduziloa com industria, dando favor, & liberdade, a alguns, que venhão lograr seguramente, para as almas, & para as vidas...E sem nenhum receyo de tornarem a ser cativos, viverem livres, na forma de todos os outros Negros seus parnted, alistados no Terço de Henrique Diaz que El Rey mandou livrar, & assim lehes constaria, aos olhos dos mesmos Senhores, adarem livres.[10]

Em 1661, Brito Freire enviou trezentos homens para fazer o que pudessem, mas eles não conseguiram muito além de brandar o solo dos campos com as cinzas das plantações queimadas. Em 1663, com o fim de seu governo aproximando, ele decidiu reunir um grande e derradeiro exército. Sem esperar pela permissão do rei, ele requisitou fundos do tesouro real e elaborou uma nova estratégia de invasão. Ele contratou quatrocentos soldados e os apoiou com duzentos negros do regimento Henriques sob o recém-emancipado Gonçalo Rebelo. Como os palmarianos sempre conseguiram escapar conforme as forças se aproximavam, desta vez onze colunas se aproximariam de várias direções – algumas viriam da Bahia por uma rota interior, outras do norte, outras direto da costa. Não importava em que direção os palmarianos fugissem, eles encontrariam outra coluna de invasores.

A campanha continuou por cinco meses. O governador Freire relatou um sucesso devastador. As colunas queimaram vilas, campos e suprimentos. Eles alegaram ter atirado em muitas pessoas e encontrado muitas outras mortas de fome e sede. Eles capturaram apenas noventa, o que Freire admitiu ser menos do que o esperado. Ele também relatou uma descoberta muito perturbadora: armas de fogo de origem portuguesa – não holan-

---

[10] Ibid., paragraph 529, 282.

desa. Súditos do rei de Portugal estavam vendendo armas para os inimigos do rei.

O governador teve pouca escolha a não ser relatar a vitória ao rei, incluindo o improvável detalhe de pessoas mortas de fome e sede. Não havia outra maneira de justificar o uso dos fundos reais nos quais ele havia mergulhado tão rapidamente.

Outros relatos contaram uma história diferente. A invasão não havia conseguido quase nada. Palmares havia saído na frente em praticamente todas as batalhas. Os comandantes recorreram ao envio de mensageiros para os mocambos para oferecer terra e segurança a qualquer um que se entregasse. A opção alternativa era a guerra sem quartel. Os palmarianos responderam decapitando os mensageiros. Os invasores responderam massacrando seus noventa cativos – uma alegação bastante suspeita, dado o valor financeiro de tantos escravos. Então eles retornaram para a costa, suas correntes de libambo vazias, mas seus contos cheios de fanfarronice, glória e justificativa de fundos gastos e tempo desperdiçado.[11]

O governador-geral, o Conde de Óbitos, aparentemente acreditava que os cativos tinham sido de fato massacrados. Ele castigou quem quer que tivesse aprovado o massacre, não em simpatia pelos mortos ou mesmo pelos lucros perdidos, mas pelo impacto psicológico sobre os outros. Ele alertou Brito Freire que se os palmarianos virem que "eles não têm refúgio algum, isso despertará neles o desespero, que às vezes pode realizar mais do que a coragem". Ele ficou muito perturbado, no entanto, pela presença das armas de fogo de seu próprio país nas mãos de um inimigo que supostamente estava contido no interior, isolado dos benefícios da indústria europeia. Alguém estava negociando com o inimigo – um péssimo sinal. As armas eram a única vantagem da força portuguesa. Óbitos temia que, se Palmares não fosse erradicado imediatamente, logo seria poderoso o su-

---

[11] Freitas, *Palmares: A Guerra dos Escravos*, 81.

ficiente para invadir a capitania. Ele disse que se futuras expedições encontrassem lugares povoados, eles deveriam ser destruídos até o ponto em que nada restasse além de memória. Quaisquer cativos capturados deveriam ser deportados do Brasil, exceto crianças muito jovens para lembrar de onde vieram ou como encontrar o caminho de volta. A nova estratégia marcou uma mudança nos sessenta anos de guerra com Palmares. O objetivo não era mais capturar escravos ou impedir ataques. Era exterminar toda a nação rebelde. Mas a estratégia não passava de palavras ousadas. Passariam-se quatro anos até que alguém voltasse a atacar Palmares.[12]

Com as invasões fracassadas da década de 1660, Ganga-Zumba aparentemente sentiu que Palmares não precisava mais permanecer na defensiva. As aldeias estavam suficientemente escondidas, os invasores não conseguiam trazer grandes forças armadas para o interior, e um sistema de alerta precoce distante era eficaz, permitindo que as defesas se preparassem e as pessoas se retirassem bem antes de qualquer ataque chegar. Confiante em suas defesas, ou pelo menos em sua capacidade de evitar confrontos, Palmares passou os dez anos seguintes lançando ofensivas esporádicas de ataque e fuga contra engenhos e aldeias nos arredores de grandes cidades como Serinhaém, Ipojuca, Porto Calvo e Penedo. A libertação de escravos e o roubo de ferramentas, munições e suprimentos eram certamente dois dos objetivos, mas os danos colaterais eram mais do que acidentais. Era terrorismo clássico – a estratégia de inspirar terror em vez de realmente conquistar. Se os objetivos eram libertar, roubar e aterrorizar, a campanha foi um sucesso. Os donos de engenhos e moradores sofreram e reclamaram por uma década até que finalmente, em 1667, os donos de engenhos mais ricos encheram um cofre de guerra para financiar uma força expedicionária de quinhentos homens. O governador Bernardo de Miranda Henriques colocou o coronel Zenóbio Accioly de Vasconce-

---

[12] *Documentos Históricos,* vol. 9, 128.

Uma Série de Assaltos

los, um dono de engenho e vereador de Olinda, no comando e enviou os homens para o interior para acabar com Palmares mais uma vez. A única tática diferente das excursões anteriores foi uma tentativa de melhorar a moral pagando aos soldados o saldo de quaisquer salários que eles não tivessem recebido de excursões anteriores.[13] Mas ele não se preocupou em enviar-lhes suprimentos. Eles caminharam cento e vinte quilômetros do rio Panema até a Serra do Comonati, quando seus suprimentos começaram a acabar. Bem antes de encontrar qualquer rebelde negro, eles estavam mastigando raízes de árvores para matar a dor em seus estômagos.

Arrastando-se até a Serra do Comonati, eles acamparam por três dias para descansar e fazer reconhecimento. De lá, eles percorreram altos cumes e cortaram a vegetação densa até que, finalmente, encontraram um mocambo. Um combate sangrento ocorreu enquanto os negros tentavam defender a aldeia, mas em vez de sofrer a perda de seus combatentes, eles se retiraram. Os homens de Vasconcelos atearam fogo nas casas.[14] Isso chegou perto o suficiente da vitória, e eles comeram raízes suficientes, então eles voltaram para casa. Seu relatório alegou a captura e a morte de "muitos" rebeldes, mas não mencionou que Palmares estava tão forte quanto sempre.

Em um ano, os negros estavam na ofensiva novamente. Embora os portugueses mal conseguissem chegar a Palmares e encontrar suas aldeias, os palmarianos conseguiam chegar a qualquer cidade costeira e atacar seus engenhos e campos suburbanos. A vida simples, móvel e organizada era uma vantagem estratégica para os negros, e a vida complicada e

---

[13] Mello, *Biografias de Alguns Poetas e Homens*, 248.

[14] Ennes, Doc. No 7, "Consulta do Conselho Ultramarino de 11 de Novembro de 1699 acerca da Nomeação de pessoas para a Companhia de Infantaria que vagou no Terço dos *paulista*s de que he marechal de campos Domingos Jorge Velho pela promoçãode Luis da Silveira Pimentel," in *Guerras Nos Palmares*, 409.

139

amarrada de infraestrutura e permanência era a vulnerabilidade das pessoas nos assentamentos.

A vulnerabilidade inerente à vida urbana tornou-se mais aparente com um surto de varíola no final da década de 1660. Mais uma vez, a natureza estava do lado de Palmares. A varíola estava se espalhando por toda a costa, de Pernambuco até o Rio de Janeiro. A infecção foi supostamente espalhada pela passagem de um cometa em 1664. As condições sanitárias deploráveis forneceram um campo fértil para o que quer que tenha caído do cometa. Somente em Recife, duas mil pessoas morreram. A perda de trabalhadores devastou a economia já frágil, causando escassez de alimentos. Foram, é claro, os escravos e os pobres que sofreram o pior da fome, e pessoas pobres de todas as raças continuaram a se juntar aos escravos fugitivos na fuga para Palmares.[15]

Com a peste e a fome afligindo os assentamentos costeiros, Palmares tinha um dos impérios mais poderosos do mundo encurralado. O governador-geral estava relutante em enviar uma grande força armada para o interior porque temia um ataque holandês do mar. Era difícil decidir qual inimigo ameaçava mais a colônia. Os palmarianos eram reais. Eles estavam atacando a infraestrutura econômica, mas era improvável que realmente assumissem o controle. Os holandeses, por outro lado, eram apenas uma ameaça distante e potencial, mas poderosa o suficiente para derrubar um governo e ocupar cidades. O governador Bernardo de Miranda Henriques optou por se defender contra o inimigo que ameaçava seu poder, não aquele que ameaçava os engenhos e a riqueza dos outros.

O capitão-mor Cristovão Lins, dono de engenho e capitão - maior que governava Porto Calvo, era um desses outros. Sua preocupação era a que o ameaçava pessoal e iminentemente. Em dezembro de 1668, ele decidiu tomar as rédeas. Ele convocou os conselhos de Porto Calvo e Alagoas e

---

[15] Freitas, *República de Palmares*, 93.

Uma Série de Assaltos

estabeleceu uma "União Perpétua", um esforço conjunto dedicado a acabar com os rebeldes negros de Palmares. Eles cooperariam igualmente e continuamente até que tivessem acabado com o inimigo que ambas as cidades compartilhavam.[16] Cada um contribuiria com pólvora, balas, comida e homens para uma força expedicionária. Quaisquer suprimentos ou provisões encontrados nos mocambos seriam usados para sustentar a expedição, não para enriquecer os comandantes. Os prisioneiros que escapassem da escravidão em Porto Calvo ou Alagoas seriam devolvidos aos seus antigos donos por uma certa taxa. Todos os outros prisioneiros seriam vendidos fora de Pernambuco para impedir seu retorno a Palmares.[17] Somente crianças menores de doze anos poderiam permanecer em Pernambuco. Os combatentes reais seriam condenados à morte como" malfeitores". Logo Serinhaém e Penedo se juntaram à União Perpétua. As quatro cidades concordaram que os ricos não arcariam com o custo sozinhos. Todos os cidadãos teriam que contribuir.

No início de 1669, o exército das forças da União Perpétua, bem armado e financiado, partiu para conquistar Palmares. Resultados da missão não são claras, mas certamente não desferiram um golpe duradouro no inimigo evasivo.

O governador-geral Alexandre de Sousa Freire não estava satisfeito com os fracassos contínuos. Ele escreveu ao governador Bernardo de Miranda Henriques, instando-o a levar a sério o problema de Palmares. Ele lembrou a Henriques que as expedições contra quilombos na Bahia tinham funcionado porque a capitania tinha sido implacável, enviando cinco excursões em dois anos. Ele também usou o Regimento Henriques [sem parentesco] Dias, liderado agora pelo capitão negro Agostinho da Silva, como parte das expedições.

---

[16] Carneiro, *O Quilombo dos Palmares*, 223.
[17] Ibid., 99.

Quilombo dos Palmares e o Guerreiro Zumbi

Em outubro de 1669, Pernambuco tentou levar as coisas a sério mais uma vez. Alagoas, Porto Calvo e Serinhaém deixaram de lado a União Perpétua e formaram uma irmandade de verdade contra os rebeldes. A irmandade chegou ao mesmo acordo que a União Perpétua, e com os mesmos resultados: outra excursão sem consequências.

Enquanto isso, em Portugal, a coroa estava sentindo a distante pitada de conflito em Pernambuco. A produção de açúcar estava em baixa, assim como a compra de novos escravos. De acordo com relatos, a produção estava em baixa devido à falta de mão de obra, e o fornecimento de mão de obra estava em baixa porque os donos de engenhos estavam relutantes em comprar escravos que estavam apenas indo para Palmares. Não mencionado nos relatórios estava uma grande quantidade de corrupção nas colônias que estava desviando açúcar que deveria ter ido para a Coroa. Palmares, em outras palavras, estava servindo como uma boa cobertura para sonegação do imposto real.[18]

Mas isso não significava que Palmares não fosse um problema real e crescente. No final de 1669, um novo governador-geral do Brasil, Afonso Furtado de Castro de Mendonça, estava exigindo que Fernão de Sousa Coutinho, o novo governador de Pernambuco, fizesse algo sobre Palmares. Coutinho relatou a emergência a Lisboa:

> ...não está menos perigozo este Estado com o atrevimento destes negros, do que esteve com os Ollandeses, porque os moradores nas suas mesmas Cazas, e Engenhos, tem os Inemigos que os podem Comquistar se se Resolver a seguir tam perniciozo exemplo, amoestados dos mesmos rebeldes que os comonicão...[19]

---

[18] Ibid., 92.
[19] Ennes, Doc. 1, "Carta do Governador Fernão de Sousa Coutinho de 1 de Junho de 1671 sobre o aumento dos mocambos dos negros levantados que assisstem nos Palmares," 134.

Uma Série de Assaltos

Os ataques rebeldes estavam piorando a ponto de expulsar os colonos de suas terras. Temia-se que os rebeldes pudessem se mudar para uma região que tivesse minérios de metal e salitre, um ingrediente essencial da pólvora. Palmares já estava trabalhando com ferro, e os africanos eram famosos por sua habilidade em metalurgia. Uma vez que Palmares tivesse esses recursos naturais, não haveria como pará-los.

Coutinho não conseguia pensar em outra solução senão aquela que tantas vezes falhara desde 1603: mais um assalto ao lugar que ninguém conseguia encontrar. Uma excursão partiria assim que as chuvas do inverno terminassem.

Mas estava se tornando questionável se Pernambuco sobreviveria até isso acontecer. A varíola estava matando mais pessoas do que nunca, e mais pessoas, achando a vida nas cidades intolerável, estavam fugindo para Palmares.[20] Com os brancos em Palmares e os colonos da fronteira negociando com os palmarianos, estava ficando difícil distinguir o inimigo do amigo. Um ataque ao Recife não parecia mais impossível. Em 1670, Coutinho ainda não conseguia reunir um exército. O melhor que ele conseguiu fazer foi emitir um decreto que proibia negros, índios, mamelucos e brancos pobres de portar armas de fogo, a menos que estivessem na fronteira ou viajando para fora das cidades para vender mercadorias. A punição para qualquer um pego com uma arma e sem uma desculpa: em Recife três sessões na estrapada em Recife, um dispositivo que içava um homem pelos braços amarrados atrás das costas.[21]

Durante esses dias sombrios de doença e depressão, o padre Antônio Melo, um padre jesuíta em Porto Calvo, estava seguindo um projeto privado que estava dando muito certo. Ele estava criando um menino que

---

[20] Freitas, *República de Palmares*, 93.
[21] Carneiro, *Quilombo dos Palmares*, "Os Sucessos de 1668 a 1680," 226-227.

Quilombo dos Palmares e o Guerreiro Zumbi

havia sido capturado quando criança em Palmares e presentado a ele um escravo em potencial, talvez, ou um cruzamento entre raridade e um animal de estimação. A sobrevivência do bebê até a costa implica que sua mãe o acompanhou. Seu destino em Porto Calvo, se de fato ela chegou lá, é desconhecido. O padre Melo aceitou o presente e o batizou de Francisco, em homenagem a um santo que havia recebido um nome de sua mãe, depois outro de seu pai. Criado dentro da Igreja e da cultura de uma colônia portuguesa, Francisco estava se tornando um jovem exemplar.

Exceto pela cor da pele, ele teria passado por filho de um português abastado. Melo havia criado esse presente vindo do interior como se fosse seu próprio filho, e o garoto estava desafiando as crenças comuns sobre os negros. Embora as evidências documentais sejam bastante vagas, acredita-se que o jovem Francisco falava português perfeitamente bem e se destacava em latim.[22] Se ele se destacava em latim, ele estava, sem dúvida, estudando outras matérias e tinha algum conhecimento de história, religião e literatura clássica. Francisco estava se tornando uma das pessoas mais educadas da cidade. Sendo intimamente associado à igreja – um menino de coro e protegido de um padre – ele vivia no centro da sociedade de Porto Calvo. Ele viu pessoas de sua própria cor sendo compradas e vendidas, levadas à igreja algemadas, chicoteadas em público, enforcadas por crimes contra senhores, que trabalhavam até a morte ou, na melhor das hipóteses, eram libertadas na velhice para uma vida de pobreza. Ele provavelmente ouviu todos os sermões que o padre Melo deu, sermões que devem ter se debruçado sobre o chamado de Cristo para a boa vontade entre os homens. Se o padre Melo estava criando um menino negro com o respeito devido a qualquer criança em um lar cristão, ele deve ter lhe ensinado algo

---

[22] See "Zumbi do Brasil," *Folha de São Paulo*, novembro de 1995, seção 5, página 7, para detalhes sobe a documentção questionável sobre esse assunto. Veja também capítulo 17.

Uma Série de Assaltos

sobre a injustiça do racismo e a crueldade da escravidão. Francisco deve ter crescido com uma consciência e percepção excepcionais.

Em 1670, aos quinze anos, Francisco fugiu para Palmares. O documento que atesta esse desaparecimento desapareceu, então não temos evidências do motivo pelo qual ele decidiu dar as costas a uma vida segura e confortável. Talvez seu padre tenha dito para ele ir, e talvez, como os adolescentes, ele sentiu a necessidade de se rebelar e sabia o que tinha que fazer. Mas ele foi atencioso o suficiente para deixar um bilhete para o padre Melo dizendo para onde ele tinha ido.

Mais Assaltos

Em 1671, o governador-geral Afonso Furtado de Castro do Rio de Mendonça ainda implorava a Pernambuco que fizesse algo sobre Palmares. Ele estava cada vez mais preocupado que Palmares estivesse se tornando uma nação industrial. O governador Fernão Coutinho escreveu que Palmares tinha agora

> tendas de ferreiros, e outras officinas com que poderam fazer arms, pois usão e algumas de fogo que de Ca levão; e este Sertam he tam fertil de metais, e salitre, que tudos lhes offeresse para sua deffença, se lhes não faltar a industria que tambem se pode temer does muito que fogem já traticos em todas as mecanicas...[1]

O governador Mendonça tinha bons motivos para se preocupar com as habilidades de Palmares em metalurgia. Nos séculos XVI e XVII, o aço africano era superior ao da Europa. Uma ciência sagrada, a metalurgia era associada a Ogun, um deus guerreiro da África Ocidental conhecido por ser indisciplinado, violento e independente, um rebelde que pode se voltar contra seu próprio povo se abusado. Os crentes temiam que se Ogun ficasse irritado, ele fugiria para a floresta, levando sua tecnologia com ele. De uma certa maneira, isso aconteceu. A tecnologia desapareceu

---

[1] Ennes, Doc. 1, 134.

Mais Assaltos

e a fundição de ferro quase cessou, pois os metalúrgicos estavam sendo levados para o Novo Mundo. A maioria dos ferreiros e trabalhadores do ferro em Pernambuco eram africanos, não apenas escravos, mas técnicos cuja habilidade em metalurgia excedia a da maioria dos europeus. Porém Ogun aparentemente ficou irritado novamente. Ele e sua tecnologia fugiram para a floresta pernambucana e reapareceram em Palmares.[2] (Ele também reapareceu no Haiti, onde é considerado como tendo inspirado e incitado a revolta negra lá em 1791. E ele está vivo e bem no Brasil moderno, um deus orixá das religiões afro-brasileiras candomblé e umbanda, originalmente de uma religião da região iorubá [Ilê-Yorùbá] na África Ocidental.)

Palmares, em outras palavras, havia se elevado bem acima do nível de caçadores-coletores e agricultores de subsistência prontos para o trabalho. As sementes das tecnologias europeias e africanas haviam criado raízes no solo da autodeterminação. Embora Portugal tivesse essas tecnologias, sua economia ainda era prejudicada pela tirania e por uma ordem socioeconômica estagnada, ineficiente e injusta, baseada na nobreza e na dotação governamental, em vez de iniciativa ou produtividade.

Em novembro de 1671, os líderes do Conselho Ultramarino em Lisboa se reuniram para procurar uma solução criativa para o problema intratável de Palmares. Eles tiveram apenas uma ideia, a que estava fracassando desde 1603: enviar uma milícia inadequada para o sertão. A única melhoria que eles puderam sugerir foi que todos os palmarianos capturados deveriam ser deportados do Brasil para que nunca mais pudessem se juntar às tropas dos rebeldes.[3]

[2] Libby, "Technological and Cultural Transfer of African Ironmaking into the Americas and the Relationship to Slave Resistance," em *Rediscovering America: National, Cultural, and Disciplinary Boundaries Reexamined,* "Louisiana State U. (Baton Rouge: 1993).

[3] Arquivo Histórico Ultramarino – Pernambuco – Caixa 6, 6 de novembro de

147

Quilombo dos Palmares e o Guerreiro Zumbi

Quando a diretiva chegou ao governador-geral em Salvador, ele concedeu ao governador Coutinho permissão para usar fundos do tesouro real e suprimentos do inventário real. Coutinho alistou o marechal de campo André da Rocha Dantas para reunir um exército e obter suprimentos em Alagoas.

Mas aí o senso de urgência se esvaiu. Ninguém queria se submeter aos rigores do sertão. Dormir na chuva e mastigar raízes de árvores não valia a satisfação de atacar aldeias evacuadas, e ninguém tinha a resistência intestinal necessária para uma marcha árdua por léguas de vegetação rasteira. Em 1672, nenhum progresso havia sido feito. Coutinho começou a devolver suprimentos aos seus doadores. Ele disse que a expedição não poderia prosseguir sem a ajuda de mercenários paulistas que estavam ajudando a travar guerra contra quilombos na Bahia. O governador-geral Mendonça respondeu que os paulistas estavam ocupados, que esse era um problema de Pernambuco e que Pernambuco deveria resolvê-lo imediatamente.[4]

O governador Coutinho então ofereceu uma nova solução para o problema da mão de obra. Para encorajar o voluntariado, ele emitiu um decreto absolvendo todos os voluntários de quaisquer crimes que pudessem ter cometido, exceto traição, sodomia, falsificação e profanação. Voluntários de estatura nobre seriam os primeiros na fila para nomeações e honrarias. O melhor de tudo, os voluntários também seriam isentos do serviço obrigatório em Angola, um destino ao qual todos os criminosos e vagabundos, negros, brancos, mulatos e mamelucos, estavam sujeitos.[5] Era por um bom motivo que o recrutamento era uma punição para os criminosos. A África portuguesa era um lugar ainda mais miserável do que a

---

1671, 1.

[4] Freitas *República de Palmares*, 94.

[5] Carneiro, *Quilombo dos Palmares*, "Os Sucessos," 230-232.

Mais Assaltos

América portuguesa. Os nativos estavam começando a resistir aos traficantes de escravos, e os espanhóis estavam ameaçando atacar a costa.

A oferta do decreto era tentadora o suficiente para criar cerca de seiscentos voluntários, a maioria deles com armarmento militar abaixo do ideal. Para evitar problemas, um novo comandante, Antônio Jácome Bezerra, declarou que qualquer um que levantasse uma espada contra um oficial comandante seria fuzilado. A deserção era punível com açoites e uma sentença de dois anos no Ceará, a capitania ao norte, um pouco mais tolerável e suportável do que Angola, talvez, mas menos confortável e civilizada do que Pernambuco. Se o perpetrador tivesse uma patente entre sargento e capitão, ele perderia sua posição e suas armas e passaria dez anos com os desertores no Ceará.[6]

Esta foi de longe a expedição mais séria contra Palmares nos setenta anos em que os europeus o atacaram. O grupo iria dividido em três colunas. Uma subiria o rio São Francisco. Outra viria direto de Alagoas, carregando a pesada munição e suprimentos. A terceira, liderada pelo próprio Jácome Bezerra, seguiria uma rota menos direta. Dentro de vinte e cinco dias, eles se encontrariam para montar acampamento em algum lugar nas profundezas do território de Palmares. Outro acampamento na trilha para Alagoas manteria a linha de suprimentos segura. Eles carregariam comida suficiente (munição de boca) para cinco a seis meses.[7]

A notícia do ataque chegou a Palmares com bastante antecedência. Soldados e cidadãos colocaram um plano em ação. Eles abandonaram os mocambos e esconderam os não combatentes fora do caminho do perigo. Alimentos foram escondidos fora da cidade. Eles fugiram com toda a expectativa de que suas casas seriam queimadas, embora, graças à simplici-

---

[6] Ibid., "Os Sucessos," 232-233.
[7] Ibid., 102.

dade de sua construção, pudessem ser reconstruídas facilmente. Construídas em adobe, a maioria pode precisar apenas de novos telhados.

Os defensores que chegaram à adolescência na África provavelmente receberam treinamento militar lá. Eles sabiam como fazer guerra com armas simples e furtivas, trabalhar em pequenas unidades que eram difíceis de detectar ou seguir. Para os europeus, os ataques dispersos pareciam desordenados e desorganizados.[8] No entanto, eram quase sempre os europeus que fugiam em pânico ou atacavam por um caminho que acabava em uma emboscada. As emboscadas eram tipicamente armadas em lugares onde o terreno dava aos palmarianos vantagem no ataque ou fuga fácil após uma escaramuça rápida. Um pântano seria um lugar perfeito, denso com vegetação e difícil de atravessar em perseguição a homens descalços, sem armas pesadas e uma rota de fuga já elaborada. Os defensores tinham depósitos de flechas e lanças prontos para usar. Como aprenderam a fazer na África, eles cavavam fossos, colocavam estacas de ferro ou madeira dentro e as camuflavam. Embora as estacas não matassem ninguém, elas fariam alguém mancar feio, talvez pegar uma infecção, e assim desacelerariam o exército e o tornariam um pouco menos apto para o combate. A estratégia não visava vencer o inimigo, mas sim cansá-lo, fazê-lo perder-se, conduzi-lo ao atoleiro do "inverno", a estação chuvosa que acontecia nos meses astronômicos do verão entre janeiro e junho.

Os portugueses chamavam essa estratégia de guerrilha de "guerra do mato." Ela exauriu e frustrou os invasores a ponto de eles perderem a esperança, recuarem em pânico, desertarem de volta para a costa ou até mesmo desertarem suas unidades militares e se juntarem ao povo de Palmares.[9]

As colunas vindas do São Francisco e de Alagoas foram derrotadas em

---

[8] Gomes, *Palmares: Escravidão e Liberdade*, 115.
[9] Freitas, *Palmares: Guerra dos Escravos*, 85.

Mais Assaltos

seus primeiros encontros. Os voluntários desertaram e fugiram para casa. Foi o desempenho militar que se poderia esperar de um pequeno exército de réprobos e imprestáveis. Seus oficiais não tiveram escolha a não ser segui-los. Eles deixaram para trás munições que os palmarianos certamente poderiam usar.

O destacamento sob Jácome Bezerra teve resultados melhores, mas longe de decisivos. Os homens encontraram um mocambo cercado por fossos e estacas, mas conseguiram expulsar os defensores. Eles queimaram a aldeia e perseguiram os palmarianos em retirada, eventualmente matando "alguns" negros e fazendo oitenta prisioneiros.[10] Mas as forças palmarianas, uma vez que se reagruparam dos seus ataques às suas outras colunas, se restabeleceram. Os homens de Bezerra, abandonados pela maior parte da força, enfrentaram a derrota. Quando Bezerra ordenou uma retirada, os rebeldes o perseguiram por todo o caminho de volta a Porto Calvo. O melhor e maior exército que Pernambuco conseguiu reunir não havia conseguido praticamente nada e tinha provado apenas que os palmarianos eram estrategistas e lutadores superiores. Incapaz de punir os rebeldes, o governador recorreu à punição dos homens que haviam desertado.

Confiantes em sua força, os palmarianos lançaram um ataque de vingança no início de 1673 contra os canaviais de propriedade de Cristovão Lins, o capitão-mor de Porto Calvo. O ataque foi liderado por um ex-escravo chamado Felipe. Felipe conhecia bem os campos porque já havia sido propriedade do próprio Lins.

Tomando o ataque aos seus canaviais como um insulto pessoal, Lins reuniu uma pequena força expedicionária e a liderou até Palmares. Ele não tinha ilusões de conquistar Palmares. Seu propósito era meramente punitivo. Seus homens encontraram um mocambo de setecentas casas. A de-

---

[10] Carneiro, *Quilombo dos Palmares*, 103.

fesa da vila incluía tiros de armas capturadas de uma das colunas de Bezerra – um péssimo sinal para forças que eram inferiores em número e não estavam ligadas a capital por nenhum tipo de cadeia de suprimentos. Mas a resistência foi, como sempre, passageira. Uma vez que os moradores do mocambo escaparam, os combatentes se retiraram. Os invasores então puderam tomar conta da aldeia e queimá-la. Um dos mortos deixados para trás foi Felipe, decapitado por um soldado.[11] Satisfeito com sua vitória, talvez relutante em ficar mais tempo, Lins liderou seus homens de volta a Porto Calvo. O ataque contra seu canavial havia sido suficientemente, embora ineficazmente, vingado, embora Palmares não estivesse muito pior do que antes.

Em 1674, Dom Pedro de Almeida assumiu o governo de Pernambuco. O governador Coutinho entregou-lhe um problema muito polêmico que foi descrito em um documento intitulado "Relação das Guerras Feitas aos Palmares de Pernambuco no Tempo do Governador d. Pedro de Almeida, de 1675 a 1678."[12]

> Com tôdas estas entradas ficaram as nossas povoações destruídas e os Palmares conservados, sendo a causa principal dêste dano a dificuldade dos caminhos, a falta das águas, o descômodo dos soldados, porque, como são montuosas as serras, infecundas as árvores, espessos os matos, para se abrirem, é o trabalho excessivo, porque os espinhos são infinitos, as ladeiras muito precipitadas e incapazes de carruagens para os mantimentos, com que é forçoso que cada soldado leve às costas a arma, a pólvora, balas, capote, farinha, água, peixe, carne e rêde com que possa dormir. Como a carga, que os oprime, é maior que o estôrvo, que os impede, ordinàriamente adoecem muitos, assim pelo excesso de trabalho

---

[11] Carneiro, 103.

[12] Arquivo Histórico Ultramarino – Pernambuco, Caixa 10, 25 de junho de 1691, fl. 1

Mais Assaltos

como pelo rigor do frio; e êstes ou se conduzem a ombros ou se desamparam às feras; e como os negros são senhores daqueles matos e experimentados naquelas serras, o uso os tem feito robustos naquele trabalho e fortes naquele exercício. Com que nestas jornadas nos costumam fazer muitos danos, sem poderem receber nenhum estrago, porque, encobertos nos matos e defendidos dos troncos, se livram a si e nos maltratam a nós.

Este era o estado em que achou os Palmares d. Pedro de Almeida, quando entrou a governar estas capitanias. E, como os clamores do perigo comum e a guerra da insolência dos negros era geralmente lamentada de todos os moradores, logo tratou de acudir ao remédio daqueles povos e de conquistar a soberba dequeles inimigos...[13]

Um dos primeiros atos de Almeida foi ordenar que a cidade de Alagoas preparasse provisões de peixe e farinha de mandioca para mais uma ofensiva final contra Palmares. O governador-geral Mendonça contribuiu, mandando que as capitanias do Rio Grande do Norte e da Paraíba, ambas ao norte de Pernambuco, contribuíssem com todos os índios "civilizados" que pudessem pegar um arco e flecha. Como de costume, era difícil encontrar voluntários em Pernambuco. O governador Almeida atraiu um bom número com a promessa de que eles poderiam ficar com quem capturassem, desde que pagassem o quinto imposto de 20 por cento sobre o valor de mercado dos escravos do capturados.

Em dezembro de 1674, uma grande força se reuniu em Serinhaém – índios da Paraíba e do Rio Grande do Norte, negros do regimento Henriques sob o comando do capitão-mor João Martins e soldados profissionais contratados pelo próprio governador. No final do mês, eles seguiram para o interior. Eles se envolveram em uma grande batalha em um forte palmariano. A luta durou das nove horas da manhã até as quatro horas da

---

[13] Carneiro, *Quilombo dos Palmares*, "Relação das Guerras," 207.

153

tarde. Os invasores sofreram um bom número de baixas, mas conseguiram romper as defesas. Os palmarianos se retiraram e os invasores queimaram o forte. Aparentemente, os vencedores sofreram mais do que os defensores. Quando João Martins retornou à costa, ele relatou que seus homens haviam sido "completamente derrotados". Incapaz de contribuir com esforços para quaisquer outras campanhas, ele levou seus homens de volta para a Bahia, onde exigiu o reembolso de suas perdas.[14]

O governador Dom Pedro de Almeida preferiu pensar na missão como um sucesso. Ele escreveu ao governador-geral para saudá-lo com as boas novas. Os palmarianos, no entanto, não compartilhavam um sentimento de perda igual ao sentimento de vitória de Almeida. Sua retirada tática havia atraído os invasores a partir. Palmares como um todo não havia sofrido danos permanentes. Aqueles que se abrigaram na floresta poderiam retornar no mesmo dia e em mais alguns dias substituir seus telhados queimados e reconstruir o que quer que os invasores tivessem destruído. Se os portugueses quisessem infligir danos permanentes a Palmares, eles teriam que se esforçar mais. Eles não precisariam de recrutas nem voluntários, mas de lutadores experientes e profissionais.

Na mesma carta ao governador-geral, Almeida convidou uma tropa de mercenários de São Paulo para vir da Bahia para se juntar à luta.[15] Os paulistas, no entanto, recusaram. Eles disseram que lutar contra os guerreiros de Palmares era muito difícil. Não era como lutar contra os índios. Os índios, eles disseram, eram corajosos, mas taticamente pouco esclarecidos. Eles lançavam ataques suicidas em campo aberto, nunca recuavam, nunca usavam fortificações. Qualquer pequeno contingente de combatentes poderia matá-los a todos facilmente. Mas os palmarianos tinham

---

[14] Ibid., *Quilombo dos Palmares*, "Os Successos," 233-234.

[15] Documentos Históricos, Biblioteca Nacional de rio de Janeiro, vol. 10, 136-137.

Mais Assaltos

posições fortificadas e táticas inteligentes. Eles revidavam. Não era do interesse dos paulistas entrar em lutas como aquela.

A próxima ideia do governador foi pedir a Sebastião Pinheiro Camarão que levasse seu regimento de índios para Palmares. Os conselheiros do governador o alertaram para não negociar com Camarão. Como filho de uma índia e de um nobre português, eles disseram, ele não tinha a "autoridade, o respeito e a disposição" que eram necessários para fazer algo certo. Era por isso que ninguém, a não ser um índio, serviria sob seu comando.[16]

Camarão insistiu que ele e seus guerreiros indígenas tentassem. Almeida aprovou. Os homens de Camarão marcharam, logo encontraram uma fortaleza, venceram seus seis mil defensores em quatro horas exatas, "os colocaram a ferro e fogo" e mataram ou fizeram prisioneiros todos os palmarianos presentes na cena.

Ou assim o disse Camarão.[17]

Não demorou muito para que a realidade contradissesse os relatos de vitória de Camarão. Os ataques às fazendas e a libertação dos escravos continuaram. Outra invasão, uma invasão real sob um líder responsável, seria necessária. Serinhaém, Porto Calvo, Penedo e Alagoas conseguiram um total de 280 brancos, mulatos e índios sob a condição de que fossem liderados por Manuel Lopes Galvão. Galvão era um dono de engenho e, mais significativamente, um oficial militar experiente, profissional e respeitado. Talvez ainda mais significativamente, ele era casado com a filha do extremamente rico Cristovão Lins, capitão - mor de Porto Calvo, e ímpeto por trás da "União Perpétua" que se provou tão efêmera. Lopes Galvão certamente tinha coisas mais agradáveis para fazer do que se arras-

---

[16] Freitas, *Palmares: Guerra dos Escravos*, 98.

[17] Couto, *Desagravos do Brasil e Glorias de Pernambuco*, em Anais da Biblioteca Nacional do Rio de Janeiro, Vols. 24 e 25, 98-99.

tar pelo sertão, mas dada sua repetida disposição para pegar em armas e sair de casa, ele aparentemente apreciava uma boa batalha e a adrenalina da vitória. Ele marchou quatrocentas léguas (2.400 quilômetros) para lutar contra os holandeses na Bahia, ajudou a tomar fortalezas em Nazaré e Serinhaém, lutou batalhas em Capirabe, Topirassou e na Paraíba em Salinas. Ele lutou duas batalhas em Guararapes e muitas outras em todos os fortes dentro e ao redor de Recife. Ele era um homem que fazia o que dizia que faria.[18]

Em 21 de novembro de 1675, a expedição de Lopes Galvão empacotou seus mosquetes e suas munições, seus potes de pólvora, sua farinha de mandioca e carne seca, suas redes, cobertores, cabaças de água, e marcharam para o interior. Durante três meses, eles vagaram pelo interior. Um relatório ao rei detalhou alguns dos sofrimentos e sucessos:

> Achou-se êle na povoação de Pôrto Calvo em 23 de setembro de 1675, com 280 homens brancos, mulatos e índios; em 21 de novembro partiu para os Palmares, onde foram grandes os trabalhos, excessivas as necessidades e contínuos os perigos que se padeceram até 22 de dezembro, em que se descobriu uma grande cidade de mais de 2000 casas, fortificadas de estacada de pau-a-pique e defendida com três fôrças e com soma grande de defensores, prevenidos com todo gênero de armas, e depois de se pelejar de uma e outra parte mais de duas horas e meia, largaram os nossos soldados fogo a algumas casas, que como são de matéria capaz de incêndio, começaram a arder e os negros a fugir.[19]

Os homens de Lopes Galvão perseguiram os defensores em retirada. Mataram e feriram muitos e fizeram setenta prisioneiros. Mas no dia seguinte aqueles que não tinham sido mortos, feridos ou capturados se

---

[18] "Familias do Nordeste," *Revista do Instituto Ceará*, 189. 22

[19] Carneiro, *Quilombo dos Palmares*, "Relação das Guerras," 207-208.

Mais Assaltos

reagruparam e contra-atacaram. Os resultados do confronto não são conhecidos, mas foram os rebeldes que logo se dissolveram pela floresta.

Lopes Galvão estabeleceu um acampamento armado e passou os cinco meses seguintes "sofrendo misérias indizíveis, trabalho excessivo e grande fome, marchando por matagais densos". Eles não encontraram campos para queimar, nenhuma colheita para apreender, nenhum negro para capturar. Os suprimentos da costa estavam longe de ser adequados. O único sucesso que eles alegaram foi que cem negros foram amedrontados e retornara, aos seus senhores. Eles finalmente encontraram um mocambo a cerca de 150 quilômetros de distância. Depois de algum derramamento de sangue, os defensores mais uma vez recuaram e desapareceram. Lopes Galvão fez o mesmo, abandonando seu próprio pequeno forte e retornando à costa. O território português não havia realmente avançado um milímetro.

Entre os feridos que escaparam estava o general das armas palmarino, seu principal líder militar. Ele levou um tiro na perna, mas saiu mancando. O relatório escrito sobre a incursãodisse, "aqui se feriu com uma bala o general das armas, que se chamava Zambi, que quer dizer deus da guerra, negro de singular valor, grande ânimo e constância rara. [Ele] é o espectador dos mais, porque a sua indústria, juízo e fortaleza aos nossos serve de embaraço, de exemplo. Ficou vivo, porém aleijado de uma perna."[20] O relatório não revelou nenhuma suspeita de que o Senhor da Guerra, um menino do coro, tivesse sido criado em Porto Calvo pelo padre Antônio Melo até que fugiu para a nação rebelde onde nasceu.

---

[20] Ibid. 208.

O Palmares de Zumbi

O rei Ganga-Zumba referiu-se ao jovem Francisco – o jovem Zumbi – como um sobrinho, mas na tradição africana, a palavra provavelmente indicava uma relação política ou social próxima, não uma relação familiar. A palavra pode ter vindo da língua kimbundu de Angola, na qual nzambi, com ênfase na primeira sílaba, significa "ser supremo". Pode vir de nzumbi, que significa "espírito ancestral". O nome foi mal traduzido, talvez originalmente pelos colonos brancos que o temiam e odiavam, como" espírito maligno", especialmente um de aparência fantasmagórica na escuridão. Nzumbi pode ser a raiz da palavra inglesa "zombi", levada para os Estados Unidos pelos kimbundus escravizados. Assim como o nome Ganga-Zumba, não sabemos se Zumbi era o nome de um indivíduo ou um título pelo qual um indivíduo era referido.[1]

O menino do Padre Melo veio para uma nação que, a essa altura, havia estabelecido sua própria cultura ímpar. Tinha sua própria religião, língua, leis, costumes sociais, história e valores. É tragicamente lamentável que hoje saibamos tão pouco sobre esses elementos da cultura de Palmares e como uma sociedade foi tão rapidamente formada a partir das várias culturas das pessoas que migraram para o local. Temos que confiar em fragmentos de informação para supor as características gerais dessa cultura. A

---

[1] Anderson, "The Quilombo of Palmares: a new overview," 3.

Palmares de Zumbi

breve descrição da capela fornecida pelo espião de Manuel Injosa, por exemplo, nos dá apenas algumas pistas sobre a religião em Palmares. Como a capela exibia ícones de Jesus, São Brás e Nossa Senhora da Conceição, podemos concluir que Palmares era até certo ponto adepto da persuasão católica do cristianismo. Mas, aparentemente, algo mais estava acontecendo. Os historiadores sugeriram que a religião em Palmares era sincrética, uma amálgama de crenças reunidas para resolver os problemas de uma cultura específica. Dada a diversidade étnica do povo, algum grau de sincretismo pareceria inevitável. A população de Palmares veio de partes distantes da África, de várias tribos indígenas e da sociedade portuguesa no Brasil. Alguns desses índios podem ainda ter mantido suas crenças tradicionais. Outros, como os escravos fugitivos, tinham sido embebedados pelos ritos e pelas promessas do catolicismo. Como a vasta maioria dos palmarianos estava lá por causa da extrema insatisfação com a vida na sociedade branca, é surpreendente que eles mantivessem qualquer respeito pela religião que justificara sua escravidão.

Mas eles mantiveram a esperança em algum tipo de salvador, e essa fé pode ter sido resultado de algum tipo de sincretismo que se adaptou às necessidades espirituais de um povo diverso, desenraizado e descontente. Sabe-se que isso aconteceu na Bahia. Um culto milenarista conhecido como santidade ganhou popularidade entre mamelucos e índios que foram expostos a ele e posteriormente escaparam do cristianismo. Os negros também passaram a se envolver. Suas práticas envolviam não apenas a oração e o batismo, mas fumar tabaco sagrado o suficiente para entrar em transe e falar em línguas sobrenaturais. Em pelo menos um grupo, os membros foram batizados por uma líder, uma mãe de santos. Uma das crenças mais atraentes era que "Deus estava vindo para libertá-los de seu cativeiro e torná-los senhores dos brancos".[2]

---

[2] Metcalf, "Millenarian Slaves," *American Historical Review*, 5, citando a

Quilombo dos Palmares e o Guerreiro Zumbi

As informações sobre o movimento da "santidade" são muito limitadas. A maior parte do que sabemos vem de testemunhos em julgamentos realizados pela inquisição portuguesa. Algumas cartas de autoridades no Brasil para autoridades em Portugal referem-se ao problema das comunidades de santidade. Nenhuma das informações faz uma ligação explícita com Palmares, mas em 1610, o governador-geral do Brasil escreveu ao rei para informar a respeito de cerca de vinte mil índios de santidade e "negros de guiné"[3] vivendo no sertão. Em 1612, uma autoridade portuguesa referiu-se a mocambos de negros chamados santidades. A julgar pelos vestígios do catolicismo em Palmares combinados com a moralidade improvisada—os casamentos poliândricos, por exemplo—a nação havia criado uma religião e costumes que se adequavam às suas necessidades espirituais e morais.

Zumbi retornou de Porto Calvo não apenas para uma organização política com uma identidade nacional e uma cultura estabelecida, mas uma força militar com várias vantagens significativas. As cidades fortificadas de Palmares, embora incapazes de resistir a cercos prolongados, foram defendidas bem o suficiente para permitir a evacuação antecipada e o armazenamento de alimentos básicos onde não pudessem ser encontrados. Uma e de espiões foi capaz de dar a Palmares um aviso prévio de operações militares partindo das cidades costeiras. O povo de Palmares era bem treinado em erguer estacas e desaparecer nas colinas e florestas. Os guerreiros não sentiam nenhuma compulsão moral para lutar em batalhas ao ar livre no estilo da guerra europeia. Eles não fizeram nenhuma tenta-

---

denuncia de Álvaro Rodrigues no tribunal ide inquisitio Domingos Fernandes Nobre em Lisbon.

[3] Ibid., citando Diogo de Campos Moreno, *Livro que dá razão do estado do Brasil 1612*, 110.

tiva de acabar com os invasores. Eles estavam aparentemente satisfeitos por tê-los feito se arrepender de sua invasão.

Zumbi também pode ter herdado o conhecimento militar de um africano que os portugueses chamavam de "mouro". Pouco se sabe sobre esse homem. Apenas um documento se refere a ele, distinguindo-o de outros africanos e observando brevemente que ele havia fugido para Palmares e projetado o forte em Macaco. [4]Podemos deduzir que, se ele fugiu, provavelmente fosse um escravo, embora seja possível que ele fosse um criminoso ou herege que teve que fugir da sociedade portuguesa. Por ser chamado de "mouro" ele provavelmente era um muçulmano do norte da África. Ele foi mencionado como alguém que estava dificultando ou impossibilitando as invasões.

Zumbi também herdou uma economia bastante produtiva. Palmares estava produzindo alimentos e produtos artesanais que dos quais assentamentos portugueses precisavam, e as relações com essas comunidades eram de confiança e respeito o suficiente para que pudessem trocar mercadorias. Palmares, em outras palavras, tinha acesso a armas de fogo, espadas, pólvora, chumbo e ferro para pontas de flechas e lanças. Os palmarianos também tinham amigos nessas comunidades brancas que confiavam mais nos negros do que nos agentes do governo português. Algumas comunidades, no entanto, se consideravam ameaçadas por Palmares e queriam proteção do governo.

Zumbi chegou a um Palmares que enfrentava sérios desafios. Embora estivesse avançando em culturas e tecnologia autossustentáveis, a economia de Palmares ainda era extensivamente parasitária. Grande parte de sua troca era reforçada por uma ameaça tributária extorsiva com implicações

---

[4] Ennes, Doc. 24, "Carta do Governador de Pernambuco Cauetano de Melo e Castro, de 18 de Fevereiro de 1694, sobre a gloriosa restauração dos Palmares," in *Guerras Nos Palmares*, 194.

de proteção. Muito do que eles precisavam, eles simplesmente roubavam, invadindo fazendas ou atacando viajantes. Muito do que eles roubavam tinha sido comprado com dinheiro do açúcar. Fundamentalmente, Palmares ainda dependia de seu inimigo.

Zumbi se viu como o Senhor da Guerra de uma nação que estava lutando e fugindo por quase quatro gerações. Ganga-Zumba estava ficando velho. Ele e seu povo estavam cansados de correr, lutar, reconstruir e esperar pelo próximo ataque. Estava se tornando óbvio que eles nunca acabariam com seu inimigo na costa. Mas, ao mesmo tempo, eles nunca poderiam se render à escravidão. Eles precisavam de uma solução e não tinham certeza se o envelhecido Ganga-Zumba ou o jovem Zumbi a descobriria.

A Invasão de Carrilho

Os portugueses estavam tão frustrados quanto os palmarianos com o impasse intolerável. Todos, do rei aos camponeses, de Lisboa à fronteira, queriam o problema resolvido. Os ataques regulares de biscateiros, vadios e recrutas não treinados sob o comando de homens mais qualificados para administrar engenhos do que liderar exércitos eram pateticamente ineficazes. Uma solução militar exigiria um exército substancial de soldados profissionais com disciplina militar e experiência em áreas selvagens, e eles teriam que ser apoiados por índios, mamelucos, guerreiros negros e escravos carregadores, e esse exército precisaria de um comandante com experiência.

O governador encontrou um homem assim em Fernão de Carrilho. Carrilho tinha experiência, habilidade e ambição implacável. O governador-geral o havia enviado para procurar e destruir quilombos em Sergipe, a capitania costeira entre Pernambuco e Bahia. Profissional treinado, ele acreditava no que estava fazendo e, portanto, o fazia com dedicação e persistência. Em sua primeira incursão em Sergipe, viu seus homens o abandonarem. Não querendo desistir, ele reuniu alguns índios e os liderou em um ataque. Esse punhado cruel de guerreiros do mato devastou uma aldeia de duzentas pessoas, queimou-a e fez vinte prisioneiros. Em sua segunda incursão (de acordo com seu próprio relato) foram os índios – Tapuias – que o abandonaram. Sem a ajuda deles, Carrilho e outro homem se lançaram contra um mocambo, atacaram sua população, incendiaram suas casas, destruíram seus suprimentos e fizeram doze prisioneiros.

Em 1676, o governador de Pernambuco Pedro de Almeida convidou o capitão-mor Carrilho para conversar. Ele queria um oficial experiente para montar uma campanha final e decisiva contra Palmares. Carrilho foi até Porto Calvo para apresentar um plano a vários representantes municipais. Ele disse a eles que precisaria de pagamentos para despesas e suprimentos. Porto Calvo prometeu contribuir substancialmente para a causa, Alagoas e Penedo também contribuiram. Eles também contribuiriam com as despesas mensais. Em troca, ele prometeu o fim da pequena república nas colinas e a oportunidade de comprar prisioneiros adultos por um preço especial e crianças pelo que parecessem valer.

Era um bom negócio, mas não barato. Porto Calvo e Penedo não conseguiram cumprir com a contribuição prometida. Alagoas ainda queria que acontecesse. Em agosto, a cidade convidou Carrilho a trazer seus homens, "brancos e também tapuias", se ele quisesse; se não quisesse, então Alagoas levantaria seu próprio pequeno exército e resolveria o problema por si só.

Carrilho não pôde resistir. Não ganharia muito dinheiro, mas seria profissionalmente satisfatório. Talvez se tivesse sucesso, poderia arranjar uma sesmaria grande o suficiente para algumas fazendas de gado. Ele consentiu com o comando e pegou emprestado alguns escravos para apoiar o esforço. Ele prometeu substituir qualquer um que morresse por prisioneiros de Palmares, a moeda com a qual ele se igualaria. Ele chegou a Porto Calvo em 1677 esperando encontrar os quatrocentos homens que lhe haviam sido prometidos. Em vez disso, encontrou apenas cento e oitenta e cinco, incluindo brancos e índios do regimento Camarão.

A Invasão de Carrilho

O regimento não parecia forte o suficiente para realizar o que regimentos semelhantes não conseguiam realizar há mais de setenta anos, mas se ele não iniciasse sua excursão, não seria pago. Ele e seus homens participaram de uma missa especial para abençoar a campanha. Deus assim alistado, eles partiram em busca de seu primeiro mocambo. Na fronteira, onde os canaviais se encontravam com a floresta, Carrilho lançou-se num discurso para levantar o moral. Começou como um apelo à coragem das tropas e à importância do trabalho a ser feito, mas logo se transformou numa arenga teatral, até poética. Seus números, disse ele, não deveriam afetar seu espírito. Seu valor inspiraria outros soldados. Embora o inimigo fosse grande, suas tropas eram uma multidão de escravos de nascença inclinados a obedecer em vez de resistir. Os negros eram um povo que lutava fugindo, e eles, os donos daqueles negros, vinham para reivindicá-los. Eles, os donos, tinham sido desonrados pela desobediência. Hoje suas fazendas não estavam a salvo do roubo dos negros, e suas vidas não estavam a salvo da ousadia dos negros. Eles, os donos, que costumavam chicotear, hoje eram os chicoteados. Aqueles que lutaram tanto tempo contra os holandeses hoje tinham que continuar a luta contra os palmarianos. Ele próprio não queria recompensa por seu sucesso, pois quem semeasse sempre colheria uma colheita maior. Haveria prisioneiros para todos! Destruindo Palmares, eles teriam terra para plantar, negros para fazer o trabalho e honra por sua estima. Quanto ao governador Almeida, ele não queria joias para exibir, exceto a glória do serviço a Sua Majestade Dom Pedro II.[1]

Um exército com um terço do tamanho da malfadada incursão de Bezerra em 1655 partiu para o interior áspero e espinhoso. Eles abriram caminho de 180 quilômetros para o noroeste em treze dias. Em 4 de outubro,

---

[1] Carneiro, *Quilombo dos Palmares,* "Relação das Guerras," 211.

eles chegaram a Aqualtune, o mocambo liderado pela mãe do rei Ganga-Zumba.[2]

Os moradores, pegos de surpresa, mal tiveram tempo de abandonar a cidade. Os invasores mataram vários e capturaram nove ou dez. Ganga-Zumba e a rainha-mãe escaparam. Uma de suas damas de companhia foi encontrada morta alguns dias depois.

Dos prisioneiros ele ficaram sabendo que Ganga-Zumba, seu irmão Gana-Zona e outros líderes estavam em Subupira, o forte e quartel-general militar de Palmares. A cidade-cidadela se estendia por "três montanhas de comprimento" e ficava atrás de um muro de adobe e baterias de pedra e madeira. Lá, os prisioneiros revelaram, o rei pretendia se posicionar e enfrentar os invasores em batalha.

Os homens de Carrilho não tinham pressa em perseguir o inimigo.

[2] Freitas, em *Palmares: A Guerra dos Escravos*, diz, na página 115, que marcharam até Acotirene, onde morava Aqualtune. Em República de Palmares, coleção de documentos contemporâneos, Freitas apresenta duas versões de um documento de 1678 intitulado "Descrição com notícias do Interior de Pernambuco, como rio de São Francisco, Porto Calvo, Palmares, Cabo de Santo Agostinho, as distâncias de uns lugares aos outros, etc." Uma versão provém dos arquivos do Conselho Ultramarino de Portuga, a outra da Biblioteca Nacional de Lisboa. Ambas são transcrições de um original que desapareceu. Estas duas transcrições (uma talvez transcrita da outra) não são de forma alguma idênticas. A versão do Conselho Ultramarino, ao relatar a incursão de Carrilho, chama a cidade da rainha-mãe de "Cerca de Aquatirene". Identifica o nome Aquatirene como o da mãe de Ganga-Zumba. A versão da Biblioteca Nacional refere-se a este local e pessoa como Acaiene. Um mapa "deduzido historicamente" nos Palmares de Freitas mostra um Arotirene e um Aqualtune, mas nenhum Acotirene, Aquatirene, Aqualtune ou Aquatirene. Carneiros, no apêndice "Documentos" de seu O Quilombo dos Palmares, aparentemente apresenta a versão do Conselho Ultramarino da "Descrição, mas intitula-a "Relação das Guerras, etc." e na página 212 refere-se ao local como "Cêrca de Aqualtune".

A Invasão de Carrilho

Eles descansaram por cinco dias antes de marchar em direção a Subupira. Os prisioneiros mostraram-lhes o caminho. Quando chegaram à vista da muralha da cidade, Carrilho silenciou seus homens e enviou 80 deles à frente para fazer um reconhecimento da muralha, da cidade e do esquema das defesas. Os homens voltaram sorrateiramente para relatar que mais uma vez tinham chegado um pouco tarde demais. Mais uma vez eles fizeram uma longa jornada para basicamente nada. A cidade já havia sido abandonada e queimada, suas cinzas eram os restos de uma tática de terra arrasada que deixou os invasores sem prisioneiros nem suprimentos. Carrilho havia tomado uma cidade de cinco mil sem matar ou capturar uma alma. Ainda assim, era um progresso. Ele enviou uma mensagem ao governador solicitando comida e então montou um acampamento fortificado nas cinzas da cidade. Ele chamou o acampamento de Arraial do Bom Jesus e da Cruz. Essa frase, ele declarou, seria o grito de guerra e vitória de todas as campanhas dali em diante. Ele despachou dois soldados para informar o governador do sucesso e solicitar suprimentos e reforços. Ele também enviou um pelotão para sondar a floresta. Quando retornaram, oito dias depois, eles haviam se amotinado e se separado. Vinte e cinco homens desertaram. Em poucos dias, muitos outros desapareceriam. A severidade do lugar, escreveu um escriba, não justificava o valor necessário. Cento e trinta homens permaneceram.

O governador, encantado por ter um ponto de apoio no interior, reuniu trinta soldados profissionais e disse-lhes para alistarem mais homens das aldeias ao redor. Ele enviou o sargento-mor Manuel Lopes Galvão para montar acampamento no interior de Alagoas para a transferência de suprimentos para Subupira. O moral no Arrail do Bom Jesus e da Cruz melhorou não apenas por causa dos suprimentos que chegavam, mas porque o governador os estava apoiando.

Enquanto isso, o capitão-mor Carrilho enviou cinquenta homens sob

Quilombo dos Palmares e o Guerreiro Zumbi

o comando dos capitães Gonçalo Pereira da Costa, Mathias Fernandes e Estevão Gonçalves para a floresta em busca de refugiados. Eles encontraram uma trilha e a seguiram até encontrarem um grupo de negros. Os soldados facilmente alcançaram "uma vitória memorável na qual muitos pereceram e cinquenta e seis foram feitos prisioneiros".[3] Entre os prisioneiros estava o marechal de campo Ganga-Muíça, a quem eles descreveram como "um grande corsário muito soberbo e insolente". Eles também capturaram Gaspar, um capitão da guarda do rei, e João Tapuia e Ambrósio, dois " distintos capitães".

A vitória foi mais do que memorável. Parecia quase sagrada, "mais por favor do céu que por esfôrço dos soldados".[4] O arraial comemorou, e outro pelotão partiu para procurar mais rebeldes. Vinte e dois dias depois, eles retornaram para relatar que Ganga-Zumba estava em Amaro, uma cidade de mil casas cercada por um muro de cinco quilômetros de comprimento. Ficava a apenas 54 quilômetros da cidade fronteiriça de Serinhaém.

Os homens de Carrilho tiveram pouca dificuldade em invadir Amaro, destruí-lo e capturar quarenta e sete pessoas, duas mulheres negras livres e uma filha mestiça de um nobre em Serinhaém. A menina havia sido sequestrada por invasores de Palmares. Os homens de Carrilho também capturaram o "potentado" Acaiúba ; dois filhos do rei, Zambi e Acaiene; e perto de vinte netos, sobrinhos e sobrinhas do rei. Eles também mataram um filho do rei chamado Toculo e um chefe chamado Pedro Capacaça. Eles podem ter capturado a esposa de Ganga-Zumba. Dom Pedro II, rei de Portugal, mais tarde se referiu a ter a rainha de Palmares na prisão.[5] O que

---

[3] Carneiro, *Quilombo dos Palmares,* "Relação das Guerras," 30.
[4] Carneiro, 214.
[5] Arquivo Histórico Ultramrino - Pernambuco, Caixa 11, 20 de dezembro 1697, fls 3v/4.

A Invasão de Carrilho

aconteceu com ela não se sabe.[6] Ganga-Zumba escapou por pouco, desta vez com uma flecha na perna. Na pressa de fugir, ele deixou para trás uma pistola de ouro e sua espada.

No arraial, as notícias do rei ferido mancando em fuga, sangrando enquanto escapava, fizeram os homens se sentirem vencedores em sua própria fronteira, em vez de perdedores em uma terra estrangeira.[7] Pela primeira vez em três quartos de século, eles estavam chegando a algum lugar. Esta era sua terra agora, e eles estavam ansiosos para conquistar mais pedaços dela. Os cativos eram tão bons quanto dinheiro se pudessem levá-los de volta ao Recife vivos. Cinquenta homens sob quatro capitães – José de Brito, Gonçalo de Siqueira, Domingos de Brito e Gonçalo Reis de Araújo – partiram para rastrear mais pessoas. Eles encontraram um grupo de negros tão aterrorizados, perdidos e sem refúgio, que não conseguiram correr nem resistir. Os brancos mataram alguns e fizeram trinta e seis prisioneiros, incluindo um chefe chamado Gone. Outro destacamento matou vários negros e capturou quatorze.

O capitão Matias Fernandes saiu com vinte homens e encontrou algumas pessoas vagando sem ter para onde ir e sem ideia de para onde fugir.

O próprio Carrilho liderou um destacamento até o quilombo de Guaranhuns, onde capturou quase sessenta e matou muitos outros, incluindo o "major" Andalaquituche. Andalaquituche foi identificado como irmão de Zumbi, embora seja improvável que alguém pudesse saber quem, se alguém, era o irmão de um bebê que havia sido capturado e levado pelos portugueses, presumivelmente com sua mãe, duas décadas antes. Mas o termo poderia ter sido um carinho semelhante ao de Zumbi ser um "so-

---

[6] Documentos Históricos, Biblioteca Nacional de rio de Janeiro, vol. 24, 426-430.

[7] Carneiro, *Quilombo dos Palmares*, "Relação das Guerras," 216. 10

Quilombo dos Palmares e o Guerreiro Zumbi

brinho" de Ganga-Zumba. Ambos os jovens, de fato, eram considerados sobrinhos do rei, dando a impressão de que eram irmãos.

A expedição foi um choque sem precedentes para Palmares. É verdade que dez ou vinte mil pessoas permaneceram, talvez até mais, mas, até onde Carrilho podia dizer, Palmares estava devastado, se não destruído. Quem quer que tenha permanecido estava em fuga, desmoralizado ou isolado de todos os outros. Expedições menores poderiam acabar com eles. Carrilho declarou vitória e em fevereiro de 1678 retornou a Porto Calvo, onde "Foi recebido com tôdas as demonstrações de aplauso e com todos os parabéns que merecia triunfo tão desejado". Ele então se juntou aos seus soldados, incluindo os negros do regimento Henriques, vereadores, fidalgos e moradores da cidade na capela Bom Jesus para render graças ao seu deus pelo "felicíssimo vencimento, com que se dominaram aqueles inimigos".[8]

Obrigações religiosas satisfeitas, os conquistadores liquidaram seu saque humano de acordo com a avaliação de seis homens desinteressados. Cada soldado e oficial recebeu sua porte, menos o inevitável – o quinto de 20 por cento retidos para o tesouro real.

Confiante de que os palmarianos sobreviventes estavam prontos para desistir, Carrilho libertou dois dos idosos cunhados de um dos filhos, "uma mulher africana de Angola" chamada Madalena, ele um velho chamado Matias Dambi.[9] Eles deveriam levar uma mensagem a Ganga-Zumba: que um acampamento fortificado agora estava sobre as cinzas de Palmares. Se todos não se entregassem ao governador de Pernambuco imediatamente, o próprio Fernão Carrilho retornaria para acabar com o rei e tudo o que restasse de Palmares. Ele esperava que a mensagem inspirasse os palmarianos sobreviventes a "pedir paz com medo desesper-

---

[8] Ibid., 216-217.
[9] Rodrigues, *Africanos No Brasil*, 144.

A Invasão de Carrilho

ado".[10] Assim que o rei de Palmares concordasse em parar de lutar, a guerra terminaria. O mensageiro também deveria dizer a Ganga-Zumba que Carrilho já estava preparando outra incursão para terminar o trabalho que havia começado.

---

[10] BNRJ, Códice 22, 2, 28, 26 de Janeiro de 1680.

A Paz com Medo Desesperado

O povo de Palmares tinha todos os motivos para acreditar e temer a ameaça de Carrilho. Nunca antes os invasores tiveram tanta facilidade em encontrar mocambos e invadi-los. A resistência, por razões que eles sabiam e nós não, tinha sido virtualmente nula, e o sistema de alerta precoce não tinha funcionado Zumbi, o Senhor da Guerra que deveria ter prevenido ou defendido o ataque, não foi mencionado nos relatórios de Carrilho. E os regimentos de Carrilho não foram os únicos vitoriosos. Ao mesmo tempo que Carrilho estava invadindo Subupira, o sargento-mor Manuel Lopes Gavão, chegando da costa com suprimentos, encontrou alguns refugiados fugindo do ataque. Entre eles estava o irmão do rei e líder militar, Gana-Zona, chefe de Subupira. Lopes matou vários e capturou quinze. Gana-Zona pode ter estado entre os prisioneiros. As coisas estavam ruins para Palmares – não apenas pelos danos dos ataques e pelos ferimentos no rei, mas pelo fato de que os portugueses agora eram capazes de enviar incursões efetivas ao território de Palmares.

O governador Almeida não se mostrou parecer muito ansioso pela paz. Em 14 de fevereiro de 1678, ele emitiu uma proclamação convocando voluntários para invadir Palmares mais uma vez. Ele informou aos cidadãos interessados que Palmares estava enfraquecido, os rebeldes agora eram poucos e dispersos, e ele avisou que se Palmares não fosse ex-

Paz com Medo Desesperado

terminado agora, os rebeldes "se poderão multiplicar de maneira que venham estas capitanias a experimentar mais pesado jugo do que até agora padecerão".[1] Presumivelmente com a permissão de seu rei, o governador então anunciou que todos os cativos da excursão estariam isentos do quinto real.

Ao mesmo tempo, na retrospectiva da história, se não na perspectiva de pessoas curvadas perto das cinzas de suas cidades, o governador Almeida estava começando a reconhecer a quase impossibilidade do extermínio militar de seu inimigo. Embora cidades e vilas importantes tivessem sido destruídas, muitos milhares de habitantes ainda estavam lá. Setenta e cinco anos de fracasso e o sucesso limitado das vitórias mais recentes somaram pouca promessa de vitória decisiva. Ao mesmo tempo, problemas econômicos estavam tornando mais difícil levantar dinheiro e mão de obra para incursões. O governador não tinha dinheiro para a guerra. As receitas fiscais estavam saindo da capitania em vez de permanecer nela para resolver seus problemas. A colônia ainda estava pagando o que Portugal devia aos holandeses por danos de guerra. Além disso, desde 1661 o Brasil estava ajudando Portugal a pagar o dote que garantiu o casamento de Dona Catarina, filha de Dom João IV, com Carlos II da Inglaterra. Os ingleses a conheciam como Rainha Catarina. Portugal devia 300.000 libras à Inglaterra, e a Inglaterra devia apoio militar a Portugal na Guerra da Restauração com a Espanha. O Brasil contribuiu para o dote por meio de um imposto sobre escravos, azeite de oliva, vinho e outros bens importados.

A despesa do imposto veio em cima das contribuições obrigatórias para expedições contra Palmares. O punhado de poderosos proprietários de terras e donos de engenhos conseguiu usar seu poder para se esquivar

---

[1] Carneiro, *Quilombo dos Palmares*, "Os Sucessos de 1668 a 1680," 243-244.

Quilombo dos Palmares e o Guerreiro Zumbi

das contribuições. Os menos poderosos proprietários de terras e engenhos acabaram arcando com uma parte desproporcional das contribuições. Tanto quanto podiam, eles transferiam o fardo financeiro para classes ainda mais baixas, pagando menos aos trabalhadores e fornecedores. Esses trabalhadores eram as mesmas pessoas que deveriam servir como soldados nas expedições contra Palmares. Eles também eram os menos afetados pelos ataques de Palmares. Não possuindo terras, nem engenhos, nem escravos, eles perderam pouco nos ataques e tinham pouco interesse em preveni-los. Aqueles que viviam no interior estavam aprendendo que poderiam evitar ataques fazendo negócios com Palmares.

Após a expedição de Carrilho, o povo de Palmares não tinha como saber que os portugueses tinham fortes razões para buscar um acordo de paz e poucos meios para continuar a opção militar. Um acordo negociado, se funcionasse, eliminaria a ameaça de ataque de Palmares, negaria sua atração para as pessoas ainda escravizadas, acabaria com a despesa de reunir expedições e evitaria o estresse político de exigir impostos de guerra e recrutar soldados relutantes das classes mais baixas.

Os palmarianos podem ter suspeitado da ânsia de Almeida pela paz quando um oficial negro do regimento Henrique Dias apareceu em Macaco. Um relatório ao Conselho Ultramarino descreveu a viagem do oficial a Palmares:

"O Capitão Antônio Pinto Pereira viajou, explorando terras acima de Palmares onde estão os negros rebeldes, e dito Capitão seguiu uma trilha com todo risco para si, indo sozinho, e encontrou-se com negros rebeldes, e propôs suas razões para que se estabelecessem e não incomodassem os brancos e fizessem as pazes. E os negros o levaram ao líder que os governa, Ganga-Zumba. Ele comunicou suas razões e o convenceu a buscar a paz com os brancos, a enviar seus três filhos e dois gen-

Paz com Medo Desesperado

ros e outros na companhia do dito Capitão para efetuar esta paz com o Governador."[2]

A razão mais convincente do Capitão Pereira para aceitar a paz era que Carrilho estava preparando seu retorno para derrotar o resto da nação rebelde, sua missão: vasculhar a região para garantir que nenhuma pessoa fosse deixada viva. Mas o governador estava oferecendo uma alternativa. Os palmarianos poderiam viver em paz, ser bem tratados e possuir seu próprio pedaço de terra. Todas as mulheres e crianças de Palmares atualmente mantidas em cativeiro seriam devolvidas. Na verdade, eles viveriam em uma reserva. Tudo o que GangaZumba tinha que fazer era concordar que a paz era melhor que a guerra.

Guerra ou paz? Não é uma decisão tão difícil para um rei envelhecido com uma perna ferida e um reino em cinzas e desordem. Ganga-Zumba não conseguiu resistir à oferta. Embora Palmares tivesse oferecido paz a cada novo governador quando ele chegava de Portugal, Ganga-Zumba agora estava pronto para implorar por ela. Ele enviou três filhos e uma dúzia de outros cidadãos para se encontrarem com Dom Pedro de Almeida. Eles foram acompanhados pelo oficial Henrique Dias que havia entregue a oferta. Eles chegaram no dia dezoito de junho de 1678, véspera da celebração do santo padroeiro de Portugal, Santo Antônio. Ao marcharem para Recife, eles causaram um grande rebuliço.

Era compreensível a comoção provocada pela visita daqueles bárbaros. Entraram com seus arcos e flechas e uma arma de fogo. Eles tinham suas partes íntimas cobertas, alguns com pano, outros com peles, com barbas, algumas trançadas, outras retas, outras raspadas, todos corpulentos e valentes. O filho mais velho do rei veio a cavalo porque fora ferido em uma batalha do passado. Todos se prostraram aos pés de D. Pedro de Almeida

---

[2] Arquivo Histórico Ultramarino – Pernambuco – Caixa 8, 9 de fevereiro de 1682, fl. 2.

175

Quilombo dos Palmares e o Guerreiro Zumbi

e bateram palmas em sinal de rendição e reconhecimento de sua vitória. Ali pediram paz aos brancos.

Embora esses emissários quase se curvassem diante do governador, eles o fizeram como representantes de uma nação soberana e invicta. Eles alegaram que não tinham desejo de guerra, nunca a desejaram, sempre lutaram apenas para se proteger, sempre pediram paz, mas embora os governadores muitas vezes a prometessem, ela sempre foi seguida de guerra, e eles estavam cansados da guerra. Suas esposas foram mortas ou capturadas. Suas cidades e suprimentos de comida foram destruídos. Eles não tinham nada, e tudo o que pediam era a liberdade, a paz, o direito de negociar com os colonos e o privilégio de servir ao rei de Portugal. E a única liberdade que pediam era a liberdade daqueles que nasceram ou nasceriam em Palmares. Pessoas na escravidão permaneceriam na escravidão. Qualquer um que fugisse para Palmares no futuro seria devolvido aos seus legítimos donos. [3]

A ânsia desesperada de Ganga-Zumba para negociar deixa os historiadores se perguntando por que Palmares se via como fraco e indefeso. Onde estavam seus milhares de pessoas? Como a nação poderia deixar de levantar um exército capaz de derrotar um regimento de menos de duzentas? O que havia mudado em Palmares para torná-lo tão medroso e submisso? A melhor explicação parece ser que Ganga-Zumba estava envelhecendo. Ele pode ter tomado decisões ruins e pode ter ignorado bons conselhos. Ele pode ter visto a futilidade de tentar derrotar um inimigo fugindo. Quaisquer que fossem seus sentimentos, ele não estava ouvindo seu comandante militar. Zumbi não estava de acordo com as negociações, pelo menos não de uma posição tão subserviente.

---

[3] Kent, "Palmares: Um Estado Africano no Brasil, Revista de História Africana, 172.

Paz com Medo Desesperado

Três dias depois, Almeida entregou este ramo de oliveira a um novo governador, Aires de Sousa de Castro. Os emissários de Palmares foram até ele e repetiram sua súplica.[4] Castro de Sousa gostou de ver esses inimigos professando tanto respeito por ele. Ele mandou trazer roupas para eles e os enfeitou com fitas. Ele e Pedro Almeida levaram seus novos amigos para a catedral do Recife. Juntos, eles entraram em uma igreja especialmente decorada com sedas e adornos. Os governadores louvaram a Deus e a Santo Antônio. O padre louvou os governadores. Os governadores pediram o batismo dos emissários palmarianos, marcando o início de suas novas vidas. O povo do Recife aplaudiu Sousa de Castro por sua pompa e benevolência.[5] Dias felizes estavam por vir. Eles poderiam ter seus escravos — manter seus escravos — e não ter que se preocupar com ex-escravos causando problemas na fronteira.

No dia seguinte, Sousa de Castro convocou seu conselho de autoridades e homens influentes e fez um tratado ser redigido. Ele oferecia paz, emancipação para os nascidos em Palmares, a libertação das mulheres palmarianas capturadas durante incursões recentes, o direito de fazer negócios com pessoas em cidades e vilas, e um novo lugar para viver. Se Ganga-Zumba aceitasse o tratado e outros palmarianos resistissem, seria responsabilidade de Ganga-Zumba erradicar os rebeldes.

Não era preciso dizer que as pessoas que viviam em Palmares, mas não tinham nascido lá, ainda eram propriedade dos donos dos quais tinham sido libertadas. Se alguém falou sobre isso, ninguém escreveu, pelo menos não em um documento que tenhamos hoje. Ganga-Zumba estava farto de salvar escravos que não se juntaram à sua nação. Ele estava salvando seu próprio povo.

O governador Sousa de Castro dedigiu um tratado escrito com toda a

---

[4] Kent, "Palmares: An African State in Brazil, *Journal of African History*, 172.
[5] Taunay, *História Geral das Bandeiras Paulistas*, 118.

Quilombo dos Palmares e o Guerreiro Zumbi

formalidade tradicionalmente estendida a uma nação soberana. Ele o despachou com um oficial negro do regimento Henrique Dias, um sargento-mor escolhido por sua habilidade de ler o tratado em voz alta para os supostos analfabetos de Palmares. Ele estava acompanhado pela comitiva que tinha vindo para o Recife, menos o filho ferido de Ganga-Zumba, que permaneceu na cidade para tratamento médico.

A formalidade do protocolo agraciou o tratado com sinceridade. Ao mesmo tempo, nada no passado – nada – indicava que os portugueses lidariam honesta ou respeitosamente com pessoas que consideravam menos que humanas. Ao mesmo tempo, a oportunidade de paz veio após mais de sete décadas de invasões, a mais recente a pior de todas e possivelmente um prenúncio dos horrores que seguiriam. O futuro de Palmares parecia sombrio... ou brilhante, dependendo da resposta à proposta de paz.

Não sabemos como o rei reagiu ao tratado proposto. Faria sentido que ele convocasse seu conselho, ou o que restava dele após a captura de seus vários chefes e líderes. As discussões foram quase certamente acaloradas. Uma decisão errada poderia significar a morte de milhares, a escravização de milhares mais, o fim de Palmares e a extinção de toda esperança para os negros sob o governo de Portugal. Palmares deveria se reagrupar e resistir? Eles deveriam confiar no governador? E o que dizer da estipulação que os obrigava a rejeitar quaisquer escravos que fugissem do inferno dos campos de cana e engenhos de açúcar? Os palmarianos deveriam salvar suas próprias peles se isso significasse negar refúgio a peles da mesma cor que ainda sofriam chicotes, correntes, fome, tortura e exaustão mortal?

Seja qual for a natureza das discussões, a decisão final não foi unânime. Zumbi estava entre aqueles que se recusaram a aceitar a trégua. Dada sua inteligência, respeito e poder, ele provavelmente expressou seus objetivos com veemência, e não é difícil imaginá-lo fazendo isso com urgência acalorada. Ele tinha visto a sociedade branca de dentro. Ele tinha vivido

Paz com Medo Desesperado

nela. Ele tinha conversado com um padre. Ele tinha testemunhado açoites públicos do lado de fora da reitoria onde ele foi criado e educado. Ele pode ter ouvido os comentários do padre sobre isso, pode ter conhecido um ultraje contra o modo de vida brasileiro. Ele conhecia as pessoas – o tipo de pessoas – que estavam fazendo a promessa de paz, e sabia o quão desastrosa essa promessa poderia ser.

A decisão, seja por ordem do rei ou pela regra do conselho, era aceitar o tratado. Ganga-Zumba e seu povo abandonariam Palmares e se mudariam para uma área não colonizada a 32 quilômetros de Serinhaém. Era uma floresta extensa com muitas palmeiras nas nascentes dos rios Formoso e Serinhaém.[6] Eles seriam súditos da coroa, mas estariam livres de ser propriedade. Eles poderiam viver em paz.

O sargento-mor acompanhou Ganga-Zumba e outros 40 homens a Recife para assinar o tratado. Entre a comitiva estavam um irmão e um sobrinho de Ganga-Zumba. Ainda sofrendo com o ferimento de flecha, Ganga-Zumba cavalgou. Em 5 de novembro de 1678, o governador Aires Sousa de Castro de Castro os recebeu graciosamente. Eles celebraram a missa e comeram bem. Em um gesto grandioso, embora suspeito, o governador adotou dois dos filhos de Ganga-Zumba e deu a eles seu próprio sobrenome. Ele também fez de Ganga-Zumba um oficial do exército português. O rei e o governador então assinaram o tratado. Não sabemos se Ganga-Zumba assinou com assinatura ostentosa, um X grosseiro ou algum meio-termo. No entanto, ele certificou sua palavra, ela provaria ser de mais valor do que a do governador.

O local escolhido para os emigrantes de Palmares era um lugar que não tinha muito mais que um nome: Cucaú. Embora fosse meio do nada, era conhecido por seu solo fértil, um bom lugar para viver uma vez que a

---

[6] "Memórias dos Feitos," *Revista do Instituto Histoírico e Geográfico Brasileiro*, 295.

Quilombo dos Palmares e o Guerreiro Zumbi

floresta havia sido convertida em terras agrícolas. Não havia "falta de palmeiras para seu sustento".[7] Ficava a apenas um dia de caminhada de Serinhaém. Os jesuítas foram designados para ajudar os negros a se adaptarem à vida civilizada.

O governador Aires de Sousa de Castro então procedeu à subdivisão de Palmares e à distribuição das fatias aos homens que há muito sentiam que era sua justa recompensa. Os grandes vencedores foram aqueles que já possuíam terras e aqueles que tinham participado das excursões militares a Palmares. Cento e vinte quilômetros quadrados – quase um terço das terras – foram para João de Freitas da Cunha, um poderoso proprietário de terras. Vinte léguas (120 km²) foram para Fernão Carrilho, pelo triunfo que levou Ganga-Zumba a negociar de joelhos. Gonçalo Moreira obteve 36 quilômetros quadrados.[8] Pouca coisa chegou aos soldados negros, indígenas, mamelucos e brancos pobres.

O antigo governador Pedro de Almeida embarcou para Portugal e entregou ao Conselho Ultramarino um relatório declarando Palmares praticamente morto, "com tão pouca gente espalhada por várias partes, que qualquer pelotão de vinte ou trinta soldados poderia acabar com o inimigo".[9]

Ele estava muito orgulhoso da maneira como imaginava seu território recém-conquistado,

> ... Já se correm livres aquelas montanhas, que até agora eram impenetráveis a tôda diligência; há se dão os moradores por seguros, as fazen-

---

[7] Freitas, *República de Palmares*, "Descrição," 48.

[8] Ennes, Doc. 8, "Relação das Legoas de terra q. se tem dado por sesmaria em todaz Estas Cappitaniaz de Pernambuco despoiz q. Governador Ayres de Sousa de Sastro, e tem seçado o prejuizo fazião os negroes dos Palmares q. foi a causa porq. as pedirão as peçoaz desta Relação," in *Guerras Nos Palmares*, 153.

[9] Freitas, *Palmares: Guerra dos Escravos*, quoting unspecified source, 121.

Paz com Medo Desesperado

das por aumentadas, os caminhos por desimpredidos; e sendo êste triumfo para Sua Alteza de grandes rendimentos, não foi esta campanha para sua Real Fazenda de nenhum custo, porque, sem desembôlso, nem despesa do seu cabedal se aumentou com o lucro dos quintos, que se cobram, e com a esperança de multiplicados auomentos, que se podem colhêr, por serem aqêles senões ricos de excelentes madeira, com várzeas fertilíssimas para engenhos, e pasto estendidos para gados.

Agora é que concluiu a restauração total destas capitanias de Pernambuco; porque agora se acham dominantes do mesmo inimigo; que das ponas adentro as inqietava há tantos anos; com tão felizes sucessos que aquêles mesmos que nos destruíam com as armas, nos prometem servir com seus trabalhos...[10]

Mas a distribuição de terras provou ser discutível, otimista e meramente teórica. Os supostos proprietários não conseguiram chegar nem perto de sua excelente madeira e vastos pastos. Embora uma multidão de palmarianos tivesse seguido Ganga-Zumba até Cucaú, muitos outros permaneceram. Zumbi estava entre eles, e agora o consideravam seu rei. Eles ficaram em Palmares para continuar a luta que seus pais, avós e bisavós lutaram, e estavam mais ferozes e mais bem organizados do que nunca. Foram os lutadores mais fortes que ficaram para trás, e muitos foram libertados do fardo das famílias.[11] Entre eles estavam os mais desesperados — aqueles que não nasceram em Palmares. Ainda considerados fugitivos e legítimo para recaptura e reescravização, eles estavam defendendo não apenas o lar e família, mas a vida e a liberdade. Apesar do otimismo ainda aquecer os corações do ex-governador Almeida e do Conselho Ultra-

---

[10] De "Relação das guecrras feitas aos Palmares de Pernambuco no tempo do governador d. Pedro de Almeida, de 1675 a 1678," em Carneiro, *O Quilombo dos Palmares,* 221-222.

[11] BNRJ–Codice 22, 2, 28, 16 de agosto de 1679.

181

marino em Lisboa, três ou quatro dúzias de homens não iriam acabar com Palmares. Portugal e Pernambuco tinham um novo rei para enfrentar. Ele já havia fugido da liberdade uma vez, abandonando a sociedade branca em Porto Calvo em favor de uma sociedade em guerra com os brancos. De todos os que permaneceram em Palmares, ele tinha mais a ganhar se retornasse à sociedade branca.

O mito moderno sustenta que Zumbi preferiria morrer a viver na escravidão ou, na melhor das hipóteses, como vassalo do Rei Dom Pedro. O mito também o dignifica com a convicção de que seria moralmente errado para os palmarianos aceitarem a liberdade se isso significasse condenar outros a correntes perpétuas. A noção se encaixa bem com o pensamento moderno, mas não temos ideia se tal altruísmo existia na miséria moral do Brasil do século XVII. Se Zumbi alguma vez fez uma declaração sobre a liberdade dos outros, não temos registro disso. Mas seria razoável supor que um jovem criado na fé católica por um padre simpático à situação dos negros e escravos sentisse certas obrigações morais.

Temos evidências, no entanto, de empatia de negros por seus companheiros na escravidão. Aqueles abençoados com a emancipação frequentemente se juntavam a irmandades de negros que se dedicavam a libertar os outros. Eles juntavam suas parcas reservas de dinheiro para comprar a liberdade daqueles que ainda eram possuídos.

Quaisquer que fossem as razões pelas quais Zumbi e outros se mantiveram firmes, aqueles que optaram pela liberdade de Cucaú estavam cada vez mais arrependidos de o terem feito. Seus números eram aparentemente bastante limitados. Pode ter sido apenas parte das populações do mocambo de Ganga-Zumba, Macaco e outros dois.[12] De acordo com um relatório escrito em Lisboa para o rei, "quase trezentas almas" desceram

---

[12] BNRJ–Codice 22, 2, 28, 19 de julho de 1679.

Paz com Medo Desesperado

de Palmares.[13] Outro documento falava de "mais de quatrocentas almas". O Conselho Ultramarino recebeu outro relatório que relatava oitocentas. O governador Aires Sousa de Castro de Castro disse que tinha mais de mil morando lá. Esses números representam apenas um décimo, vigésimo ou trigésimo da população estimada no pico de Palmares, mas entre eles estava uma boa parte da liderança do Palmares antigo. Eles conheciam o território palmariano e as táticas e armadilhas militares de Zumbi. Sob os termos do tratado, eles eram obrigados a compartilhar esse conhecimento com o governador. Os brancos na costa eram seus aliados.[14] Os negros em Palmares eram seus inimigos.

Zumbi não perdeu tempo em preparar sua nação dispersa e instável para a guerra. Ele melhorou o sistema de espiões e postos de observação remotos. Ele erradicou mocambos vulneráveis e os moveu para locais mais inacessíveis. Ele adquiriu armas e munições comprando-as de colonos ou roubando-as em ataques a engenhos. Ele chamou todos os homens para o serviço militar e condenou à morte qualquer um que fugisse para Cucaú. Ele reforçou a fortificação de Macaco. Ele fez de Palmares uma Esparta, uma nação que era um exército.

Cucaú havia deixado Zumbi em uma situação criticamente precária. Palmares havia sido dividido em dois, e agora tinha dois inimigos: os brancos na costa e os negros em Cucaú. Cucaú era especialmente perigoso. Eles podiam invalidar as únicas vantagens que Palmares tinha: a localização de sua vila e as táticas de seu líder. Para defender Palmares contra Portugal, Zumbi tinha que eliminar Cucaú.

---

[13] Arquivo Histórico Ultramarino Codice no. 265 PE. Also AHU – Pernambuco – Caixa 14, 15 de julho de 1707, fls. 5/5v/; AHU Ceará – Caixa 1, 7 de julho de 1699, fls. 3/3v/4/4v; BNRJ Codice 22, 2, 28, 16 de agosto de 1679, 119.

[14] BNRJ – Codice 22, 2, 28, 19 de julho de 1679.

Quilombo dos Palmares e o Guerreiro Zumbi

Embora Cucaú fosse um inimigo, ele também estava funcionando como um aliado involuntário. Zumbi tinha vários agentes dentro da comunidade, e eles estavam tirando vantagem da habilidade de Cucaú de negociar com colonos em vilas de branco. Bens negociados com colonos próximos, incluindo armas de fogo e pólvora, acabavam em Palmares. Escravos fugitivos que chegavam a Cucaú eram levados para Palmares. Agentes usavam sua liberdade para vagar pela área, monitorando movimentos de tropas e outros acontecimentos. Embora o tratado obrigasse Ganga-Zumba a suprimir tais atividades, ele era impotente para impedi-las ou não estava realmente tentando. O governador ouviu reclamações locais de que Cucaú era o centro de tais atividades ilícitas. Como eles contrariavam os acordos do tratado de paz, eram motivo para represália – a última coisa que Ganga-Zumba precisava e talvez exatamente o que Zumbi esperava.

No início da década de 1680, Ganga-Zumba sabia que havia algo errado. Ele relatou ao governador Aires Sousa que temia uma conspiração. O governador enviou o sempre confiável Manuel Lopes Galvão para cercar a comunidade. O comércio foi cortado.[15] Logo, os brancos estavam invadindo Cucaú para queimar campos e capturar pessoas. Cucaú, confinado a um certo território, perigosamente próximo e acessível a Serinhaém, desfortificado e privado dos lutadores que permaneceram em Palmares, era impotente para se defender. Mais e mais pessoas, desiludidas com a vida sob o tratado, abandonaram Cucaú e retornaram a Palmares.[16]

Ao mesmo tempo, o governador estava sofrendo as despesas de manter uma guarnição de guerreiros indígenas e mamelucos no Arraial do Bom Jesus e da Cruz em Subupira. Toda vez que o posto avançado precisava de suprimentos, os fazendeiros tinham que contribuir com carne e peixe. Os donos de escravos tinham que contribuir com seus trabal-

---

[15] M.M. de Freitas, *Reino Negro de Palmares*, 450.
[16] BNRJ–Codice 2, 22, 28, 8 de agosto de 1680, 132.

hadores para carregar a comida e os apetrechos. Para agravar o problema, Pernambuco ainda estava fazendo pagamentos ao dote de Dona Catarina em Londres. O governador da capitania mais rica do Brasil mal podia se dar ao luxo de defender seu território contra uma nação renegada de negros, índios, mestiços e criminosos, uma nação que havia sido derrotada, dividida em duas e dividida contra si mesma. Palmares ainda era um problema, e Cucaú estava se tornando um problema adicional em vez de uma solução.

Perto do final de 1679, o governador chamou João de Freitas da Cunha para liderar um regimento de duzentos homens para acabar com a resistência em Palmares. Ele não poderia ter escolhido um comandante mais interessado. Freitos da Cunha recebeu 300 quilômetros quadrados de terras de Palmares como recompensa por suas invasões anteriores. Tudo o que ele tinha que fazer era matar, capturar ou expulsar os ocupantes atuais.

Os homens de Freitas da Cunha, incluindo alguns índios assentados de Alagoas, marcharam direto para uma chuva fria e torrencial. A doença enfraqueceu suas tropas antes mesmo da primeira escaramuça com os combatentes de Zumbi. Sempre que as duas forças se enfrentavam, os combatentes negros fugiam para o mato, os brancos em sua perseguição. Mas a retirada era tática, atraindo os invasores para uma emboscada. A tática funcionou mais de uma vez e, aos poucos, os defensores dizimaram os invasores. Quando o último dos homens de Freitas da Cunha voltou para Alagoas, eles estavam exaustos, famintos, doentes, doloridos e despojados das armas, munições, alimentos e escravos carregadores com os quais haviam partido. O governador não ficou satisfeito. A missão não havia conseguido nada além de "dar aos negros toda a glória e arrogância, enfurecendo-os e tornando-os mais insolentes do que nunca".[17]

---

[17] M.M. Freitas, 454.

Quilombo dos Palmares e o Guerreiro Zumbi

O governador queria tentar novamente, desta vez com seu secretário pessoal, Antônio Carlos Guerreiro, indo junto para registrar o ocorrido. Também nas tropas: um padre, para "a cura espiritual".[18] Para pagar a operação, o governador desviou receitas do imposto do dote.[19] Dona Catarina teria que esperar. A expedição partiu no início de 1680 sob o comando de Gonçalo Moreira da Silva, que havia recebido 36 quilômetros quadrados de terra palmariana que ele nunca tinha visto. Os homens viajaram cerca de 300 quilômetros, encontraram alguns mocambos abandonados, queimaram alguns campos, não mataram ninguém, não capturaram ninguém e, no início de março, retornaram sem nada para mostrar pelo gasto do dote da rainha Catarina.[20]

Mais ou menos na mesma época, o sargento-mor Manuel Lopes Galvão retornou a Palmares. A última vez que se encontraram, Zumbi estava mancando por causa de uma escaramuça em 1675 com uma bala na perna. Desta vez, Lopes Galvão levou consigo algumas pessoas de Cucaú, incluindo, aparentemente, Gana-Zona, filho de Ganga-Zumba. Os ex-negros palmarianos, servindo como guias, não hesitaram em levar seus antigos inimigos para o território de seus antigos amigos. "O maioral [um líder ou ancião, provavelmente Gana-Zona] dos negros que viviam em Cucaú (que se submeteu à obediência uma vez que chegaram) acompanhou os negros naquela campanha, servindo como guia para aqueles que a executaram, mostrando entusiasmo e lealdade...." Com a ajuda dos guias, Lopes Galvão conseguiu evitar os meandros exaustivos que haviam des-

---

[18] AHU–Inventório Luísa da Fonseca–docs. 4010 and 4021, 4 de abril de 1682, sem paginação.

[19] Carneiro, *Quilombo dos Palmares,* "Quantia Despendida para Câmara de Alagoas com a Guerra nos Palmares (1680)" in "Sucessos," 248.

[20] Arquivo Histórico Ultramarino – Pernambuco – Caixa 11, 20 de dezembro de 1697, 2.

gastado as excursões do passado. Em pouco tempo, ele encontrou e invadiu vários mocambos e matou ou capturou mais de oitocentas pessoas.[21]

Ou assim ele disse. O governador admitiu que seu breve tempo no Brasil ainda não lhe dera a sabedoria necessária para interpretar adequadamente as alegações de líderes militares que retornaram com histórias de vitória.

Enquanto Lopes Galvão ainda estava no interior, a situação em Cucaú ficou mais tensa, possivelmente em resposta à atitude cada vez mais agressiva de Gana-Zona em relação a Palmares, os. conspiradores pró-Zumbi que Ganga-Zumba temia se levantaram. Dizem que alguém deu veneno a Ganga-Zumba, e ele morreu. Os rebeldes se moveram rapidamente para matar seus conselheiros mais próximos e seu tenente, mas a luta se espalhou para a floresta ao redor. Gana-Zona, que pode ter retornado de Palmares no meio da luta, liderou uma resistência de guerrilha contra uma força substancial de conspiradores.

A anarquia e a ferocidade desesperada tornaram fácil para Gonçalo Moreira da Silva marchar e, ostensivamente, assumir o controle, para restaurar a ordem. Ele capturou os líderes da rebelião – João Mulato, Canhongo, Amaro e Gaspar – e depois os decapitou. Duzentos outros – aparentemente o restante da população de Cucaú que não havia fugido para Palmares ou sido morto na revolta – foram levados cativos e divididos entre os maiores proprietários de terras da área para cumprir sentenças de "serviço perpétuo".

O fim de Cucaú aliviou Zumbi de uma séria ameaça, mas também o aliviou de apoiadores importantes e de um canal de suprimentos. O governador Aires Sousa decidiu tirar vantagem da situação oferecendo a Zumbi

---

[21] Arquivo Histórico Ultramarino–Códice 265 PE. Não há nenhuma indicação específica de que o próprio Gana-zona tenha ido, mas supõe-se que o "maioral" (um oficial ou ancião) seja ele.

187

Quilombo dos Palmares e o Guerreiro Zumbi

mais uma última chance. Ele autorizou Manuel Lopes Galvão a estender uma oferta de paz. Ela declarou que "o dito Senhor governador novamente lhe tem perdoado em nome de Sua Alteza" por todos os crimes que cometeu contra o povo [branco]. Se dentro de quatro meses ele se entregasse, ele poderia viver na mesma liberdade que seu tio Ganga-Zumba, um homem que sabia manter sua palavra, enquanto aqueles que se rebelaram, como João Mulato, Cangonha, Gaspar e Amaro, acabaram na prisão, logo para serem decapitados.[22]

Ninguém, exceto os moradores reescravizados de Cucaú, lamentou seu desaparecimento. Os únicos gestos de simpatia foram algumas objeções legais emitidas por oficiais da Igreja. Um deles foi o bispo de Pernambuco, que protestou contra a escravização de menores, que ele acreditava que não deveriam ser responsabilizados pelos crimes cometidos por adultos.

Uma protestação mais forte foi emitido em Lisboa pelo jesuíta Manuel Fernandes. Ele se opôs à escravização do povo em Cucaú com base em que a) eles estavam sob jurisdição jesuíta, b) os negros ali tinham sido feitos cristãos e, portanto, não eram elegíveis à escravização, c) menores, idosos, enfermos, sendo incapazes dos crimes cometidos, eram por definição inocentes, d) uma vez que a condenação à escravidão perpétua era equivalente a uma sentença de morte, os indivíduos, sendo pessoas livres, tinham direito a julgamento, e e) a liberdade concedida àqueles que se mudavam para Cucaú não era condicional.[23]

Os recursos legais não fizeram nada para reverter os assassinatos e a escravidão, provando que a legitimidade da lei de Portugal não valia mais do que a palavra de seu governador em Pernambuco.

Embora a maioria dos moradores de Cucaú tenham acabado escravos,

---

[22] Carneiro, "Os Sucessos," 247-248; Documentos Historicos vol. 28, 151.
[23] Freitas, *Palmares: A Guerra dos Escravos*, 130.

Paz com Medo Desesperado

alguns foram deixados livres. Um deles, Pedro Soeiro, estava aparentemente decrépito demais para valer a pena possuir. Doente e faminto, ele se apresentou ao comandante Fernão Carrilho para ser possuido e alimentado, mas Carrilho não quis saber dele. Ele disse a Soeiro para levar seu caso ao rei.

Esperando pôr fim a toda a confusão, o governador enviou André Dias em uma missão para procurar palmarianos onde quer que os encontrasse. Dias tinha licença para matar qualquer um que encontrasse, fosse nas montanhas, em uma cidade de fronteira ou na casa de um colono. Os homens de Zumbi eram numerosos o suficiente para percorrer todo o Pernambuco e evidentes o suficiente para serem encontrados entre os brancos. No entanto, Dias não conseguiu encontrar ninguém.

Desesperado para contatar o evasivo rei de Palmares, o governador Aires de Sousa emitiu uma proclamação convocando "qualquer pessoa, em qualquer qualidade que de algu'a industria possa noticiarao capitam Zumbi que o dito Senhor governador novamente lhe tem, perdoado em nome de Sua Alteza que deus guarde todos os crimes que contra estes povos tem cometido tanto que que se reduze á obediencia de nossa armas buscando dito Zumgi e seo tio Ganazona..." [24]

Com uma mão o governador oferecia liberdade; com a outra ameaçava guerra sem piedade "para qualquer negro armado". Lopes Galvão enviou a oferta a Palmares nas mãos de um oficial do regimento Henriques. Quatro meses se passaram sem resposta de Zumbi. Dada a derrota da missão de Freitas da Cunha, o fracasso da missão de Moreira da Silva e o fim de Cucaú, Zumbi tinha poucos motivos para trocar a liberdade certa que tinha pela liberdade duvidosa oferecida pelo governador. Das duas ofertas do governador, a guerra era de longe mais crível, e Zumbi estava aparentemente pronto para aceitá-la.

---

[24] Carneiro, *Quilombo dos Palmares*, "Os Sucessos de 1668-1680," 247.

O Novo Palmares

Sem resposta de Zumbi, o governador Aires de Sousa de Castro teve que cumprir sua ameaça de guerra. Pela primeira vez, ele iria atacar Palmares com uma força expedicionária composta apenas por negros, o regimento Henrique Dias. Eles tinham sido muito eficazes em invadir mocambos na Bahia e tinham contribuído com homens para excursões em Pernambuco. Eles agora eram liderados por Domingos Roiz Carneiro, um filho de escravos que havia encontrado uma maneira de subir na vida.[1] O conselho municipal de Alagoas pedia aos ricos alimentos suficientes para sustentar as tropas, "o povo" sendo isento porque não tinha nada a oferecer.[2] Em outubro de 1680, o regimento partiu de Alagoas. Eles logo encontraram uma posição palmariana e dispersaram seus defensores. Quando encontraram um mocambo, eles o invadiram e capturaram um chefe chamado Maioio. Depois atacaram uma posição fortificada na Serra da Barriga e só depois de um longo combate e muitas baixas de ambos os lados é que invadiram e posteriormente queime o forte.[3] Um soldado rela-

---

[1] Alves Filho, *Memorial dos Palmares*, 98. Edison Carneiro diz que seu nome de maio era Roiz, 132. Freitas, *Palmares: Guerra dos Escravos*, 134, diz que era Rodrigues.

[2] Carneiro, *Quilombo dos Palmares*, 249.

[3] Arquivo Histórico Ultramarino—Pernambuco—Códice 18, 22 de dezembro de

O Novo Palmares

tou mais tarde que os palmarianos lutaram com "coragem desesperada."⁴ Era este o forte ao redor da capital de Zumbi, Macaco, no topo da Serra da Barriga? Se sim, foi uma grande vitória dos negros dos portugueses sobre os negros de Palmares. Mas tal vitória teria sido muito mais celebrada. Talvez a expedição tenha identificado erroneamente o local, ou talvez fosse uma vila abaixo de Barriga, no rio Mundaú, talvez não tão fortificada quanto , Fernão de queria que seus superiores acreditassem. Ou talvez fosse fruto do exagero de alguém.

O regimento atacou um terceiro quilombo, possivelmente no rio Mundaú. O comandante Carneiro estimou que cerca de 300 pessoas viviam lá. Ele relatou que os moradores o defenderam ferozmente, "vendendo suas vidas por um alto preço".⁵

O regimento retornou a Alagoas, reivindicando vitória sobre Palmares e se gabando da morte de Zumbi. Como de costume, a vitória relatada foi prematura, a morte de Zumbi foi muito exagerada. Em um ano, Zumbi enviou um ataque aos arredores de Alagoas. Os invasores fizeram o que puderam, pegaram armas e pólvora, libertaram vários escravos e sequestraram duas ou três mulheres brancas. Embora o ataque tenha corrido bem, a retirada foi emboscada por uma brigada de índios sob o comando de Sebastião Pinheiro Camarão. O grupo de ataque foi quase exterminado, mas alguns escaparam com as mulheres. O líder estava entre os mortos, e Camarão relatou, mais uma vez, que era Zumbi.⁶

Zumbi ainda estava vivo, mas o governador estava agora mais preocu-

---

1693, 350

⁴ Freitas, *Guerra dos Escravos*, 134.

⁵ Arquivo Histórico Ultramarino–Pernambuco–Caixa 8, 24 de março de 1683, 1. See also Domingos Loreto do Couto, *Desagravos do Brasil e glorias de Pernambuco*, 107-108.

⁶ Couto, *Desagravos do Brasil*, 106.

191

pado com as mulheres do que com o elusivo rei de Palmares. Ele fez com que o sargento-mor Clemente da Rocha Barbosa e Camarão reunissem homens suficientes para uma missão de resgate. Eles encontraram um mocambo que os negros defenderam corajosamente antes de se retirarem.[7] Carneiro avaliou os mortos que os defensores haviam deixado para trás. Um parecia alguém cujo nome seria Zumbi. Na esperança de recompensa, ele relatou a morte do rei de Palmares ao rei de Portugal. Mas esta morte do rei não durou mais do que suas mortes anteriores.

É difícil dizer se alguém estava ganhando a guerra neste momento. As forças de Zumbi conseguiram invadir Alagoas e se defender em outros lugares, mas as expedições invasoras estavam conseguindo invadir as posições palmarianas. Nenhum dos lados estava prestes a conquistar o território do outro, mas, ao mesmo tempo, qualquer um dos lados poderia infligir danos ao outro. Os portugueses estavam capturando tantos prisioneiros que não podiam se dar ao luxo de matá-los todos. Temendo que a re-escravização em Pernambuco tornasse muito fácil para eles retornarem a Palmares, o governador os enviou para Lisboa para trabalhar nos estaleiros. Lá, eles trabalhavam por salários como todo mundo, embora sem opção de emprego em outro lugar.[8]

No final de 1681, Dom Pedro II nomeou João de Sousa para substituir Aires de Sousa de Castro como governador de Pernambuco no ano seguinte.[9] João de Sousa era um militar profissional, e o rei o enviou ao assento do governador com uma espada e um ramo de oliveira – um de-

---

[7] BNRJ–Códice 22, 2, 28, 29 de agosto de 1682, 143.

[8] Arquivo Histórico Ultramarino – Pernambuco – Códice 265, 29 de agosto de 1682, 34.

[9] Arquivo Histórico Ultramarino Pernambuco – Códice 119, 6 de novembro de 1681, 258-259.

creto emitido pela coroa em 10 de março de 1682.[10] Ele especificava precisamente o que deveria ser feito sobre Palmares. O propósito da estratégia de oferta e ameaça era cravar outra cunha na população de Palmares, o mesmo tipo de cunha que resultou em Cucaú. Se funcionasse, inspiraria uma boa parte dos palmarianos a retornar ao rebanho da sociedade da qual haviam fugido, enfraquecendo assim as tropas daqueles que haviam escolhido arriscar no sertão.

Do lado da espada do decreto, o rei ordenou a continuação do esforço militar sob um governador militar comandando soldados profissionais dedicados à causa. O decreto pedia que a população local se juntasse à luta. Palmares tinha uma escolha: cooperar ou morrer.

No lado do ramo de oliveira do edito, o rei ofereceu a possibilidade de paz por meio da cooperação. Ele reconheceu a liberdade de qualquer palmariano que tivesse sido livre antes de se mudar para Palmares, e estabeleceu um processo legal para garantir a escravidão ou liberdade apropriada. Qualquer cativo que pudesse fornecer papelada provando a liberdade poderia apresentar seu caso para um juiz. Aqueles que reivindicavam liberdade, mas não tinham papelada, podiam apresentar seus casos a um juiz, e o juiz podia exigir que o suposto dono de cada autor desse ao suposto escravo tempo livre para defender seu caso. O tribunal até pagaria o custo da assistência jurídica. Os nomes dos negros declarados livres deveriam ser publicados.

A oferta de liberdade não tentaria a maioria dos palmarianos. Ela se aplicava apenas a qualquer palmariano que descendesse de colonos brancos e não fosse negro ou mulato – em outras palavras, apenas palmarianos de sangue branco e indígena. Qualquer um que tivesse sido escravo antes de fugir seria devolvido à escravidão. Isso incluía qualquer um nascido de uma mulher que tivesse sido escrava, a escravidão ainda sendo um status

---

[10] Documentos Históricos, vol. 68, 49-59.

herdado, uma condição virtualmente congênita que era passada de mãe para filho. Aqueles que se mudaram para Cucaú e não participaram da rebelião foram considerados livres. Aqueles que se rebelaram contra Ganga-Zumba, no entanto, seriam acusados de traição. Se a condenação fosse apenas por evidências circunstanciais, o indivíduo seria meramente exportado para outra área para servir como escravo lá. Aqueles condenados mais positivamente seriam sentenciados por uma junta de juízes, um dos quais seria o próprio governador. A notícia da captura e execução dos líderes da revolta de Cucaú ainda não havia chegado a Lisboa, por isso o decreto do rei não precisava especificar seu destino preferido para os culpados, que já haviam sido executados, se não com as instruções post-facto de sua alteza: Os dois principais instigadores deveriam ser decapitados,". .. suas cabeças levadas para a cena do crime e erguidas em postes altos e públicos para que pudessem ser vistas por todos e não fossem retiradas até que o tempo as consumisse, para que pudessem servir de exemplo não apenas de satisfação da culpa, mas também de horror aos outros, para que não ousassem cometer crime semelhante."[11]

Para evitar a fuga subsequente para Palmares, nenhum palmariano negro que retornasse à escravidão, exceto crianças menores de sete anos, teria permissão para permanecer no Brasil. Aqueles que possuíam palmarianos tinham que exportá-los ou enfrentar ações legais.

Na semi-anarquia de Pernambuco, o decreto do rei era amplamente ignorado. Os proprietários de terras e os donos de engenhos faziam o que queriam ou pelo menos tanto quanto como eles poderiam escapar impunes. Aqueles que possuíam palmarianos capturados provavelmente não respeitariam seus apelos de emancipação prévia ou os exportariam volun-

---

[11] Freitas, *Palmares: Guerra dos Escravos*, 140, quoting unidentified source.

tariamente. A junta de juízes não se reuniu até março de 1683, e mesmo assim eles não chegaram a ouvir nenhum caso.[12]

Os poderosos não estavam com disposição para apaziguar os rebeldes ou adotar a abordagem semi-conciliatória do rei. Quando João de Sousa sucedeu Aires de Sousa de Castro como governador no início de 1682, ele não escolheu oferecer paz e reagiu à sua rejeição com a opção militar. Ele preferiu atacar Palmares e deixar a oferta de liberdade para qualquer um que a pedisse. Ciente de que inúmeras invasões não haviam conseguido nada, ele chamou o homem que havia invadido Palmares com sucesso cinco anos antes, Fernão de Carrilho. Carrilho, ainda esperando tomar posse das vinte léguas (120 km) que lhe haviam sido dadas lá, aceitou o comando. Com ordens expressas de não negociar nada com ninguém, ele partiu em julho de 1683, com um bando de trezentos homens.[13] O governador pode ter sido tão insistente – ele realmente escreveu uma explicação detalhada do que Carrilho deveria e não deveria fazer – porque Carrilho era conhecido por ter uma fazenda de gado no território de Palmares, presumivelmente com a permissão de Zumbi, uma situação nada incomum conseguida por meio de algum tipo de pagamento protetivo.

Carrilho não conseguiu repetir o sucesso de sua invasão anterior. Ele encontrou pouco para atacar até que um destacamento de vinte e cinco homens liderados por Carlos Ferreira encontrou quarenta homens trabalhando em um campo. Embora no momento os homens palmarianos estivessem trabalhando como fazendeiros, eles também estavam armados e

---

[12] Documentos Seiscentistas Brasileiros in *Anais do Museu Paulista*, São Paulo, 1927, t.3, Part 2, 7-128.

[13] Ennes, Doc. 3, "Consulta do Conselho Ultramarino de 29 de Novembro de 1684, em que o Governador de Pernambuco D. João de Sousa dá conta do mao procedimento qteue na guerra dos Palmares Fernão Carrilhos eleito cabo dela," em *Guerras Nos Palmares*, 139.

195

Quilombo dos Palmares e o Guerreiro Zumbi

prontos para defender seu campo. Quando a luta começou, todos, exceto cinco dos homens de Ferreira, fugiram e, após uma hora de combate, o esquadrão teve que se retirar. A força de Carrilho partiu para procurar um objetivo mais fácil ou significativo. Sofrendo fome, sede e as dores de trilhas difíceis, eles avançaram para o rio Mundaú, tentadoramente perto da fortaleza de Macaco na Barriga, mas também um lugar perfeito para ser cercado pelos guerrilheiros de Zumbi.[14]

Os relatos variam sobre o que aconteceu em seguida. Carrilho disse ao governador que estava preso e não tinha escolha a não ser negociar. O governador tinha quase certeza de que Carrilho pretendia negociar com Zumbi antes mesmo de ele deixar Alagoas. Sua prova estava em duas cartas que Carrilho havia escrito pedindo que as estipulações de "nenhuma negociação" em seu contrato fossem alteradas. O governador recusou. E agora lá estava ele, convenientemente cercado ao pé da Barriga, diante da escolha de negociação ou morte. No que dizia respeito ao governador, a prontidão de Carrilho para fazer o que queria em vez do que lhe mandavam fazer se enquadrava nos parâmetros de seu caráter. Ele era, em suma, um mentiroso predisposto e egoísta.

Segundo o que o governador ouviu, as negociações de Carrilho envolveram palmarianos e portugueses se misturando no acampamento de uma maneira imprópria de homens que deveriam estar em guerra. O governador, recebendo um relato do comportamento suspeito, enviou ordens a Carrilho para destruir, não falar com, o inimigo. Carrilho cortou as negociações, mas deixou as forças palmarianas escaparem. Mais tarde, segundo um relato que chegou ao governador, ele alertou as pessoas nos

---

[14] Arquivo Histórico Ultramarino–Pernambuco–caixa 12, 20 de dezembro de 1698, 2.

mocambos dos quais estava se aproximando para que pudessem evacuar antes que ele chegasse lá.[15]

O governador estava convencido de que Carrilho estava perseguindo algo diferente da missão para a qual fora enviado. Ele estava se associando ao inimigo, pechinchando com aqueles que ele deveria estar matando. Parecia que Carrilho poderia estar usando a missão apenas para justificar despesas com os homens, equipamentos e suprimentos de que precisava para chegar às suas pastagens em Palmares. Parecia uma ideia inteligente, mas da qual ele logo se arrependeria. O governador, certo de que tinha um canalha em missão de comandante, enviou João de Freitas da Cunha para aliviar Carrilho de seu comando.[16]

Embora se recuperando de uma doença, da Cunha aceitou o desafio e seguiu para o interior com cinquenta homens. Encontrando Carrilho, ele prontamente o colocou sob prisão de fato e o escoltou até a costa. O governo nem o acusou de desobediência, despojou-o de patente e salário e despachou-o para uma prisão na capitania do Ceará, um dos poucos lugares do Brasil menos hospitaleiros que Pernambuco.[17]

Enquanto isso, de volta ao sertão, cercado por rebeldes não tão derrotados quanto Carrilho havia relatado, Freitas da Cunha, vanguarda do império português, reconheceu a força do inimigo que Carrilho havia enfrentado. Ele se conteve até que reforços chegaram sob o comando de Manuel Lopes Galvão, um homem que sabia como galopar para uma situação e assumir o controle. Zumbi usou o tempo para se retirar e abrigar suas forças em um mocambo chamado Gôngoro. Da Cunha e Lopes Galvão o seguiram, mas recusaram o desafio de atacar a posição palmariana. Eles precisavam de ainda mais reforços. Alguns chegaram sob o co-

---

[15] Ennes, Doc. 3, in *Guerras nos Palmares*, 139-140.
[16] Ibid., 140.
[17] Ibid. 139-140.

mando de um Belchior Pinto.[18] O ataque subsequente conseguiu queimar Gôngoro e algumas outras aldeias palmarianas, mas os homens de Zumbi os repeliram e os forçaram a recuar.

Quando da Cunha se reagrupou, Zumbi havia organizado um ataque diversionário em Álamo (ou Alama), um vilarejo na costa.[19] Da Cunha correu para o resgate, mas quando chegou, Zumbi havia desaparecido. Da Cunha o perseguiu pelo mês seguinte, incendiando os poucos mocambos que conseguiu encontrar, decapitando os poucos cativos que capturou, mas nunca realmente confrontando ou derrotando as forças palmarianas. Outro destacamento lutou contra Zumbi perto da Serra Salabangá, um local desconhecido hoje. Pode ter sido perto da cidade palmariana de Dambraganga, perto da atual cidade de Viçosa, no estado de Alagoas. Os homens de Da Cunha mataram sete combatentes palmarianos e capturaram treze. Os cativos foram divididos igualmente entre os soldados, que os venderam para exportação da região.[20]

No final de 1684, o governador Sousa de Castro convocou as forças. Os dez meses de Da Cunha no campo não renderam mortos ou capturados o suficiente para justificar a despesa e o esforço.[21] Seus esforços não resultaram em muito mais do que terrorismo.

Zumbi não se contentou em ter apenas expulsado a última expedição

---

[18] Arquivos Nacionais do Torre do Tombo, Chancelarias Reais, d. Pedro II. Oficios e Terras (Doações) Livro 26, 26 de janeiro de 1700, 9.

[19] Ennes, Doc. 46, "Consulta do Cons. Ultr. de 20 de Dez. de 1697, sobre nomeação de pessoas p. a Comp. de infanteria q. vagou na Cap. de Pern. no 3. de q foi marechal de campo Zenobio Achioly de Vasc. pello intertinimento de Antonio da Silva Barbosa," in *Guerras nos Palmares*, 280-281.

[20] Arquivo Histórico Ultramarino, Pernambuco—Caixa 11, 14 de março de 1696, 2.

[21] ANTT, Chancelarias Reais, d. Pedro II, Oficios e Terras (Doações) Livro 26, 26 de janeiro de 1700, 9.

de seu território. Pouco depois de Freitas da Cunha desocupar Palmares, Zumbi provou sua capacidade não apenas de partir para a ofensiva, mas de expandir seu esforço para o norte, em direção à Capitania da Paraíba. Ele atacou um posto avançado costeiro chamado Nossa Senhora das Neves, um alvo relativamente fácil, habitado e defendido principalmente por índios que lutaram por algumas horas, mas depois fugiram. Em resposta, o governador disparou um aviso ao governador da Paraíba, que lançou uma coluna para rastrear os invasores. Setenta e dois dias depois, após sofrer fome e sede – incluindo dois dias sem um gole de água – o pelotão concluiu que os negros haviam retornado a Palmares.[22]

Em um ataque ainda mais ousado, os palmarianos invadiram uma prisão na cidade de Alagoas e conseguiram libertar parte de seu povo. Novamente, os principais defensores foram os índios que não ofereceram muita resistência.[23]

Em uma dessas excursões à costa, palmarianos saqueadores capturaram a esposa de um dono de engenho de Porto Calvo.[24] Zumbi pode tê-la mantido como sua própria esposa. Um documento judicial de 1696 observa que "...quanto a Maria Paim, uma mulher branca que chama Zambi [sic] de seu marido e pai de seus filhos e o trata como tal, deve-se entender que ela foi forçada, pois foi tirada de seu guardião contra sua vontade e, portanto, não deveria sofrer punição."[25]

Por que Zumbi decidiu tomar a ofensiva ainda é uma questão em aberto. O ataque não iria expulsar os portugueses do Brasil ou de Pernam-

---

[22] Ibid., fls. 369/369v/370.

[23] Couto, *Desagravos do Brasil e glorias de Pernambuco*, 101.

[24] Carneiro, *Quilombo dos Palmares*, 70.

[25] Biancarelli and Rattner, "Pistas Diversas," *Folha de São Paulo*, 12 de novembro de 1995, Seçã 5, 6, citando documento sem título transcrito por Décio Freitas.

buco. Talvez ele esperasse capturar armas e suprimentos. Talvez fosse política, vingança que visava desencorajar futuras incursões. Talvez ele só quisesse provar alguma coisa.

Ele certamente provou algo ao governador Sousa de Castro. A capitania dele estava sem dinheiro e fraca em mão de obra, e a pátria não tinha nada para contribuir com o esforço. Represália não era uma opção, mais incursões eram impossíveis no futuro previsível. Depois de todas as suas veementes objeções à negociação, o governador decidiu ver se Zumbi estaria aberto a um acordo. Ele alistou um oficial negro do Regimento Henriques para ver se Palmares estaria interessado em algum tipo de acordo de paz. O oficial ficou por alguns meses – só podemos imaginar o porquê – mas retornou sem uma resposta.

Em 19 de fevereiro de 1685, João da Cunha Souto Maior substituiu João de Sousa como governador. Ele trouxe consigo instruções de Dom Pedro II para negociar a paz com Palmares. O rei também escreveu uma carta, datada de 26 de fevereiro de 1685, dirigida ao próprio Zumbi:

"Eu, o Rei, faço-te saber, Capitão Zumbi dos Palmares, que te perdoo por todos os excessos que fizeste contra a minha Casa Real, bem como contra o povo de Pernambuco, e que assim faço entender que a tua rebelião foi justificada pelos males praticados por alguns senhores maus em desobediência às minhas ordens reais. Convido-te a estar em qualquer lugar que queiras, com tua mulher e filhos e todos os teus capitães, livres de qualquer cativeiro, como meus leais e fiéis súditos, sob a minha real proteção, como é do conhecimento do meu governador, que vai ao governo desta capitania."[26]

A carta é assinada simplesmente "Rei".

Não se sabe se a carta chegou a Pernambuco ou chegou às mãos de

---

[26] Freitas, *Guerra dos Escravos*, 144, citando um documento não-identifificado na Biblioteca da Ajuda in Lisbon.

O Novo Palmares

Zumbi. Embora não tenha resultado em nada, foi uma extensão sem precedentes do protocolo, um rei na Europa se dirigindo a um rei rebelde – um rei rebelde negro – de um país estrangeiro, um estado soberano.

Esta carta pode muito bem ser interpretada como a precursora do fim da guerra dos Oitenta Anos e uma vitória para Palmares. Se Zumbi aceitasse a oferta e parasse sua ofensiva de guerrilha, se o rei mantivesse sua palavra e garantisse que o governador a aplicasse, se os colonos brancos na fronteira aprendessem a se dar bem com seus vizinhos negros, se os palmarianos pudessem continuar a viver em Palmares e continuar a aceitar escravos fugitivos, e se todos aderissem aos termos do acordo de paz, então todos teriam o que queriam: paz para Palmares, infraestrutura segura em ambos os lados, uma economia mais forte em ambos os lados e todos os benefícios do comércio transnacional.

Mas Zumbi não tinha motivos para confiar no governador ou no rei. Ele não tinha caído no truque do tratado cinco anos antes, em Cucaú, e certamente não iria cair dessa vez. Ele não podia se dar ao luxo de cometer outro erro como o de Cucaú. Ele não podia aceitar uma promessa ou um compromisso. Suas escolhas eram vida ou morte, liberdade ou escravidão. Foi uma decisão fácil. Aceitar a vitória que o rei ofereceu quase certamente resultaria em derrota terminal.

Na mesma situação do governador que estava substituindo, Souto Maior não tinha comandantes experientes e nem fundos para suprimentos ou munições. Uma safra ruim de cana piorou a situação financeira de Pernambuco. Os colonos estavam reclamando que os ataques continuavam, mas não estavam dispostos a contribuir com mais recursos para um esforço militar. Os rebeldes ainda estavam correndo soltos, atacando fazendas, matando brancos, fazendo o inferno sem medo de contra-ataque. Souto Maior e todos os outros teriam que viver com Palmares.

No entanto, Zumbi começou uma tática de negociação para ganhar tempo. Ofertas, modificações e recusas iam e vinham. Eventualmente, tornou-se aparente o que estava acontecendo. Dois ex-governadores – Aires de Sousa de Castro e João de Sousa – alertaram Souto Maior e o rei que a paz não era a resposta, que os resultados da negociação eram previsíveis: Palmares arrastaria as ofertas e contra-ofertas de ida e volta por tanto tempo quanto possível, o máximo possível, ganhando tempo para fortalecer as defesas, receber recrutas que escaparam da escravidão, ressuscitar os mocambos destruídos na última incursão, talvez colher e esconder outra safra. As conversas impediram incursões da costa, mas não impediram ataques palmarianos em lugares defendidos muito levemente. Um desses lugares era o engenho de uma viúva chamada Maria Soares. Embora ela mantivesse um contingente de índios patrulhando sua propriedade fora de Serinhaém, os homens de Zumbi conseguiram queimar seus campos. Ela escreveu ao próprio rei para solicitar alguns soldados brancos para manter os índios organizados e levá-los a Palmares para atacar a raiz do problema. O rei deve ter apreciado sua coragem. No final de 1686, ele lhe enviou alguma ajuda.

Senhora Soares não era a única a perder a paciência. Todos, desde fazendeiros de terra até donos de engenhos, estavam exigindo ação. Eles não queriam um acordo negociado. Eles queriam uma solução final. Eles queriam que o rei contribuísse com os fundos e mão de obra necessários para garantir um canto crucial de seu próprio reino. E eles queriam que o governador fizesse seu trabalho, o que eles alegavam que ele estava longe de fazer. Eles o acusaram de abusar do governo até enriquecer com comércio proibido. Ele era tão impopular que quando alguns de seus soldados chegaram a Penedo para prender algumas pessoas locais, as multidões expulsaram os soldados – um desafio inédito ao poder real. Pior, parece que os soldados estavam relutantes em cumprir as ordens do governador. Pernambuco estava quase se separando.

Em 1686, uma praga irrompeu. Eles a chamaram de mal-de-bicho, a

O Novo Palmares

doença do inseto – uma febre mortal, mais tarde comparada à febre amarela, que assolou a costa do Brasil. Milhares morreram, entre eles o arcebispo e o padre Antônio Vieira. O governador-geral Matias da Cunha foi quase um deles.[27]

Ninguém sabia o que havia iniciado a doença. Nenhum cometa havia passado desde a praga anterior. Deus havia sido invocado com todas as orações devidas. O melhor que os médicos puderam imaginar foi que ela nasceu de "vapores exalados por cadáveres", alguns dos quais eram clérigos apodrecendo em caixões sob o chão da igreja. Levaria dez anos para os médicos conferirem e elaborarem soluções que fossem aceitáveis para o governador.

Uma solução tentada: fogueiras de pau-brasil queimando sobre sepulturas por três dias, até mesmo sobre os sepulcros em igrejas, "para evitar a corrupção repetida dos ares".[28] As sepulturas eram socadas, pavimentadas com pedra ou tijolo e enterradas em terra no topo de cinco palmeiras de altura. Os mortos eram enterrados fora da cidade, mas não deveriam ser deixados em lugares pantanosos. Eles não podiam mais ser enterrados sob igrejas. As casas eram lavadas com vinagre e fumigadas com ervas medicinais e ervas daninhas. As roupas e roupas de cama dos doentes e falecidos eram queimadas, assim como os copos dos quais eles tinham bebido. As casas limpas por mulheres ou escravos tinham que ser limpas até as oito horas da manhã; as casas limpas por homens só tinham que ser feitas ao

---

[27] Taunay, "Subsídios para a História do trafico africano," Annual Publicação do Terceiro Congresso de História Nacional, 141.

[28] Ennes, Doc. 82. "Consulta do Conselho Ultramarino de 25 de Agosto de 1695, em que o Governador, e Capitao Geral de Pernambuco Caetano de Melo de Castro, dáConta a sua Megistade de se continuarem as doenças no Recife, e pede se lhe appliquem
os meyos que parecerem mais Convenientes para se evitarem, e vão os papeis que se acuzão," in *Guerras nos Palmares*, 452-453.

anoitecer. Fogueiras seriam acesas na porta de cada quinta casa, em turnos, todas as noites durante 40 noites.[29] Toda a sujeira tinha que ser removida de becos e ruas e despejada no rio de tal forma que não fosse levada para as praias. Qualquer um que jogasse lixo em qualquer lugar que não fosse o rio seria preso. Escravos que deixassem sujeira na praia receberiam 25 chicotadas. Mulheres pegas nas ruas à noite sem marido ou pai, presumivelmente "mulheres públicas", receberiam 50 chicotadas. O capitão Manoel Pinto recebeu a tarefa de fazer uma lista de todas as prostitutas e mulheres "escandalosas" do Recife. Os lojistas não podiam vender produtos estragados. Os doentes, pelo menos alguns deles, eram levados para hospitais, e aqueles que não tinham condições não tinham que pagar pelo tratamento médico.[30] Cirurgiões e barbeiros eram proibidos de sangrar pacientes fora de um hospital. Os doentes que chegavam em navios iam direto para um hospital ou eram deixados nos navios.[31] A peste não terminaria até 1693, quando apenas uma pessoa em Recife morreu da peste, embora em 1695 ela já estivesse de volta.

À medida que a peste, a pobreza e os ataques de Palmares se combinavam para causar pânico, desespero e agitação, o governador Souto Maior percebeu que seu próprio povo poderia se tornar uma ameaça maior ao seu poder do que Palmares. No final de 1686, ele despachou uma carta ao rei declarando que estava tomando a decisão unilateral de encerrar as negociações que lhe haviam dito para prosseguir com Palmares:

---

[29] Ibid., Doc. 88, "Bando sobre fazeremse fogueiras, limpeza das Cazas, e ruas; e Curas dos doentes; e queimadas as roupas; e outros particulares," 464.

[30] Ibid., Doc. 83, "Parecer do Marquez de Montebelo acerca das instruções dos Medicos João Ferreira da Rosa e Mdomingos Pereira da Gama sobre a cautela de se enterrarem os defuntos for a do povado fazendo-lhe fogueiras. s.l.n.d.," 455-456.

[31] Ibid., Doc. 85: "Bando sobre o superintendente da Saude ter cuidado em tomar a Ros a gente do mar; e os doentes hirem pera o Hospital," 460-461.

O Novo Palmares

"Embora eu lhes deva perdão em nome de Vossa Majestade para que vivam em paz nesta capitania com as liberdades que Vossa Majestade lhes concedeu em suas ordens reais, estou recebendo de câmaras municipais e povos vizinhos queixas dos atos opressivos que [os negros] estão cometendo, saqueando suas casas e levando seus escravos cativos. Suspendi a execução do perdão e resolvi (apesar de não ter recursos para gastar nesta guerra) puni-los como exemplo..."[32]

A decisão de Souto Maior não resolveu nenhum problema, mas ajudou a concentrar a ira do povo em Palmares, em vez de em seu governo. Ele convocou voluntários para se alistarem em uma milícia e mergulhou nos fundos que haviam sido coletados para os próximos pagamentos do dote da Rainha Catarina, dinheiro que ele sentia que precisava muito mais do que a Rainha da Inglaterra. Os alistados, ele ofereceu, poderiam ficar com os escravos que capturassem, e não teriam que pagar o imposto usual sobre escravos.

Seiscentos voluntários – soldados brancos, soldados negros e índios mercenários e mamelucos – se uniram ao chamado. Fernão Carrilho ofereceu ansiosamente seus serviços para o comando deste exército, mesmo que apenas como um "simples soldado".[33] Ele expressou esse desejo de sua masmorra no Ceará, onde estava definhando enquanto aguardava seu recurso da sentença que o governador anterior, João de Sousa, lhe dera. Domingos Rodrigues Carneiro se apresentou com um corpo de mercenários negros. E nada menos que o próprio Santo Antônio, um ícone de

---

[32] Ibid., Doc. 7, "Consulta do Governador de Pernambuco de 78 de Novembrod 1685, em que dea conta dos nouos excessores e tiranias, que fazem os negros dos Palmares em todas aquellas Capitanias, 150.

[33] Ibid., Doc. 7, 151.

madeira esculpida vestido com uniforme de linho, alistou-se no exército, seu salário pago ao mosteiro franciscano de Olinda.[34]

As forças de Portugal não poderiam ter um santo mais apropriado ao seu lado. O Filho de um Serafim, a Juba de Portugal, a Luz da Itália, a Glória de Pádua, o Esplendor da França, a Admiração da Espanha, a Arca do Testamento, o Martelo dos Hereges, o Trono de Deus, a Maravilha dos Anjos, o Terror do Inferno, o Sol do Mundo Inteiro"[35] um nativo de Lisboa, nada menos, Santo Antônio já havia recebido o título de capitão do mato, o trabalho dedicado a reaver escravos fugitivos – porque ele era conhecido há muito tempo como o santo das posses perdidas, incluindo aquelas que haviam fugido para o oeste. Ele era o divino sargento do Brasil em sua vida carnal, ele havia ressuscitado os mortos, curado todos os tipos de doenças, feito um bebê falar para defender a honra de sua mãe, transformado um sapo em uma galinha e uma galinha em um sapo. Um santo que pudesse realizar tais milagres também deveria ser capaz de devolver negros criminosos aos seus legítimos donos. Do púlpito, o Pe. Antônio Vieira, SJ, o elogiava por suas habilidades multifacetadas: "Se seu filho estiver doente, Santo Antônio! Se seu escravo fugir, Santo Antônio! Se você precisar de algo com pressa, Santo Antônio! Se você estiver aguardando sentença, Santo Antônio! Se você perder a menor coisinha em sua casa, Santo Antônio!"

Mas o Pe. Vieira nunca disse: "Exércitos nunca realizando nada? Santo Antônio!", então foi somente em 1668 que se decidiu alistá-lo em uma milícia em vez de arrastar apenas seu ícone para o sertão. Graças à sua

---

[34] Mott, "Santo Antônio, o Divino Capitão-do-Mato," in Reis and Gomes, *Liberdade por Um Fio*, 124.

[35] Ibid., 110-111, citando Frei Agostinho da Conceção, "Sermão do glorioso lusitano Santo Antônio, pregado no seu convento e mesmos dia na cidade do rio de Janeiro a 13 de julho de 1674."

coragem e esforços na guerra contra Palmares, Santo Antônio receberia promoções por todo o Brasil ao longo dos dois séculos seguintes.[36]

Deixando o passado para trás, Souto Maior fez Fernão Carrilho o comandante da expedição. Em 10 de janeiro de 1686, um pequeno exército considerável partiu de Alagoas para Palmares. Outros 120 homens "armados com armas de fogo e flechas" sob Gergário Capitão partiram de São Francisco (ou seja, Penedo).[37]

Eles escolheram aquele mês para que pudessem chegar quando as colheitas em Palmares estivessem amadurecendo. O exército poderia usar as colheitas para se alimentar e, ao mesmo tempo, negar ao inimigo o fruto de seus trabalhos. O que quer que os saqueadores não pudessem comer ou carregar, eles queimariam.

Esse aborrecimento vandalístico foi tudo o que eles conseguiram. Apesar do comando experiente de Carrilho, a milícia reencenou a experiência de inúmeras milícias antes. Eles levaram um mês para encontrar um mocambo. A chegada deles não surpreendeu ninguém. Emboscadas foram armadas. A resistência foi feroz e sangrenta. E quando as forças atacantes finalmente conseguiram passar, encontraram o mocambo abandonado. Eles mataram alguns, capturaram alguns, entre eles um "sobrinho" de Zumbi. Mas eles não estavam de forma alguma derrotando Palmares. Eles estavam apenas vagando, esperando para serem atingidos. Carrilho fumegou que os palmarianos se encontravam seguros apenas porque eram muito bons em fugir.

Jerônimo de Mello liderou um destacamento de 150 homens em perseguição aos palmarianos em retirada. Perto do mocambo de Tabocas, eles enfrentaram os palmarianos na Serra da Batalha – Battle Ridge – e se

---

[36] Ibid., 119.

[37] Arquivo Histórico Ultramarino – Pernambuco – Caixa 9, 24 de agosto de 1686, 1.

207

Quilombo dos Palmares e o Guerreiro Zumbi

encontraram em algumas outras escaramuças, incluindo uma na Serra Santa Cruz. Ambos os lados sofreram baixas; nenhum dos lados sofreu uma derrota decisiva. [38] A estratégia de Zumbi de recuar, mas resistir aos avanços estava funcionando muito bem.

Chegou o verão invernal. Embora dificilmente fosse o material de nevascas, o frio da chuva agravou o declínio da saúde e da energia dos homens de Carrilho. Carrilho, não vendo sentido em continuar, levou-os de volta para Alagoas. "Se não fosse pelo inverno", escreveu ele com sua típica fanfarronice," eu teria tido a boa sorte que esperava, a conquista desses negros". Esperando represálias – provavelmente tão ruins quanto a punição que acabara de infligir – ele postou esquadrões de mercenários negros nos arredores das cidades mais vulneráveis do interior, Sarinhaém, Ipojuca e Porto Calvo.[39] Zumbi de fato lançou ataques de represália, mas não em fazendas e cidades do interior distantes. Seus homens tinham confiança para ir até a costa e atacar Alagoas, São Miguel e Penedo.

Uma carta não assinada ao Conselho Ultramarino, escrita em junho de 1686, atribuída a Carrilho, embora frequentemente se referisse a ele na terceira pessoa, não se esquivou de descrever o poder do inimigo: "Estes negros são robustos e tolerantes a todos os tipos de trabalho, por meio da prática ou da natureza, e são grandes em número e sempre crescentes. Não lhes falta habilidade com armas nem ousadia de coração..."[40]

Carrilho poderia ser culpado por não ter invadido um território tão bravamente e habilmente defendido? Certamente que não. E apesar desse

---

[38] Arquivo Histórico Ultramarino – Pernambuco – Caixa 1, 14 de março de 1696, 2.

[39] Arquivo Histórico Ultramarino – Pernambuco – Códice 18, 22 de dezembro de 1693, fls 1/1v.

[40] Ennes, *Guerras nos Palmares*, 44.

O Novo Palmares

fracasso, entre os negros ele "era conhecido como um mago", o comandante que os negros temiam mais do que todos os outros, observou o escritor anônimo. Sua carta propunha uma estratégia abrangente para sua próxima invasão. Para incutir medo, soldados e até índios teriam permissão para enforcar sumariamente quaisquer escravos fugitivos que encontrassem, e quaisquer outros negros que capturassem, incluindo crianças, poderiam ser vendidos. As trilhas para o território continuariam a ser melhoradas e alargadas "para que não apenas as pessoas, mas também o gado pudessem usá-las, o que parecia impossível antes devido à densidade do mato, bem como à inclinação de suas colinas".[41] O próprio Carrilho comandaria um posto avançado fortificado bem no interior do território inimigo. Seria defendido por aldeias satélites de índios que seriam arrancados das aldeias jesuítas e transplantados para Palmares. Os índios não apenas defenderiam o forte, mas permitiriam aos palmarianos menos lugares para se esconder. Eles também impediriam a fuga de escravos fugitivos, embora mulheres e crianças fossem poupadas e vendidas. Negros e índios, dizia a carta, eram "inimigos ferrenhos" e os índios ficariam felizes em atacar não apenas para se livrar dos negros, mas para comê-los.[42] Tudo o que eles precisavam era de um pouco de bebida, algumas facas e algum encorajamento.

Carrilho nunca teve a oportunidade de ver se seus canibais bêbados fantasiados poderiam realizar o que as forças militares portuguesas e holandesas não conseguiram, nem lhe seria permitido estabelecer seu forte atrás das linhas inimigas. Dom Pedro II teve uma ideia melhor. Não era uma ideia especialmente nova, mas era do rei, então navegou para Recife com certa prioridade. Era a mesma estratégia que vinha falhando desde 1603, exceto que seria aplicado com mais vigor e consistência. Um

---

[41] Carneiro, *Quilombo dos Palmares*, Ibid., 52.
[42] Ibid., 132.

grande contingente de soldados, negros e índios – o rei pensou que 400 seriam suficientes – iriam atacar e assediar os palmarianos até o ponto em que eles quisessem morrer, desistir ou se mudar. O contingente montaria um acampamento em território palmariano. Chegaria na época da colheita para que os invasores pudessem comer o que os defensores haviam plantado. Eles seriam substituídos periodicamente para evitar a exaustão. Do acampamento, eles procurariam e destruiriam cada mocambo, queimariam cada casa e campo e perseguiriam cada refugiado até que Palmares se tornasse inabitável. E quando rebeldes individuais concordassem em desistir, eles seriam perdoados e removidos para Portugal ou um de seus territórios insulares.

A estratégia em si não era muito diferente das estratégias que falharam no passado, mas pela primeira vez, a Coroa organizaria o ataque como um tipo de negócio. Haveria um tesouro especial para fundos de guerra, e quaisquer receitas da guerra, de pilhagem ou prisioneiros, seriam adicionadas ao tesouro.[43]

Zumbi tinha seus próprios planos. Enquanto o rei e o governador se preocupavam com o lado financeiro da guerra, Palmares enviou agentes secretos para as cidades ao longo da costa. A missão deles era organizar uma rebelião dentro do território branco. Uma vez que uma rede fosse estabelecida, escravos e negros libertos deveriam se levantar e começar a massacrar os brancos. As forças de Zumbi então desceriam das colinas para tirar vantagem do caos, idealmente a ponto de acabar com a colônia e dominar todo o estado de Pernambuco. Mas uma mulher negra traiu a conspiração, e seus líderes foram rapidamente descobertos e executados.[44]

Embora a trama tivesse sido frustrada, a sociedade branca não podia

---

[43] Arquivo Histórico Ultramarino – Pernambuco–Caixa 9, 1687, sem data, 1.

[44] Ennes, Doc. 12 "Cópia de [uma] Carta de 25 de Junho de 1687-que escrevo de Pernãobuco sobre os Negros dos Palmares," in *Guerras nos Palmares*, 160.

O Novo Palmares

ignorar a possibilidade muito real de que senhor e escravo, branco e negro, pudessem, em um futuro previsível, inverter seus papéis. A conspiração tinha o potencial de ter sucesso. Os negros superavam os brancos em grandes proporções. Se os negros tivessem expulsado os brancos de até mesmo parte de Pernambuco, a rebelião poderia muito bem ter se espalhado para cima e para baixo na costa. Dado o domínio decrescente do açúcar brasileiro na Europa, as capitanias do nordeste pode não ter valido a pena reconquistar. Uma nação negra pode muito bem ter se estabelecido, alterando radicalmente a história latino-americana.

Durante esse tempo em que os agentes palmarianos conseguiram se aproximar e entrar nas principais cidades, acredita-se que o próprio Zumbi tenha se esgueirado para Porto Calvo três vezes. Nessas viagens, ele visitou o homem que o criou, o padre Antônio de Melo. As visitas eram um segredo mal guardado. O padre Melo sofreu represálias por seus contatos contínuos, escrevendo que "várias vezes as pessoas me chamaram de membro dos rebeldes negros". Anos depois, o padre de Melo aparentemente escreveu sobre os encontros em cartas a um amigo em Portugal, mas logo depois que o historiador Décio Freitas os viu, eles foram roubados e nunca mais vistos.[45] A menos que sejam encontrados, nunca saberemos a natureza das conversas entre o padre português e o rei de Palmares.

---

[45] Freitas, *Guerra dos Escravos,* 125, e *Folha de São Paulo*, 12 de novembro de 1995, Section 5, 5. Veja também capítulo 17 a respeito dessas visitas.

211

Bárbaros ao Serviço do Rei

Talvez o governador Souto Maior sentisse que estava recebendo conselhos demais de muitos lados – o rei, o Conselho Ultramarino, ex-governadores e Fernão Carrilho. Os planos pareciam muito familiares, táticas e estratégias que falharam repetidamente ao longo das décadas: mais incursões, mais acampamentos militares no interior, mais recompensas, mais isenções fiscais, mais grandes promessas dos comandantes. Talvez o governador tenha visto suas defesas tão fracas, e as forças de Zumbi tão fortes, que não pôde dispensar tropas para expedições.

Seja qual for o motivo, Souto Maior decidiu que era hora de trazer a arma mais poderosa disponível: um pequeno exército de bárbaros mestiços de São Paulo.[1]

"Bárbaros" é uma descrição adequada para desses mamelucos caçadores de escravos, chamados de paulistas por sua origem em São Paulo. Bandos deles, algumas centenas fortes, ou às vezes mil ou mais, vagavam pelo sertão, capturando índios, caçando escravos fugitivos, vasculhando em busca de ouro e prata.[2] Eles tinham a reputação de levantar ao amanhecer e marchar até o anoitecer. Nada os impedia. Capazes de viver da terra, em grande parte porque simplesmente roubavam o que pre-

---

[1] Ennes, *Guerras nos Palmares*, 169-170.
[2] Ribeiro, *O Povo Brasileiro*, 143.

cisavam das aldeias indígenas, eles carregavam pouco além de armas e um suprimento de correntes.³ Os escravos carregavam suas munições e suprimentos. Sua brutalidade era absoluta, seu senso de moralidade nulo. Eles manifestavam uma ganância levada a um extremo ideal. Embora se considerassem cristãos e súditos do rei de Portugal, operavam além do controle efetivo de qualquer um. Embora pudessem aceitar os últimos ritos de um padre, qualquer ameaça de excomunhão papal não os incomodava. Embora pudessem aceitar uma designação do rei, nem o rei, nem o governador-geral, nem o governador iriam dizer-lhes os meios que deveriam usar para atingir seus fins. Ao se manterem no interior, eles permaneceram fora do alcance dos governadores na costa. Eles viviam tão longe da sociedade portuguesa que pelo menos alguns deles não conseguiam falar português inteligível. Não pertencendo nem à sociedade portuguesa nem à indígena, muitos deles falavam apenas a língua geral, o tupi-guarani crioulo, a "língua comum" das tribos indígenas costeiras, infundida com uma mistura pesada de vocabulário português – uma língua confusa, exatamente o que se esperaria de bárbaros nas margens mais distantes da civilização.

Essas hordas de paulistas constituíram suas próprias sociedades seminômades, completas com mulheres, crianças, advogados, escribas, soldados e escravos. Seus chefes, que muitas vezes, mas não necessariamente sempre, tinham mais sangue português do que suas tropas, governavam com poder absoluto. Estando fora do alcance da lei na costa, cada chefe fazia sua própria lei, proferia julgamentos sobre a culpa ou a inocência, a vida ou a morte.⁴ As tropas paulistas incluíam um grande número de mamelucos que eles tinham gerado com mulheres indígenas, embora certamente não com as relações pai-filho dos povos modernos ou mais civi-

---

³ Abreu, *Chapters of Brazil's Colonial History*, 92-93.
⁴ Freehafer, "Domingos Jorge Velho," 171.

Quilombo dos Palmares e o Guerreiro Zumbi

lizados. As crianças cresceram com pouca restrição moral além da obediência e lealdade à tropa. Eles cresceram para serem tão cruéis, brutais e militarmente eficazes quanto seus pais, muitas vezes ascendendo para assumir as primeiras patentes de seus exércitos. Os paulistas eram quase sempre usados em ataques a tribos indígenas. Não há relatos documentados de rebelião ou agitação dentro das tropas dos paulistas, embora se houvesse tal revolta, ela certamente seria reprimida com determionação irrestrita.

Os paulistas estavam economicamente ligados a São Paulo, uma vila florescente localizada centralmente para qualquer um que quisesse caçar escravos no Paraguai e no sul do Brasil. Embora fundada por jesuítas e nomeada em homenagem a um santo, a cidade de São Paulo não era de forma alguma um lugar que operava sob os valores cristãos. Era um dos maiores centros de tráfico de escravos nas Américas. Ao contrário do nordeste do Brasil, que usava a miséria humana para produzir açúcar, São Paulo não produzia nada além da própria miséria humana, e os paulistas do sertão foram os principais fornecedores da cidade enquanto os índios eram usados como escravos. Mais tarde, eles foram usados para reprimir as revoltas indígenas.

A história se lembraria dessas milícias saqueadoras como os bandeirantes, assim chamados pelas bandeiras que carregavam. Os brasileiros modernos os viam como patriotas que exploravam corajosamente do interior do Brasil e o preparavam para a expansão da civilização. De fato, eles exploraram a maior parte do território do Brasil moderno. As andanças dos bandeirantes não tinham outra intenção senão a exploração—no sentido de usar ou aproveitar—primeiro de pessoas, depois de ouro, diamantes e outros minerais preciosos. Mas essa exploração necessariamente envolvia alguma sondagem e a disseminação da cultura portuguesa pela vastidão do Brasil. Por essa razão, os nomes de bandeirantes famosos

Bárbaros ao Serviço do Rei

foram passados para ruas, avenidas, praças públicas, escolas, estátuas, cidades, vilas, distritos e outros lugares públicos. Entre os mais famosos estavam Manuel Preto, Raposo Tavares, Fernão Dias, Manuel Borba Gato, Antônio Rodrigues Arzão, Antônio Pires de Campos e Bartolomeu Bueno da Silva.

Mas, à medida que uma interpretação mais liberal da história entrou em voga, os bandeirantes foram reconhecidos como mercenários assassinos e comerciantes de escravos. Mais fortemente armados do que o exército português no Brasil e mais experientes na guerra, nunca relutantes em escravizar ou massacrar toda a população de uma aldeia indígena, vendo as aldeias indígenas jesuítas como fontes de estoque, perfeitamente dispostos a enfiar uma espada em uma velha que não tinha valor de revenda, ostentando sua habilidade de cortar uma criança ao meio com um golpe de facão, alimentando seus cães com os restos dos massacrados, mantendo rebanhos de concubinas capturadas para fins de prazer e reprodução, eles devastaram o sertão sem qualquer consideração moral mais séria que a ganância.[5] Seu interesse próprio se aplicava aos colonos brancos quase tão severamente quanto aos índios e negros. Os bandeirantes podiam ser úteis para alguém que precisasse de um escravo ou do uso temporário de uma força mercenária, mas ninguém os queria na cidade ou mesmo acampados nas proximidades. Eles eram simplesmente incapazes de se encaixar em qualquer estrutura social que envolvesse lei, cooperação ou respeito. A reputação paulista chegou até Lisboa. Um documento do Conselho Ultramarino os chamou de bárbaros, "pior que os negros de Palmares."[6]

Os bandeirantes, em outras palavras, eram idealmente qualificados para a tarefa que mais de vinte e cinco forças expedicionárias pernambu-

---

[5] Bueno, *Brasil: Uma História*, 58-68.
[6] Freitas, *Palmares: A Guerra dos Escravos*, 153.

Quilombo dos Palmares e o Guerreiro Zumbi

canas não conseguiram finalizar. Eles podiam viver indefinidamente sob as duras condições do sertão. Eles podiam lutar melhor do que qualquer um no continente. Eles não temiam nada. Se um trabalho exigisse persistência, abilidade bruta, crueldade e derramamento de sangue, tudo motivado pela ganância, eles eram única e excepcionalmente qualificados.

Na segunda metade do século XVII, os paulistas eram as forças de segurança predominantes no interior. Dada a ineptidue e a fraqueza dos militares portugueses no Brasil, os paulistas poderiam ser considerados a força que impediu que a escravidão se desintegrasse em rebelião e fuga. A declaração do Padre Antônio Vieira de que sem Angola não haveria negros no Brasil poderia ser atualizada para dizer que sem os paulistas não haveria escravos.[7]

O governador Souto Maior há muito queria trazer os paulistas para a luta contra Palmares. Seu antecessor, o governador João de Sousa, havia pedido ao governador-geral que enviasse alguns, mas lhe disseram que os paulistas mais próximos estavam ocupados caçando escravos na Bahia. Em 1685, Sousa então enviou uma carta-convite a um paulista notório, Domingos Jorge Velho, um homem que há muito havia perdido quase todo o senso de civilidade. O governador Caetano de Melo e Castro chamou Velho de "um bárbaro que vive do que pode roubar".[8] O bispo de Pernambuco, Francisco de Lima, escreveria mais tarde: "... [Domingos Jorge Velho] he hum dos mayores salvages com q.ê tenho topado: quando se avistou comigo trouxe consigo Lingoa, porquê nem falar sabe, new se differença do mais bárbaro Tapuya, mais q.ê he Christão, e não obstante o haverse cazado de pouco, lhe assistem sete Indias Concubinas, e daqui se pode inferir, como procede no mais; tendo sido a sua vida desde q.ê uzo de

---

[7] Funari, "A Arqueologia de Palmares," em Reis, *Liberdade por um Fio*, 32.

[8] Freitas, *Palmares: A Guerra dos Escravos*, 153, citando fonte não-identificada.

rezão/ se he que a teve, porquê se assim, foi, de sorte a perdeu,q.ê entendo a não acharâ com facilid.e / athe o prezente andar metido p. Los matos á caça de Indios, e de Indias, estas p'a o grangeos dos seus interesses."⁹

Estranhamente, o brutal e bestial Domingos Jorge Velho, que se dotou do título de marechal de campo, tinha uma crença quase supersticiosa no poder dos padres. Embora desconsiderasse praticamente todos os princípios do cristianismo, ele não se aventuraria no interior sem o apoio clerical. Antônio Ruiz de Montoya escreveu que

> "[eles são] lobos vestidos em pele de cordeiro, tremendos hipócritas que ostentam os longos rosários que usam em volta do pescoço. Enquanto os outros [de sua espécie] andam por aí roubando e saqueando igrejas, capturando índios, matando e retalhando crianças, essas [pessoas] vão até os padres [jesuítas espanhóis] e pedem confissão... e enquanto falam sobre tudo isso, correm [seus dedos] rapidamente ao longo das contas do Rosário."[10]

Jorge Velho (ou melhor, seu escriba) escreveu

> "Meu capelão tinha ido a algum lugar quando eu estava prestes a começar minha campanha. Eu o mandei buscar. Ele se recusou a vir. Por necessidade, eu busquei o inimigo [padre]. Sem ele, eu tive três homens brancos morrendo em mim sem confissão, e isso me machucou mais do que qualquer coisa na minha vida. Peço a ele, pelo amor de Deus, que me

---

[9] Ennes, Doc. 57, "Consulta da Juncta da Missões de 29 de outubro de 1697 sobre as cartas do Bispo e Gov. de Pernambuco em q. representão a falta de igrejas e Parocas nos Presidios dos Palmares, e Certão de Rodellas delictos q. se commettem neste certão; e dissolução com q. vie o m[estre] de campo do presidio das alagoas," 353.

[10] Abreu, *Chapters of Brazil's Colonial History* 93, citando Antônio Ruiz de Montoya, *Conquista Espiritual*, Madrid, 1639, 46.

Quilombo dos Palmares e o Guerreiro Zumbi

envie um clérigo se você não tem um frade. Você não pode simplesmente ir para o sertão sem um capelão junto."[11] Jorge Velho eventualmente encontrou um padre com as qualificações certas. O bispo de Pernambuco descreveu o padre como completamente ignorante em assuntos teológicos,"... um clérigo... de vida desmanchada, – e esta devia ser a total razão da escolha que dêle fêz."[12]

A arma mais poderosa de Jorge Velhos eram seus índios – Tabajara, Oruase e Capinharuen, que ele havia capturado e de alguma forma transformado em guerreiros tão leais quanto corajosos e cruéis, "os índios mais valentes e guerreiros conhecidos por habitar o sertão".[13]

O marechal de campo Jorge Velho recebeu a carta de 1685 do governador João de Sousa de 1685 em sua vasta fazenda de gado no interior do atual estado do Piauí, mil quilômetros a noroeste do Recife, perto da atual cidade de Oeiras, em terras tomadas de "gentio brabo e comedor de carne humana".[14] Ele estava lá há dezesseis anos, levando uma vida razoavelmente boa de paz e sossego, incomodado pela distância da costa, mas contente com a vida rústica à qual ele e seus companheiros paulistas estavam tão acostumados. A fazenda, trabalhada por índios que eram mais ou menos escravos e capatazes que eram mais ou menos brancos, também servia como acampamento para seu exército, cujos números variavam de 800 a 1.000 índios e 84 a 150 brancos que os dirigiam e os mantinham na linha. Muito distante do governo do Brasil, a situação de Jorge Velho parecia muito com uma semi-aposentadoria. Mas a ganância é um hábito difícil

---

[11] Ibid., 92.

[12] Carneiro, *Quilombo dos* Palmares, 149.

[13] Sobrinho, *O Devassamento do Piauí*, and Freehafer, "Domingos Jorge Velho: Conquerer of Brazilian Backlands," *The Americas*, 161-184, citando *O Famoso Documento de Pereira da Costa*.

[14] Carneiro, *Quilombo dos Palmares*, 135.

Bárbaros ao Serviço do Rei

de quebrar, e ele era rude, implacável e brutal o suficiente para desfrutar da matança e escravização de seus semelhantes. Uma oportunidade de ganhar uma pilha substancial de dinheiro e suprimir pessoas que não eram da persuasão cristã branca aparentemente o atraiu.

A princípio, Jorge Velho não respondeu à carta de 1685 do governador Souto Maior. Ele soube que o governador havia morrido do peste do mal-de-bicho, então ele considerou o convite irrelevante. Mas um ano ou mais depois, após receber notícias em contrário, ele enviou três emissários – o padre carmelita calçado (ou seja, calçado) Frei André da Anunciação, o sargento-mor Cristovão de Mendonça e o capitão Belchior Dias Barbosa – a Olinda para se encontrarem com o governador. João de Sousa não ocupava mais o cargo, mas Souto Maior ficou feliz em continuar de onde João de Sousa havia parado. Fei André ficaria feliz por ser um carmelita calçado e não descalço, porque a jornada do Piauí a Olinda seria longa para ser feita descalço. Eles chegaram em 3 de março de 1687.

Como uma dúzia de governadores antes dele, Souto Maior queria Palmares eliminado. Mas ele deixou claro que não estava se referindo aos ataques limitados feitos por governadores anteriores. Ele queria que os paulistas "conquistassem, destruíssem e extinguissem totalmente os negros rebeldes de Palmares". Ele queria Zumbi, o Senhor da Guerra, morto, o mocambo desaparecido, a fortaleza de Macaco arrasada, toda a população massacrada ou despachadas em correntes para exportação imediata. Os governadores desejavam isso desde o início do século, mas Souto Maior foi o primeiro que estava disposto a oferecer o que fosse preciso para que o trabalho fosse feito.

Domingos Jorge Velho estava disposto a aceitar tudo o que o governador tinha a oferecer e mais um pouco. Seria um inconveniente caro levar sua milícia por mais de dois mil quilômetros sinuosos pelo terreno mais inóspito do Brasil. O governador concordou com uma longa lista de estip-

Quilombo dos Palmares e o Guerreiro Zumbi

ulações e compensações. Ele forneceria dois quintais (cerca de 110 quilos) de pólvora e chumbo, não mais que isso. Ele forneceria uma quantidade não especificada de armamento e apetrechos e abasteceria a força com feijão e farinha de milho, entregando as quantidades em Alagoas a cada dois meses por meio ano e posterior remessa para onde quer que a milícia estivesse. Os índios de Jorge Velho levariam os suprimentos para o interior. Nem o governador nem os paulistas teriam o poder de perdoar qualquer negro encontrado no território de Palmares. O quinto imposto que geralmente ia para a coroa iria para Jorge Velho para distribuição entre seus oficiais como ele achasse adequado. Qualquer imposto ou prêmio que normalmente fosse para o governador iria para Jorge Velho. Os paulistas também receberiam do governador dez mil réis para cada prisioneiro. Os donos de escravos fugitivos teriam que pagar aos paulistas oito mil réis, quer o indivíduo fosse devolvido à força ou simplesmente se entregasse por medo. Todos os negros capturados teriam que ser vendidos em Recife, de onde seriam enviados para o Rio de Janeiro ou Buenos Aires. Somente crianças entre sete e doze anos poderiam permanecer em Pernambuco.

A compensação envolveria mais do que dinheiro. Os paulistas receberiam vastas sesmarias ao longo do rio Camarão, no território de Palmares. Os homens que recebessem os tratos seriam livres para povoar e cultivar a terra como súditos do rei. Uma estipulação: se algum escravo fugisse para a área, eles teriam que ser capturados e devolvidos ao Recife. Se algum quilombo surgisse, eles teriam que ser eliminados.

O governador deu ao marechal de campo uma quantidade enorme de poder, certamente mais do que qualquer caçador de escravos mercenário implacável deveria ter. Ele podia prender qualquer um "de qualquer qualidade" (ou seja, qualquer nível social) suspeito de proteger ou mesmo negociar com alguém de Palmares. Ele não recebeu permissão expressa para executar aqueles que prendeu, mas foi perdoado antecipadamente por quaisquer crimes que seus homens pudessem cometer. Ele foi proibido, no entanto, de oferecer asilo a qualquer pessoa (além dele mesmo) que tivesse cometido um crime.

Souto Maior enviou o acordo de volta a Jorge Velho nas mãos de seus emissários. Ele também enviou uma carta a Dom Pedro II, informando-o da oferta, mas apenas nos termos mais vagos. Ele se referiu a algumas "promessas" e a uma quantidade não especificada de munições.[15] Parece que ele não queria que o rei soubesse quanto custaria essa expedição. O rei pode ter suspeitado, no entanto, porque sua resposta disse a Souto Maior para se preocupar mais com as finanças de sua capitania instável. Ele não havia se esquecido do plano que ele próprio havia elaborado – enviar várias centenas de pernambucanos a Palmares para assediar os palmarianos até que eles finalmente morressem, se rendessem ou fossem embora.

Enquanto isso, Velho, pensando que tinha um acordo, começou a mover 150 de seus homens brancos e 800 guerreiros Tabajara, Oruaz e Capinharaén (e suas mulheres e filhos) por três mil quilômetros através do que ele chamou de "o mais aspero caminho, agreste, e faminto sertão do mundo...".[16] Embora fossem homens bastante acostumados a tais condições, essa jornada foi demais para muitos deles. Quase metade deles morreu ou desertou antes de chegar a Palmares.[17] Cento e trinta e dois

---

[15] Ennes, Doc. 16, "Carta do Governador João da Cunha Sotto-Maior de 11 de Março de 1687, em que dá notícia de ter mandado convidar os *paulistas* para fazerem a guerra aos negros dos Palmares," in *Guerras nos Palmares*, 169.

[16] Ennes, Doc. 28, "Carta autografa de Domingos Jorge Velho escrita do Outeiro do Barriga, Campanha dos Palmares de 15 de Julho de 1694 em que narra os trabalhos e sacrifícios que passou e acompanha a exposição de Bento Sorrel Camiglio procurador dos *paulistas*," em *Guerras nos Palmares*, 204.

[17] Documentos Históricos, vol. 10.

Quilombo dos Palmares e o Guerreiro Zumbi

pereceram de sede e miséria, sessenta e três de doença. Duzentos desertaram. Foi a maior perda de pessoas que o marechal de campo já sofreu.[18]

Esses números de homens e quilômetros podem ter sido um exagero gerado pela raiva que o marechal de campo sentiu quando chegou a Pernambuco. Assim que chegou, recebeu um mensageiro do próprio governador-geral, Matias da Cunha, ordenando que ele levasse seus homens de volta ao norte, para o Rio Grande do Norte. Os índios janduí estavam fora de controle. Eles vinham atacando assentamentos e matando dezenas de milhares de cabeças de gado nos últimos anos, conseguindo afastar forças consideráveis enviadas de Pernambuco e da Paraíba. Agora, depois de se aliarem a várias outras tribos, eles estavam reunindo quatorze mil guerreiros nas capitanias do nordeste de Pernambuco, Itamaracá, Paraíba e Rio Grande do Norte. As forças combinadas constituíam um exército maior do que qualquer coisa que os brancos pudessem reunir. O Rio Grande do Norte sozinho era defendido por cerca de cinco mil guerreiros.[19] Essa capitania ficava a leste da fazenda de Jorge Velhos e não muito longe dela. Voltar para o norte de Pernambuco e depois retornar exigiria dois mil quilômetros extras nos pés de homens já exaustos.

Mas a ordem do governador-geral é o desejo do rei, então Velho e seus homens sobreviventes voltaram para o norte. Também com destino ao vasto campo de batalha estavam os negros do Regimento Henriques e os índios do Regimento Camarão. A ofensiva subsequente não faria prisioneiros. Todo índio que encontrassem seria massacrado no local.

Os índios insurgentes não eram páreo para os paulistas e os Regimentos Camarão e Henriques. O marechal de campo Jorge Velho logo estaria disponível para uma campanha em outro lugar, e aconteceu que o povo do Rio Grande do Norte estava farto de Velho e seus homens. Eles estavam

---

[18] Taunay, "Subsídios para a História do trafico africano," 145.
[19] Alves Filho, *Memorial dos Palmares*, 128.

roubando os colonos que ele tinha sido enviado para salvar, e estava ficando caro continuar alimentando os guerreiros mamelucos alimentados. O governador-geral concordou que os homens de Jorge Velho em breve poderiam ser poupados da guerra dos janduí para retornar a Pernambuco. A luta no Rio Grande do Norte não havia acabado, mas logo terminaria. Uma trégua assinada por ambos os lados em 1692 reconheceu o território dos janduí como uma terra soberana. Seu chefe Canindé deveria ser respeitado como um líder nacional. Os janduí reinariam sobre os rios e praias e poderiam plantar em qualquer lugar dentro da capitania do Rio Grande do Norte. O tesouro real compraria todos os prisioneiros janduí de seus captores e os libertaria. Os jesuítas estabeleceriam aldeias onde os janduí seriam batizados e viveriam como cristãos. Tudo seria maravilhoso. Tudo o que eles tinham que fazer era se desarmar e permanecer em paz. O que eles fizeram, e então as forças portuguesas invadiram o território janduí e em questão de semanas massacraram todos os homens, mulheres e crianças que puderam encontrar. Jorge Velho tentou forçar seus antigos prisioneiros a se juntarem às tropas de seus mamelucos, mas eles se recusaram, preferindo ficar com as terras que lhes foram concedidas no acordo de paz. O marechal de campo se ofereceu para negociar. Quando os líderes apareceram para a negociação, os paulistas os emboscaram, "colocando todos eles", nas palavras de Jorge Velho, "no cutelo qual nenhum escapou".[20]

Enquanto isso, de volta a Pernambuco, Palmares continuou seus ataques. Moradores de Porto Calvo reclamaram que tinham que ficar alertas, armas em punho, o dia todo e a noite toda. Suas casas não eram lares, eles diziam; eram torres de vigia. O conselho da cidade pediu uma isenção do dote da rainha Catarina – ainda não pago – por causa do custo de travar a guerra nas últimas três décadas. Ninguém tinha dinheiro para pagar o

---

[20] Freitas, *Guerra dos Escravos*, 158, citando fonte não-especificado.

Quilombo dos Palmares e o Guerreiro Zumbi

imposto do dote ou as contribuições obrigatórias para os esforços de guerra. Os fazendeiros estavam vendendo as joias das suas esposas para pagar seus impostos de guerra. Muitos estavam apenas saindo de suas propriedades, indo para o sul em busca de lugares mais seguros.

Em 1690, Antônio Luís Gonçalves da Câmara Coutinho, mais conhecido como Marquês de Montebelo, tornou-se governador de Pernambuco. Ele ouviu as reclamações de Porto Calvo e outras cidades e jurou acabar com Palmares. Ele mandou chamar Domingos Jorge Velho para retornar a Pernambuco e salvá-los.[21] Ele ofereceu todas as munições necessárias e "todo o mais possível."

Reconhecendo que mais de uma vintena de milícias locais não conseguiram resolver o problema de Palmares, Coutinho convidou Jorge Domingos Jorge Velho a retornar a Pernambuco e fazer com rebeldes negros de Pernambuco o que ele havia feito com os rebeldes indígenas do Rio Grande do Norte. Jorge Velho concordou em retornar, mas não antes de receber uma certa quantidade de munições. Montebelo obedeceu. Depois de outro atraso enquanto os paulistas esperavam que os rios inundados recuassem, eles finalmente começaram a longa marcha para Pernambuco. Jorge Velho mais tarde reclamou que ao longo do caminho ninguém contribuía com comida para seus homens, embora ele reconhecesse que a região estava sofrendo de fome.[22] Sua simpatia pelas pessoas que ele es-

---

[21] Ennes, Doc. 19, "Informação do Governador de Pernambuco de 20 de Julho de 1690, 'que se lhe pediu sobre a carta dos oficiais da Câmara do Porto Calvo em que pedem sejam aliviados da contribuição que paga aquela capitania para o dote de Inglaterra," em *Guerras nos Palmares*, 178.

[22] Ennes, Doc. 54, Requerim.to que aos pés de VMag.de humildem.te prostrado fás em seu nome, e em aquelle de todos os officiaes e Soldados do terço de Infantra São *paulista* de que hê M.e de campo Domingos George velho (sic), que actualmen.te serve a VMag.de na guerra dos Palmares, contra os negros rebelados nas capitanis de Pern-co'," em *Guerras nos Palmares*, 320.

Bárbaros ao Serviço do Rei

tava protegendo dos janduí não foi suficiente para impedi-lo de confiscar seis mil cabeças de gado, a maioria das quais ele vendeu enquanto passava pela capitania da Paraíba. Ele chegou a Pernambuco com sessenta brancos a menos e quatrocentos índios a menos do que ele havia partido três anos antes.

Os paulistas montaram acampamento em Santo Antão, uma vila nos arredores do Recife. Os moradores do Recife achavam que Santo Antão era um pouco perto demais, então Jorge Velho foi persuadido a mover seus homens para Tapirabaté, um posto avançado mais próximo de Palmares do que de Recife. Ele não gostou do novo local porque se viu ameaçado não apenas pelos negros, mas também pelos colonos locais que, segundo ele, estavam de conluio com os rebeldes, negociando com eles e fornecendo-lhes o que precisavam para se sustentar e conduzir a guerra. Ele chamou os residentes de colonos, fazendeiros arrendatários que pagavam tributos aos seus senhores negros em Palmares.

"...as hião povoár, sua ambição os fazia ser colonos dos negros, e inimigos actuaes dos povos; porquanto para que os taes negros os consentissem povoár em as taes terras lhes pagavão tributo, de farrementas; de polvora, chumbo, de armas, e de tudo o mais q. eles pedião: e quando as largarão hera porq. Os taes Colonos faltavão com estas couzas, ou a lealdade, q. com elles professavão, e não por la mera rebelião dos negros: e essas contribuiõens hão sio a cauza mais occasional, do incremento da potencia, e do dezaforo dos dados negros; e pello conseguinte das hostilidades, roubos, mortes, destruçoesns e gasto q. hão sucedido nesta cazo..." [23]

Um dos colonos, Jorge Velho observou, era um homem que havia sido nomeado procurador-geral do Brasil. Ele tinha um rancho e um curral em

---

[23] Ibid., 335.

Quilombo dos Palmares e o Guerreiro Zumbi

uma área controlada pelos negros. Como ele poderia fazer isso sem pagar tributo a Palmares

Graças à sua reputação, esse acampamento de ladrões assassinos tinha certa vantagem nas negociações com Montebelo, que os queria longe dos arredores da vida civilizada o mais rápido possível. Ele concordou com quase todas as exigências: uma pequena fortuna em armas, pólvora, alimentos básicos e outros materiais. O próprio Domingos Jorge Velho concordou em aceitar um pagamento em dinheiro de cem mil réis – um sexto do custo de toda a expedição. Ele precisava do dinheiro, disse ele, para não entrar em guerra com o fardo extra de dívidas anteriores nas costas.[24] Ele também queria que os guerreiros do regimento Camarão se juntassem às suas tropas. E queria que lhe fossem entregues em Tapirabaté todos os alimentos e munições prometidos, além de duzentos machados. Ele queria duzentos alqueires de farinha, trinta e um alqueires de feijão, parafernália sacramental, peças para armas e remédios. E enquanto alguém estivesse fazendo a viagem, eles também deveriam entregar o pagamento atrasado ainda devido aos seus homens da guerra no Rio Grande do Norte.

Ele e seus homens também exigiram, novamente, que mantivessem todas as terras conquistadas e todas as pessoas capturadas. Tendo ouvido rumores de que Fernão Carrilho estava cavando em algum lugar em Palmares e possivelmente até negociando com Zumbi, Jorge Velho fez o governador confirmar a estipulação de que os paulistas deveriam receber todas as terras que tomaram dos rebeldes. Foi confirmado, mas não foi realmente esclarecido. Os paulistas entenderam que poderiam ter todas as terras que conquistassem. O representante do rei entenderia mais tarde que essas concessões de terras eram como todas as concessões de terras dadas a qualquer pessoa em qualquer lugar: que a terra só poderia ser possuída se fosse cultivada.

---

[24] Ibid., 320.

Bárbaros ao Serviço do Rei

Embora tenha recebido tudo o que queriam, ele e seus homens permaneceram em Tapirabaté por quase um ano, reclamando que não poderiam ir a lugar nenhum até depois das enchentes, que já estavam ficando sem munições e que precisavam de reforços de soldados brancos.

Houve até mesmo algumas dúvidas sobre a conveniência de invadir Palmares mais uma vez. O rei instruiu seu representante em Pernambuco, Roque Monteiro Paim, a explorar a possibilidade de algum tipo de trégua. Paim escreveu ao jesuíta Padre Antônio Vieira, agora residindo em Salvador (depois de uma vida de ativismo altamente baseado em princípios que o levou à Holanda, França, norte do Brasil, Roma, Açores e Portugal) para perguntar se havia alguma esperança de missionários negociarem com os rebeldes.

Vieira, por acaso, havia recebido recentemente a aprovação do papa para levar as bênçãos de Cristo a Palmares.[25] Mas ele não estava especialmente entusiasmado em fazê-lo, talvez porque estivesse na casa dos setenta e estivesse trabalhando duro em uma coleção de seus sermões. Ele achava que a única esperança de eliminar o problema estava em oferecer liberdade e anistia a todos que haviam fugido para lá ou nascido lá. Mas mesmo uma oferta tão generosa provavelmente não funcionaria, ele escreveu em uma carta a Paim, porque os palmarianos eram muito desconfiados de qualquer um que representasse o lado branco do mundo. Talvez os padres africanos pudessem inspirar confiança suficiente, mas qualquer outra pessa seria vista como espião "aconselhando secretamente [os governadores] sobre como eles poderiam ser conquistados". Qualquer um suspeito disso "seria morto por veneno, como eles fazem secretamente uns aos outros". E além disso, ele escreveu, mesmo que eles parassem os ataques, eles nunca concordariam em não aceitar outros que fugissem para

---

[25] Abreu, *Chapters of Brazil's Colonial History*, citando Códice 50-V-37, 28 de janeiro de 1689, fl 74, Biblioteca da Ajuda, Lisbon.

227

Palmares. Por último e não menos importante, "como eles são rebeldes e escravos, eles estão em pecado atual e estarão em pecado contínuo do qual não podem ser absolvidos, nem podem receber a graça de Deus sem retornar ao serviço e obediência aos seus donos, o que de forma alguma eles farão".[26]

Os donos de escravos não iriam deixar que a liberdade fosse a recompensa daqueles que fugissem. A recompensa adequada era a morte ou a recaptura. Um número considerável de pessoas acreditava que os paulistas eram a última esperança para Pernambuco. Os ataques do interior continuaram, e os escravos eram agora, nas palavras de Jorge Velho, "andava tão desaforada e ousada que seus senhores nem ousavam lhe falar coo taes". Se o fizessem, os escravos partiam para Palmares. Alguns até adiavam a fuga até que chamassem tropas de Palmares para vir buscá-los e saquear o engenho do senhor antes de partirem.[27]

Aqueles que temiam Palmares mais do que os paulistas convenceram o governador Marquês de Montebelo a enviar reforços para Tapirabaté. Mas a essa altura os paulistas finalmente sentiram vontade de se mudar, mesmo sem reforços. Em agosto de 1692, eles partiram para a caminhada de doze dias até um local não muito distante de Macaco, e lá montaram acampamento. Em pouco tempo, sessenta voluntários de Alagoas e Porto Calvo se juntaram a eles com alguns índios e mamelucos. Mais cento e vinte chegaram um pouco mais tarde sob o comando de Cristovão de Mendonça.

Era um pequeno exército formidável, mas não especialmente alerta. A maior parte estava colhendo bananas quando, de repente, um bando de palmarianos saiu da floresta. O feroz combate corpo a corpo fez os voluntários, índios e mamelucos fugirem em pânico. Os paulistas lutaram, mas

---

[26] Azevedo, *Cartas do Padre António Vieira*, Tomo Primeiro, 617-622.

[27] Taunay, *História Geral das Bandeiras*, citando Domingos Jorge Velho, 147.

mal conseguiram manter uma posição defensiva dentro do acampamento. Um contingente que estava fora do acampamento chegou tarde demais para ajudar. As forças do Zumbi mataram e feriram tantos quanto puderam, então desapareceram na mata.[28] Alguns continuaram a perseguir os homens de Mendonça por todo o caminho de volta para Porto Calvo. Aqueles que permaneceram fecharam um círculo ao redor do acampamento, isolando os poucos paulistas que resistiram.

Domingos Jorge Velho não estava nada feliz. Embora seus próprios homens tivessem se mostrado incapazes de repelir um ataque de um povo inferior, ele atribuiu o desastre à covardia dos recrutas de Alagoas e Porto Calvo e à " pouca experiencia que os supported tinhão das traças, astucias, e estrategemas desse inimigo, e nenhum conhecimento das despozições destes paìzes, muy fragozox, e mal penetraveis..."[29]

Com seu acampamento sob repetidos ataques, Jorge Velho pediu mais reforços. O governador enviou o tenente Manuel Navarro, um paulista que tinha acabado de chegar da guerra dos janduís no norte. Quando Navarro e cem homens chegaram, Jorge Velho estava reduzido a cinco homens. Zumbi lançou um ataque assim que Navarro chegou e recuou com "grandes perdas".

Navarro deixou cerca de oitenta homens no acampamento e levou vinte em perseguição aos índios que desertaram ou recuaram quando a luta começou. Ao longo do caminho, talvez depois de lutar contra os espinhos, galhos e cipós do sertão, ele decidiu abrir uma trilha entre o acampamento e o vilarejo de Orobá, a cerca de 240 quilômetros de distância. Se os paulistas fossem derrotar Palmares, precisariam de um suprimento de alimentos e munições a longo prazo. Para isso, eles precisariam da estrada que os governadores vinham discutindo há mais de vinte anos.

---

[28] Freitas, *Guerra dos Escravos*, 160.
[29] Ennes, Doc. 54, in *Guerras nos Palmares*, 320.

Quilombo dos Palmares e o Guerreiro Zumbi

Navarro continuou procurando um capitão que Jorge Velho havia enviado a Penedo para buscar reforços, munições e suprimentos. Ele encontrou o capitão, mas os setenta homens de sua milícia estavam com medo de marchar para Palmares. Quando Navarro insistiu e o capitão marchou, trinta homens desertaram. Navarro liderou os outros quarenta para o interior, lutando contra emboscadas por todo o caminho. Assim que chegou, Jorge Velho o despachou para Recife para obter ainda mais reforços. O governador convocou todos os índios de todas as aldeias jesuítas e ordenou que os conselhos de Porto Calvo, Alagoas e Serinhaém fornecessem comida. Navarro retornou com um pequeno exército que incluía um bom número de índios.

No último dia de outubro de 1692 – véspera do Dia dos Mortos – Jorge Velho ordenou uma marcha até Macaco. Seus homens estavam a cinco quilômetros de distância quando caíram em uma emboscada poderosa, tão bem planejada e escondida que não ouviram nada até estarem no meio dela. Alguns de seus homens ficaram feridos, mas outros perseguiram os palmarianos e capturaram dois mosquetes.[30]

Os que puderam avançaram até chegarem a uma cidade fortificada – não Macaco, mas ainda bem defendida e cercada por paliçadas paralelas.[31] Jorge Velho dividiu sua força em três: uma deveria atacar o portão principal, as outras duas para atingir os flancos. Todas as três atacaram, mas nenhum conseguiu chegar à primeira paliçada. Dois brancos morreram e outros oito sofreram ferimentos. Uma segunda tentativa foi ainda mais desastrosa. Os paulistas logo ficaram sem pólvora e balas. Em sua descrição da batalha, Jorge Velho destacou que das oito arrobas de pólvora que o governador lhe dera, duas foram para o regimento indígena de Felipe Ca-

---

[30] "Dezenove Documentos," Doc. 16, carta do Field Marshal Velho ao Marquez, 27 de novembro de 1692, 284.

[31] Ennes, Doc. 54, em *Guerras nos Palmares*, 320 e 322.

Bárbaros ao Serviço do Rei

marão em Porto Calvo, e outras duas ele deixou com os defensores na costa, e outras duas ele distribuiu ao longo do caminho. Embora outro suprimento tivesse chegado do rio São Francisco, ele foi usado antes mesmo de chegarem ao primeiro mocambo.[32]

Sem nada mais para alimentar suas armas de fogo, os paulistas recuaram. Os palmarianos, não satisfeitos com o fim do cerco, saíram do forte e perseguiram os paulistas por todo o caminho de volta ao acampamento deles.[33] Agora Zumbi tinha a força invasora situada, encurralda e com pouca munição. Os brancos se amontoaram uma defesa desesperada até que Manuel Navarro chegou com reforços da costa e conseguiu romper a linha palmariana.

Em dezembro de 1692, dois meses depois de os paulistas terem acampado no local próximo a Palmares, chuvas torrenciais chegaram para encharcá-los. Entre chuva, insetos, medo e falta de comida, a vida no pequeno acampamento selvagem era miserável demais até para homens acostumados à miséria. Jorge Velho e seus poucos homens sobreviventes retornaram a Recife, deixando Navarro e seus homens para trás para defender o local. Pouco depois de Jorge Velho partiu, uma carta do governador chegou. Ele não conseguia entender o "atreuimento destes Barbaros e q' seja tanta a sua ouzadia que se pnhão fortificados a se querem defender conm tanta rezolução,,,".[34] Ele insistiu para que seu marechal de campo tentasse novamente. Mas Jorge Velho havia partido para Recife, então Navarro teria que fazer o ataque. Nos próximos seis meses, no entanto, ele conseguiu enfrentar as forças de Zumbi apenas uma vez. Ele

---

[32] Freitas, *Palmares: A Guerra dos Escravos*, 161.

[33] "Dezenove Documentos," Doc. 16, carta do Field Marshal Velho ao Marquez, 27, de novembro de 1692, 284.

[34] Ibid., Doc. 17, carta do Marquez ao marechal de campo Velho, 12 de dezembro de 1692, 286.

Quilombo dos Palmares e o Guerreiro Zumbi

nunca conseguiu estender seu controle além dos limites do acampamento e capturou apenas vinte e sete pessoas – poucos resultados a apresentar por meio ano de sofrimento e esforço.

O fracasso da missão de Jorge Velho decepcionou Pernambuco. Todos se lembravam das contribuições de farinha de mandioca e munições para a expedição a lugar nenhum, e ninguém tinha vontade de patrocinar mais uma. A economia do açúcar tinha azedado. O Caribe estava competindo pelo mercado europeu, com a Holanda, França, Espanha e Inglaterra agora capazes de se abastecer a partir das Pequenas Antilhas. O suprimento abundante na Europa combinado com controles governamentais contraproducentes deixou o preço do açúcar mais baixo em Lisboa do que no Brasil.[35] Com menos dinheiro gerado em Pernambuco, menos bens podiam ser importados de Portugal. A escassez de cobre, ferro e produtos manufaturados necessários para o negócio do açúcar desencadeou inflação em quase todos os setores. Doações para um bando corrupto de perdedores não estavam no orçamento de ninguém.

Para piorar a situação, uma seca continuou a afligir o nordeste do Brasil pelo terceiro ano. A cana não cresceu. O gado morreu. As pessoas do interior desistiram de suas fazendas e migraram para o Recife. Embora Pernambuco tivesse uma estação de cultivo durante todo o ano, o governo não conseguiu substituir a cana comercial por alimentos de subsistência. As pessoas passaram fome, se revoltaram e fizeram procissões religiosas, implorando a Deus e aos santos para salvá-las, mas mais uma vez as divindades não responderam. Não querendo culpar Deus nem o governo, eles apontaram Palmares como a causa de seus problemas, embora Palmares pudesse levar o crédito apenas por ataques dispersos de ataque e fuga, sequestros de mulheres brancas, e pela libertação de escravos, a liberação de

---

[35] Freitas, *Guerra dos Escravos*, 166.

ferramentas, armas e suprimentos de fazendas e engenhos devastados. A seca, a inflação e o preço deprimido do açúcar não foram obra de Zumbi

A ameaça de Palmares, no entanto, não adoçou a reputação dos paulistas. O povo de Porto Calvo ficou feliz em ver esse exército de brutos dedicar-se ao seu inimigo negro, mas isso não significava que eles gostassem de ter os paulistas tão perto da cidade.[36] Não demorou muito para que Jorge Velho fosse solicitado a colocar um pouco mais de distância entre seus homens e a cidade, um pouco menos entre eles e Palmares. Sem protestos excessivos, mas com alguns ressentimentos, a milícia não apreciada se mudou para uma praia na margem do riacho Parajati (ou Paragati). Lá, eles esperaram dez meses, do final de 1692 até 1693, sem realizar nada por falta de suprimentos. Jorge Velho tinha certeza de que a falta de apoio se devia ao fato de que influências poderosas não queriam vê-lo conquistar Palmares. Mesmo tão longe das cidades, os paulistas eram indesejados. Sem o sustento das pessoas que eles deveriam ajudar, os paulistas sobreviveram em Parajati da maneira que o povo de Porto Calvo temia que sobreviveriam – servindo-se de qualquer alimento que pudessem encontrar, impondo gratidão aos fazendeiros locais confiscando seu gado e suas plantações. Uma aldeia indígena próxima, estabelecida pelos beneditinos, era uma fonte fácil de alimento e, Velho esperava, um bom lugar para recrutar guerreiros. Mas quando ele exigiu que os índios se juntassem ao seu exército, os padres beneditinos resistiram. Os paulistas atacaram a aldeia e massacraram mais de duzentas pessoas.

Não houve recriminações da capital.[37] Os mortos eram apenas índios, e Jorge Velho era melhor como amigo do que como inimigo. As pessoas reclamaram com o novo governador, Caetano de Melo e Castro, reclamando que esses intrusos de São Paulo e do Piauí estavam abusando grave-

---

[36] Taunay, *História Geral das Bandeiras*, 147.
[37] Freitas, *Guerra dos Escravos*, 162.

mente da hospitalidade e deveriam ser expulsos da capitania por seus roubos e brutalidades. Domingos Jorge Velho acusou essas pessoas de agirem em seu próprio interesse. Ele tinha certeza de que havia agentes de Palmares entre eles. Alguns, ele disse, estavam realmente tentando proteger Palmares para o bem de seus próprios bolsos. Outros, ele disse, não tinham razão para odiar os paulistas além de vingança e ódio. E de fato havia considerável hostilidade em relação à milícia que tinha visto para salvá-los. O conselho de Alagoas efetivamente aprovou uma portaria multando qualquer um que fosse pego pescando para fornecer alimentos aos paulistas.[38]

Jorge Velho tinha motivos para suspeitar que as reclamações tinham motivos políticos. Como comandantes e patrocinadores das incursões, as pessoas de Porto Calvo e arredores tinham recebido a promessa de uma parte de Palmares. Agora Jorge Velho estava recebendo a promessa de tudo. Em certo sentido, ele ameaçava suas terras prometidas mais do que Palmares.[39]

Enquanto isso, as tropas dos paulistas em Parajati diminuíram devido a mortes e deserções. Eles estavam reduzidos a seiscentos índios e quarenta e cinco brancos.[40]

O governador Caetano de Melo e Castro não tinha ouvidos para aqueles que achavam possível negociar com Palmares. Dom João II havia ordenado que ele fizesse da eliminação dos rebeldes sua principal prioridade, e ele apoiou a ordem com dinheiro, munições e permissão para usar quaisquer fundos que Pernambuco pudesse considerar descartáveis, exceto o

---

[38] Affonso de E. Taunay, *História Geral das Bandeiras Paulistas, vol. 8* (São Paulo: Imprensa Oficial do Estado, 1946), 147.

[39] Taunay, *História Geral das Bandeiras,* 147.

[40] Carneiro, *Quilombo dos Palmares,* 153.

quinto regular em quase tudo.[41] O rei também ordenou que o governador-geral, Antônio Luís Coutinho da Câmara, prestasse toda a assistência possível. O governador Melo e Castro também tinha permissão por escrito para gastar o que fosse necessário para acabar com o problema de Palmares. Ele usou os fundos do tesouro para comprar comida para um exército, e os recrutas assinaram para ter a oportunidade para poder comer.[42]

Com o clero nos púlpitos convocando uma cruzada contra os infiéis negros, o governador começou a reunir um enorme exército em Porto Calvo. Em dezembro de 1693, ele tinha a maior força militar já vista no Brasil. Ele convocou oficiais de expedições anteriores, entre eles Fernão Carrilho. Recife enviou três mil homens, suas tropas incluíam brancos, índios, negros e mamelucos. Praticamente todos os criminosos presos em Recife foram recrutados e colocados sob o comando de Bartolomeu Simões da Fonseca. Alagoas e Porto Calvo reuniram outros dois mil homens. Os conselhos de Penedo e Alagoas chegaram com outros mil e quinhentos. Outras capitanias enviaram oitocentos. O tenente Camarão chegou com seu regimento de cinquenta índios. Dois irmãos que tinham terras no território de Palmares ou próximo chegaram armados com entusiasmo.

Bernardo Vieira de Melo e três de seus irmãos apareceram com trezentos homens e um rebanho de gado e ovelhas. Bernardo já era renomado não apenas como proprietário de terras e líder militar, mas como representante da "nobreza rural". Ele era vereador de Olinda, capitão-mor de cavalaria em Igaraçu e havia servido no Rio Grande do Norte. Era considerado uma pessoa de caráter excepcional, leal ao seu rei e gover-

---

[41] BNRdJ, Catálogo das Reais Ordens, Provedora de Pernambuco, Códice 11, 3, 1, artigo 6, 599-600.
[42] Freitas, *Guerra dos Escravos*, 168.

nador, civilizado com os desamparados, agindo com desinteresse profissional. Ele iria para Palmares com a patente de capitão-mor e pagaria pessoalmente por sua milícia, desde salários até alimentos, munições e escravos.[43]

Outros voluntários eram ricos proprietários de terras que estavam ansiosos não apenas pela vitória, mas também pela vingança.[44] Domingos Jorge Velho, que agora tinha setecentos paulistas so seu comando, foi nomeado comandante supremo de toda a força.[45] Antes que o exército seguisse para o interior, comida foi enviada para vários acampamentos e trilhas foram abertas. Desta vez, eles iriam fazer tudo direito.

---

[43] Carneiro, *Quilombo dos* Palmares, 161.
[44] Taunay, *História Geral das Bandeiras* 148.
[45] Alves Filho, *Memórias dos Palmares*, 145-146.

O Cerco de Palmares

Em 6 de janeiro de 1694, os primeiros de quase nove mil homens partiriam de Porto Calvo.[1] Ao contrário das excursões anteriores, esta sabia onde estava indo. Uma tropa de índios liderou o caminho para abrir a trilha para o exército, encontrar quaisquer armadilhas, e desarmar quaisquer emboscadas que estivessem esperando. Atrás do exército, uma fileira de escravos carregadores transportava suprimentos, munição e as mochilas dos oficiais. Pouco antes de partir, o exército alistou outros oito escravos para carregar um canhão, nove balas de canhão e duas cargas de metralha. Alguns achavam que o canhão e a munição eram um exagero, um peso extra que não valia o esforço, que seria fácil romper a muralha do inimigo, invadir e assumir o controle.[2] Quando chegaram a Santo Amaro, decidiram que não precisavam do canhão, então o deixaram com suas munições na aldeia.

Apesar do peso das armas, suprimentos e bagagem, eles levaram apenas uma semana para fazer uma jornada que alguns haviam feito em incursões por um mês ou mais. Eles passaram pela fortificação, agora aban-

---

[1] Freitas, *Palmares: A Guerra dos Escravos*, 170.
[2] Oliveira, *A Rellação Verdadeyra da Guerra*, 251. Todos os detalhes desta batalha são deste documento, exceto quando indicado de outra forma.

donada, que os homens de Velho atacaram sem sucesso na última vez que se aventuraram em Palmares.

Um dia depois, eles chegaram a uma cena mais surpreendente: uma vasta fortaleza que se estendia sobre a Serra da Barriga, por atrás de três paliçadas concêntricas de madeira, adobe e rocha. Dentro do anel de paliçadas, no topo da longa e íngreme montanha, estava a cidadela de Macaco. Qualquer um que se aproximasse da primeiro muralha cairia sob tiros e uma chuva de flechas. Romper a primeira paliçada significaria ficar preso entre aquela e a próxima, que estaria mais no alto que a primeira e, portanto, mais difícil de atacar. Do lado de fora da paliçada, havia fossos com pontas de paus ou pontas de ferro afiadas o suficiente para penetrar não apenas uma bota, mas o pé dentro dela. Os fossos, escondidos por toda a área, eram de vários tamanhos, alguns feitos para perfurar um pé, outros para ferir a coxa, alguns para lançar um homem para a frente e enfiar uma estaca em sua garganta.[3] A densidade mais mortal era, naturalmente, em torno das aproximações ao forte. Assim como um homem queria estar se esquivando de flechas e e proteger das balas, ele também precisava pretar atenção onde pisava.

As muralhas da fortaleza tinham torres de vigia, redutos e baluartes. A cada dez pés havia uma abertura para disparar duas armas. A única coisa que um forte português teria e que o forte palmariano não tinha, Jorge Velho observou, era um canhão. Sem que ele soubesse naquele momento, o forte de Palmares tinha algo que um forte português não teria: mulheres e crianças.

Embora Palmares não tivesse canhões, possuia um estoque formidável de armas de fogo, pólvora e balas. Em uma carta ao governador, Jorge Velho escreveu que "recebera notícias de que os negros de Palmares tinham levado para o rio São Francisco alguma prata que haviam roubado e

---

[3] Taunay, *História Geral das Bandeiras paulistas*, 148.

O Cerco de Palmares

dado a um colono, e que o colono então enviou pólvora e chumbo a Palmares de Sergipe."[4]

A fortaleza estava preparada para um cerco prolongado e, se necessário, uma última resistência. Grande parte da população da nação de Palmares estava lá dentro, e eles não tinham como escapar. Eles teriam que sobreviver ao exército sitiante. Reconhecendo a muralha, os invasores não conseguiram encontrar um ponto fraco ou uma entrada fácil. O projeto da fortaleza e outras táticas e tecnologia militares teriam sido inspirados por um "mouro" que havia escapado de suas correntes na costa e se juntado a Zumbi, ensinando-lhe algo sobre guerra e defesa.[5] Este mouro, pode-se supor, pode ter sido um berbere ou árabe de pele escura do norte da África, muito provavelmente um muçulmano, muito possivelmente não da raça "negra" da África subsaariana. Se assim for, seu povo veio de uma tradição militar de defesa estática e fortificada, a mesma que foi usada para dominar a Península Ibérica do século VIII ao século XV. Uma cidadela extremamente fortificada pode muito bem ter sido a recomendação do mouro. Se assim for, ele a havia fortificado bem.

O mouro pode não ter conhecido um fato crucial, ou não ter acreditado que fosse relevante. Os fortes mouros na Ibéria resistiram bem até que as forças da Reconquista — a retomada da Ibéria por forças cristãs — começaram a usar uma nova arma, uma invenção dos chineses que nunca havia sido usada na Europa antes – o canhão. Assim que foi introduzido na reconquista, a retomada começou.

Canhões nunca foram levados para Palmares. Já era difícil o suficiente apenas caminhar até lá com um mosquete, e canhões eram de pouca utili-

[4] "Dezenove Documentos," do Field Marshal Velho ao Marquez, 27 de novembro de 1692, 284.

[5] Ennes, Doc. 24, "Carta do Governador de Pernambuco Caetano de Melo e Castro, de 18 de Fevereiro de 1694, sôbre a gloriosa restauração dos Palmares," em *Guerras Nos Palmares*, 194.

dade em uma guerra de guerrilha ou na destruição de uma vila de cabanas de adobe. Talvez Zumbi e o mouro presumissem que os ineptos portugueses nunca seriam capazes de carregar artilharia tão longe no sertão. Eles provavelmente teriam ficado perturbados ao saber que um canhão tinha chegado até Santo Amaro, mas não teriam ficado surpresos que ele não tivesse ido mais longe.

Canhões, no entanto, não seriam uma grande vantagem. Naquela época, eram armas de calibre relativamente pequeno que não podiam atirar muito longe. Eles não tinham mecanismo de mira, então a precisão era limitada à qualidade do palpite do artilheiro. As armas tinham que ser carregadas pela frente, expondo a tripulação ao fogo inimigo, o que significava que o canhões tinham que estar a uma distância segura do inimigo, o que os tornava ainda menos propensos a atingir o que tinham como alvo tão vago. Ainda assim, um canhão era uma arma temível para pessoas que dependiam de mosquetes, fundas, lanças e flechas.

Sejam os canhões um fator ou não, um forte é um compromisso. Ele fica em um lugar e, portanto, seus defensores devem ficar em um lugar. Lá eles tomam sua posição. Zumbi havia abandonado a estratégia que havia funcionado por quase um século, a de resistir, recuar, desaparecer e então reconstruir. Ele havia abandonado alguns ou todos os mocambos menores e reunido todos em Macaco.[6] Eles estavam tão prontos quanto nunca. Eles tinham alimentos estocados e dois lagos de onde tirar água. Eles tinham um grande número de flechas e toda a pólvora e chumbo que conseguiram comprar ou roubar. Eles não iriam fugir ou abandonar a fortaleza e a cidade que haviam construído com grande esforço. Noventa anos de guerra intermitente – mais de vinte invasões – demonstraram que os portugueses poderiam chegar à área com uma milícia grande o suficiente para invadir uma pequena cidade, mas não sitiar uma fortaleza, e que a naa-

---

[6] Rodrigues, *Africanos no Brasil*, 148.

tureza e o tempo estavam sempre do lado dos defensores. Se eles conseguissem resistir por tempo suficiente, a natureza derrotaria o inimigo e o forte permaneceria intacto.

O exercito do marechal Velho montou acampamento a três quilômetros, fora do alcance de fundas, flechas e tiros. Também estava fora de vista, ou assim Jorge Velho gostava de acreditar. Ele não queria que Zumbi soubesse o tamanho do que estava por vir para pegá-lo. Uma patrulha de reconhecimento de sessenta homens sondou o perímetro o melhor que pôde, mas eles foram alvos de tiros, sofreram baixas e tiveram que recuar.[7] Outro grupo teve mais sorte, mas não viu nenhum ponto vulnerável, nenhuma brecha na muralha externa, nenhuma entrada fácil, nem mesmo uma maneira de chegar perto. Um ataque direto certamente não funcionaria, e eles poderiam muito bem precisar de mais homens.[8] Jorge Velho enviou homens de volta a Santo Amaro para pegar o canhão.

Naquela noite, um alvoroço de tambores e danças ecoou da montanha, e tochas iluminaram o perímetro como se fosse dia. Os portugueses e seus aliados indígenas tentavam dormir na terra enquanto os africanos e seus aliados indígenas faziam algum tipo de festa no conforto e segurança de suas casas. A folia assustadora continuou até a meia-noite.

Tarde da noite, um contingente de guerreiros palmarianos saiu furtivamente da fortaleza, na esperança de surpreender o inimigo. Outro grupo, sob o comando de um "grande e valente corsário" chamado Camuanga, rastejou para um lado dos paulistas para disparar alguns tiros e atrair a maior parte do inimigo para longe do ataque planejado pelo grupo

---

[7] Ennes, Doc. 70, "Consulta do Conselho Ultramarino de 11 de Dezembro de 1699.

[8] Ibid., Doc. 44, "Consulta do Conselho Ultramarino de 20 de Dezembro de 1697, sobe Nomeação de pessoas, para a Companhia de infantaria, q. vagou na Capitania de Pernambuco no [Terço] do Mestre Campo Manoel Lopes por falecimento de Luis Vâ^s da Costa," 271.

maior. O grupo maior chegou perto o suficiente para ouvir os sentinelas cuspirem, mas eles despertaram algumas ovelhas que tinham sido trazidas para a campanha como suprimento de alimentos. A comoção alertou as sentinelas, e os negros recuaram para a noite. Zumbi chamou de volta o esquadrão diversionário. Jorge Velho, suspeitando que os esquadrões tinham uma missão de reconhecimento, ficou satisfeito que os negros não conseguiram descobrir o tamanho do exército que estava prestes a cercá-los.

O exército se dividiu em destacamentos designados para vários lados da montanha. Bernardo Vieira de Melo assumiu a posição mais perigosa, em uma planície alta no lado oeste da montanha. Jorge Velho e seus paulistas se entrincheiraram no lado leste. Em seu flanco estava o capitão Antônio Pinto com um regimento de quarenta homens. No lado norte, abaixo de um penhasco rochoso, o capitão Domingos Marques se posicionou com o tenente Camarão e sessenta guerreiros indígenas. O sargento-mor Sebastião Dias Maneli e suas tropas de Alagoas mantiveram o terreno ao sul. Em seu flanco estavam o sargento-mor José Ferreira Ferraz e suas tropas de Penedo. Em seu flanco estavam as tropas sirinhaenses de Francisco Fernandes Anjo.

Em 15 de janeiro, eles já haviam cercado a montanha. Acamparam, dormindo no chão, vivendo "paressendo pello domissilio mais feras que racionais".[9] Era um exército numeroso, mas estava espalhado ao longo de um circunferência de 12 quilômetros.

Às três horas da manhã, os paulistas anunciaram seu cerco com uma rajada de tiros. Os negros responderam na mesma moeda imediatamente,

---

[9] Todas as descrições e citações referentes a esta batalha são da "Relação verdadeira da guerra que se fez aos negros levantados do Palmar, em 1694. Anónimo e sem data. Lisboa, Biblioteca Nacional, Reservados, Cód. 11358/37.

O Cerco de Palmares

não apenas com tiros, mas com uma chuva de lanças e "...ao que acurdirão tão promptamente tocando a mesma arma; tanto com as de fogo, como com Infinitas frechas, e pedras que lançavam com a mão, e em fundas, e pedassos de Pau com ponta que tinhão dous Palmos e meyo, e tres de comprido...". Tambores soavam dentro das muralhas. Uma corneta soou com toda a habilidade de qualquer membro do exército português. Mulheres e homens dentro do forte levantaram um clamor estrondoso. O barulho continuou a noite toda, e as tochas brilhavam com desafio.

De manhã – todas as manhãs – os galos cantavam. O canto indicava às forças portuguesas abaixo que os defensores acima deles tinham comida, uma vantagem definitiva em um longo cerco no sertão. Ao contrário da situação da maioria dos cercos, eram as pessoas de dentro que tinham comida em abundância, enquanto as pessoas de fora passavam fome.

No dia seguinte, os oficiais se encontraram com Jorge Velho, e todos relataram as dificuldades em se aproximar da muralha do inimigo. A defesa era engenhosa. Aproximar-se da muralha externa significava morte ou um ferimento quase fatal. Atravessar aquela muralha e passar por ele seria suicídio. Atravessar a segunda e a terceira muralhas era simplesmente impossível. O marechal de campo decidiu adiar ataques futuros até que o canhão chegasse de Santo Amaro.

Os oficiais passaram os próximos dois dias tentando pensar em uma solução. Bernardo Vieira de Melo teve a ideia de construir mais uma muralha relativamente perto do perímetro externo de Zumbi. A força de assalto poderia trabalhar por trás dele, protegida, mas dentro do alcance de tiros, a apenas uma rápida corrida da primeira linha de defesa de Palmares. Seria difícil iniciar a construção sob fogo, mas uma vez que eles tivessem uma seção pronta, eles teriam alguma proteção conforme adicionavam mais. Eles fariam a muralha de pau-a-pique, uma estrutura de treliça de gravetos e barro compactado. Não seria fácil, pois não tinham muitos

243

Quilombo dos Palmares e o Guerreiro Zumbi

machados, mas tinham facões e escravos, então não seria impossível. Uma muralha de alguns centímetros de espessura seria suficiente para parar balas e flechas. Jorge Velho disse que queria a muralha pronta antes que o canhão chegasse.

A construção foi rápida, mas não sem derramamento de sangue. Zumbi sabia reconhecer problemas quando os via. Durante o dia, ele mantinha os trabalhadores, a maioria dos quais provavelmente eram índios, sob uma saraivada de flechas e balas. À noite, os comandos saíam furtivamente do forte para derrubar o que pudessem enquanto lutavam contra os invasores. Mas era uma missão custosa para os palmarianos, resultando em muitas baixas. O progresso da muralha durante o dia excedia a destruição durante a noite. Quanto mais longa a muralha ficava, mais facilmente ela podia ser defendida por trás. Os negros desistiram e, em dois dias, Jorge Velho tinha uma muralha de mais de meio quilômetro de comprimento, fortificação suficiente para fazer frente ao forte ao lado. Jorge Velho, satisfeito, ordenou que os acampamentos de cada lado da montanha começassem a construir muralhas. O forte na montanha não seria facilmente invadido, mas pelo menos ficaria encurralado.

Mais construções eram mais facilmente ordenadas do que executadas. Não apenas o forte em si estava bem acima do contra-muralha, mas uma torre alta dentro do forte proporcionava aos defensores um ângulo ainda melhor para atacar seus agressores. Ninguém fora do forte podia se mover sem ser visto. Os combatentes palmarianos também tinham a vantagem de uma mura do forte que se estendia em ângulos. Se a contra-muralha se aproximasse demais, os defensores podiam atirar ao redor dela. Os fossos e estacas camuflados tornavam cada passo um risco. Com flechas, chumbo e pedras ssendo lançadas sobre eles, os invasores brancos e seus escravos negros e voluntários indígenas tapuias tiveram que trabalhar atrás da muralha que ainda estavam construindo. Muitos foram atingidos, e seus feri-

O Cerco de Palmares

mentos, facilmente infectados no calor tropical e na sujeira do campo de guerra, tendiam a piorar. Mais tapuias do que brancos estavam sendo atingidos, não apenas porque eram mais numerosos, mas porque lhes eram atrabuídas tarefas mais perigosas. Eles eram mais dispensáveis.

Em 18 de janeiro, reforços chegaram de Porto Calvo. Eles acamparam entre as tropas de Serinhaém e os homens de Jorge Velho. Eles foram colocados para trabalhar na contra-muralha, que estava se mostrando menos eficaz do que o esperado originalmente. De acordo com um relatório da batalha, a muralha "não servia nem para defesa nem para qualquer segurança."[10] Jorge Velho ordenou que uma segunda muralha fosse erguida o mais próximo possível da muralha inimigo, uma bateria avançada para o canhão. Dois dias depois, o canhão chegou junto com nove balas de canhão e duas cargas de metralha.

O marechal de campo planejou o ataque para 23 de janeiro. As contra-muralhas, fossem quais fosse o seu valor, estavam erguidas. O ataque viria de três lados. Quatrocentos e sessenta homens esperariam pelo primeiro tiro do canhão, então correriam pela brecha que ele abrira. Eles jogariam algumas granadas, então atacariam dentro do forte para começar o massacre. Forças em dois outros lados da montanha garantiriam que ninguém escapasse. Se ninguém saísse, as forças deveriam subir a Montanha da Barriga para dar apoio a Bernardo de Melo na planície elevada onde seus homens estavam entrincheirados, e de lá eles se moveriam para se juntar à batalha. Durante as duas noites antes do ataque, os índios se infiltrariam na terra de ninguém para retirar estacas e preparar o caminho para o ataque.

Eles designaram o Sargento Estácio dos Santos para o canhão e o posicionaram atrás da contra-muralha. O Sargento dos Santos havia servido com Fernão Carrilho em 1683 e parecia pensar que ele era bom

---

[10] Ibid, "Relação verdadeira".

de canhão. Jorge Velho teve uma missa especial celebrada ao amanhecer, e os homens tiveram a chance de se confessar. A parte religiosa da batalha terminou às sete da manhã. Eles tomaram café da manhã até as oito horas. Então os tambores rufaram, a corneta soou, o canhão disparou e todos gritaram "Avançar!"

A poderosa explosão do canhão aterrorizou tanto os defensores que de fora do forte eles foram ouvidos gritando "Olenga, olenga! Barriga está acabada!"

Mas as forças brancas falharam em atacar. Não havia brecha na muralha ao redor de Barriga. Não estava claro se o tiro tinha errado ou apenas ricocheteado na muralha. O sargento Estácio apressou-se para recarregar, mirar novamente e atirar novamente. Onde quer que o tiro tenha acertado, não teve nenhum efeito perceptival. Ele poderia muito bem ter atirado penas.

Os palmarianos, vendo que a arma definitiva era um fracasso, lançaram uma tempestade de tiros, flechas, pedras e lanças. As forças invasoras se agacharam atrás de sua muralha enquanto o sargento Estácio, trabalhando rápido, atirava repetidamente. Tentando lançar um tiro por cima da cerca e para dentro da cidade, ele ultrapassou a montanha inteira e atingiu a muralha que os homens de Bernardo Vieira haviam construído do outro lado. Estácio conseguiu disparar oito balas de canhão sem atingir nada, ferir ninguém ou causar qualquer dano visível ao forte. Até seu último tiro, ele gritou: "Avancem, camaradas! Estou guardando o canhão do rei, para o qual não tenho mais do que uma bala e duas metralha!" Não foi um grito de guerra que inspirou muita confiança. O avanço fracassou. Os homens de Vieira logo chegaram com a bala de canhão que havia atingido sua muralha. Agora Estácio tinha duas balas de canhão – uma delas levemente usada – para fazer o que oito tiros não conseguiram fazer. Os homens de Jorge Velho atacaram, mas esbarraram em tantos buracos e es-

O Cerco de Palmares

pinhos que não conseguiram chegar à metade do caminho até a muralha inimiga. Os homens de Vieira de Melo também atacaram, mas não fizeram melhor progresso.[11] Duas horas de luta deixaram um grande número de mortos na terra de ninguém entre as muralhas defensiva e ofensiva. Os agressores recuaram.[12] Durante a noite, o tamborilar febril pulsava de dentro do forte. Tochas brilhavam contra o céu negro.

Com o cerco em desordem, um soldado chamado Zacarias, um mensageiro do Capitão Antônio Pinto, correu para o acampamento de Bernardo Vieira com as mão na cabeça em um gesto de pânico e frustração Ele disse a Vieira que se não fizesse algo sobre o caos e o desespero, nada seria realizado. Falou que eu capitão o havia lhe enviado para pedir que os homens de Vieira rompessem a muralha inimiga porque ninguém mais era capaz. Vieira respondeu que se quatrocentos e sessenta homens não tinham sido capazes de fazê-lo, como seu capitão esperava que quarenta homens o fizessem?

Uma nota de Jorge Velho chegou ao acampamento de Vieira de Melo. Ela relatava que os oito tiros de canhão não tinham resultado em nada. A nota colocava a culpa em Estácio, que "não sabia nada sobre a arte de atirar com um canhão". Jorge Velho decidiu dar a posição de artilheiro a José Álvares, que tinha algum treinamento real em artilharia. Mas quando Álvares chegou, os homens estavam voltando da muralha com seus corpos rasgados por estacas. Outros homens rastejaram pela terra de ninguém para tentar retirar as estacas da área entre as muralhas. Eles encontraram alguns escudos que ofereciam alguma proteção, mas então dois Tapuias foram atingidos. Todos os outros largaram seus escudos e correram de

---

[11] Taunay, 149.

[12] Ennes, Doc. 26, "Atestado passado pelo marechal de campo *paulista* Domingos Jorge Velho, de 8 de Fevereiro de 1694 em que certifica que o Capitão Antonio Pereira asistiu com ele durante 22 dias em duas investidas que fizemos à cerca dos negros," in *Guerras nos Palmares*, 200.

Quilombo dos Palmares e o Guerreiro Zumbi

volta para uma distância segura. Só à noite os homens puderam entrar para recolher os corpos dos mortos.

O marechal Velho convocou seus oficiais. Ninguém sabia o que dizer. A arma mais poderosa à disposição do império português revelou-se impotente contra o pau-a-pique. Nenhum dos batalhões que cercavam o inimigo tinha feito o que havia sideo combinado. Um forte construído por um bando de mestiços e africanos desafiava o império português e a Igreja Católica. Para piorar a situação, os suprimentos e o moral estavam acabando. Quanto tempo até que eles estivessem que mastigar raízes de árvores? Quanto tempo até que os homens começassem a desertar?

Domingos Jorge Velho teve outra ideia. Ele despachou homens para Alagoas para obter algum tipo de tábuas de metal que pudessem ser usadas para proteção. Os homens também deveriam pedir suprimentos à câmara municipal.

Os homens não caminharam muito antes de encontrarem ninguém menos que o próprio governador Caetano de Melo e Castro – uma surpresa de cair o queixo porque nenhum governador jamais se aventurara tão longe no interior. Os homens escoltaram o governador até o acampamento, onde Domingos Jorge Velho lhe mostrou a seriedade do desafio. O governador concordou que era sério e voltou para a costa, prometendo enviar mais artilharia.

Jorge Velho então elaborou um plano para construir uma torre para o canhão, acreditando que se conseguissem colocá-lo a uma altura o suficiente, eles seriam capazes de causar algum dano. A torre foi erguida prontamente, mas ao mesmo tempo, os palmarianos começaram a construir duas torres em frente à que já tinham. José Álvares conseguiu disparar os dois últimos tiros do canhão e atingiu as torres que rinha como alvo. Mas os danos foram meinimos e rapidamente reparados. E esgotou a munição.

O Cerco de Palmares

À meia-noite de 26 de janeiro, Zumbi enviou homens através de uma muralha em direção ao acampamento de Bernardo Vieira de Melo. Ele não poderia ter escolhido um adversário mais difícil. Seu grupo era o único que até então havia demonstrado alguma coragem ou disciplina. Seus sentinelas estavam alertas, e uma delas ouviu o esquadrão chegando e disparou um tiro. Os palmarianos recuaram para sua muralha, "fazendo com a boca maior estrondo, do que ofensa aos nossos com armas."

Dois dias depois, um pequeno grupo de homens de Sebastião Dias apeoximou-se furtivamente da muralha inimiga e conseguiu regressar enquanto arrancava estacas e descobria armadilhas. Os defensores não perceberam.

Vieira de Melo desceuparcialmente da planície que ocupava, e Dias subiu parcialmente para encontrá-lo. Eles decidiram que a melhor a coisa a fazer era enviar um plano ao marechal de campo. Os homens de Dias se esgueirariam até a muralha inimiga. Uma vez lá, eles dispararriam um tiro. Naquele momento, todas as forças ao redor da montanha começariam a atirar e tentariam subir até a muralha. Se conseguissem se esconder atrás dea, estariam a salvo. O plano também expressava preocupação com a possibilidade de os escravos estarem de alguma forma relatando planos e movimentos aos seus irmãos dentro do forte. Os escravos deveriam ser movidos para longe o suficiente para que não pudessem se comunicar com o forte, e as mensagens do marechal de campo seriam enviadas apenas à noite.

Uma ou duas horas antes do amanhecer de 29 de janeiro, Dias e vários de seus homens chegaram à muralha sem serem notados. Eles então começaram a atirar pelas aberturas pelas quais os defensores deveriam atirar. Dias enviou um mensageiro para dizer a Jorge Velho que ele estava na muralha e precisava de toda a assistência possível para que pudessem atravessá-la e levar a batalha para dentro. A poucos passos da muralha, o

249

Quilombo dos Palmares e o Guerreiro Zumbi

mensageiro foi atingido por uma bala e caiu. Ele morreu alguns dias depois.

Esta parte do plano não estava funcionando muito bem. O pelotão avançado estava preso na muralha, incapaz de romper, incapaz de recuar sem ser abatido.[13] Enquanto se encolhiam sob a paliçada, as pessoas lá dentro jogavam água fervente e brasas flamejantes sobre eles. Eles enfiavam espadas em buracos na muralha, esfaqueando qualquer um que se aproximasse. Do alto da muralha, eles bançavam uma espécie de gancho que prendia alguns dos homens de Dias – "pescando" foi a palavra usada em um relatório – e os içaram para uma morte tão dolorosa quanto feia.

Os soldados de Jorge Velho estavam sofrendo um problema semelhante. Pouco antes do amanhecer, eles também chegaram à muralha inimiga, mas ficaram presos lá. Dois portugueses ficaram feridos, outro tapuia foi morto. Flechas rasgaram as roupas dois ou três homens do capitão Anjo.

Enquanto isso, os soldados de Bernardo Vieira de Melo atacaram de sua posição na planície da montanha. Os combatentes dentro do forte, alertados para o ataque iminente pelo tiro de sinal de Sebastião Dias, estavam prontos. As forças portuguesas lutaram para chegar quase até a muralha – perto o suficiente para impedir que o inimigo atirasse de seus buracos de disparo – mas começaram a cair em estacas. O irmão mais novo de Vieira caiu em um poço e em uma estaca que atravessou sua perna. Sob fogo intenso, os homens na retaguarda se recusaram a avançar. Vieira veio até eles com uma espada, exortando-os a avançar, mas eles recusaram. Nem mesmo seus companheiros no campo de batalha conseguiram convencê-los a vir ajudar. Eles fugiram de volta para seu acampamento, e os homens que tinham avançado tiveram que recuar sob fogo inimigo.

Vieira foi verificar como estava o destacamento de Dias. Encontrou-

---

[13] Ennes, Doc. 26, in *Guerras nos Palmares*, 201. Veja também Doc. 94, 479.

os ainda presos na muralha. O capitão António Pinto, enviado por Jorge Velho, acabara de chegar com um punhado de homens, mas não eram suficientes para montar um ataque de resgate. O próprio Pinto tinha um pé ferido. Vieira sugeriu deixar Dias na muralha até o anoitecer, quando poderiam escapar. Ele ressaltou que era apenas meio-dia e muitos homens já estavam feridos ou mortos. Como era impossível para Dias recuar, Vieira sugeriu que todos atacassem ao mesmo tempo, rompessem a muralha e enfrentassem o inimigo. Assim que eles rompessem a muralha, mais homens poderiam entrar para ajudar na luta. Escravos poderiam ser trazidos para alargar a muralha com machados. Ele mandou chamar mais homens, incluindo seus dois irmãos, que ordenou que fossem trazidos da retaguarda.

Os irmãos logo chegaram, acompanhados por Pedro Camelo e um pelotão de infantaria. Com grande orgulho e entusiasmo, Camelo disse que ele "acometia o inimigo adiante deles, que se o vissem cair em algum fojo ou estrepe que ficavam livres de lhe suceder naquele lugar e fizessem dele ponte e fossem avançando adiante, para que se não pudesse alquea ocasião de tanto brio e crédito."

Os soldados o apoiaram unanimemente e prometeram apoiá-lo. Mas apenas quatro o fizeram: os dois irmãos de Vieira e os dois soldados mais jovens da tropa, apenas garotos sem interesse próprio para ficar para trás. O resto recusou, e as ameaças de seus capitães não fizeram nada para persuadi-los. Eles se deitaram na terra atrás de uma muralha, protegidos o suficiente para não serem mortos, revelando-se mais preocupados com a defesa de suas vidas do que com os apelos de honra de Pedro Camelo.

Então Camelo foi atingido, e então um dos irmãos de Vieira dos Santos levou uma flechada. Vendo que os outros soldados não estavam vindo atrás deles, os cinco recuaram.

O capitão-major dos Santos ficou furioso ao saber que seu irmão havia

251

sido ferido no ataque enquanto todos os outros se escondiam no abrigo da contra-muralha. Antônio Pinto, tentando ignorar a dor do pé ferido, disse a dos Santos para que seus irmãos levassem seus homens o mais perto possível da mura inimiga e estabelecessem uma posição protegida da qual pudessem atirar. Eles conseguiram fazer isso e distraíram o inimigo por tempo suficiente para que dos Santos resgatasse o esquadrão de Dias. Dias deixou para trás três mortos. Outros cinquenta e sete outros recuaram com ferimentos que sofriam há horas. Dois dos feridos logo morreriam por falta de médicos e medicamentos. Somente a graça de Deus, dizia o relatório da batalha, impediu que mais deles morressem.

Vendo o capitão-major dos Santos recuar e o capitão Pinto incapaz de avançar com seu pé ferido, todos os outros recuaram do alcance das flechas e dos tiros. Do outro lado da montanha, Domingos Jorge Velho tentou outro ataque, mas as únicas pessoas que ele conseguiu convencer a atacar foram dois garotos cheios de bravata. Um foi morto a tiros antes de chegar à muralha, e o outro levou um tiro e caiu.

Esta foi a segunda derrota devastadora em uma semana. Domingos Jorge Velho não parecia mais um comandante bárbaro tão invencível e infatigável. Ele falhou em seu primeiro ataque, então lançou um segundo sem mudar de tática ou esperar por reforços. A única vez que chegaram perto da primeira muralha do inimigo, foi um desastre. Agora eles estavam sem balas de canhão, com pouca munição, pouca comida, impacientes e cuidando de dezenas de homens que foram feridos por flechas, perfurados por balas, empalados em estacas, fisgados como peixes, escaldados com água, queimados como infiéis. A fortaleza de escravos, criminosos e índios permaneceu ilesa. Até onde qualquer um fora do forte sabia, ninguém dentro do forte havia sofrido sequer um arranhão.

A comida estava acabando e a fome estava corroendo o moral. O exército invencível começou a brigar consigo mesmo, soldados falando

O Cerco de Palmares

contra oficiais, homens choramingando e ameaçando ir para casa.[14] Não fosse pela intervenção de Vieira de Melo, Jorge Velho poderia muito bem ter se encontrado vítima de um motim ou expulso do acampamento. Ele ainda era marechal de campo, ainda na fila para tomar posse de uma vasta área de Palmares se conseguisse conquistar a montanha que estava diante dele. Mas agora era óbvio para todos que Bernardo Vieira de Melo era o melhor líder. Ele acalmou as tropas, restaurou a ordem, elevou o moral o suficiente para que todos pudessem redirecionar sua raiva para o inimigo.

Poucos dias depois, em 3 de fevereiro, duzentos reforços chegaram, carregando com eles seis canhões e alguma munição. Isso deve ter aumentado a confiança, mas também trouxe à tona um velho problema: como fazer os canhões chegarem perto o suficiente para causar algum dano ao inimigo.

Após alguma reflexão, alguém concebeu uma nova tática: outra paliçada. Esta seria construída em um ângulo oblíquo da contra-muralha até um canto da fortaleza no topo do penhasco no lado norte da montanha. Aquele ponto, aparentemente inacessível, era mal defendido, e podemos supor que talvez houvesse apenas uma muralha defensiva nesse local. Se as forças invasoras construíssem a paliçada em um ângulo preciso, os artilheiros do forte nunca seriam capazes de atirar em ninguém atrás dela. Se a muralha oblíqua alcançasse o topo do penhasco, um canhão poderia disparar à queima-roupa na muralha inimiga. A maneira mais segura de fazer isso seria construir a muralha sem ser notado. Se Zumbi percebesse o que estava por vir, ele veria o inevitável e não pouparia esforços impedi-los ou reforçar as defesas naquele lado do forte.

---

[14] Ennes, Doc. 94, "Domingos Jorge Velho, Mestre de Cam[do Terço da Infantaria dos homens de São Paullo [sic] administrador dos Indios do Cabello Corredio e General da Guerra dos Palmares por S. Magistade q. Deos guarde. etc." em *Guerras nos Palmares*, 479.

Quilombo dos Palmares e o Guerreiro Zumbi

Eles planejaram construí-lo à noite e se prepararam bem. Logo após o pôr do sol em 4 de fevereiro, eles juntaram seus troncos de árvores, galhos e tábuas e organizaram um plano de trabalho eficiente. O trabalho teria que ser rápido e silencioso. No dia 4 de fevereiro, logo após o anoitecer, eles começaram. O progresso foi constante durante toda a noite. Ao amanhecer, faltavam cerca de quatro metros para percorrer – menos do que o ideal, mas certamente perto o suficiente para que um canhão atingisse um alvo, perto o suficiente até mesmo para o Sargento Estácio.

Na manhã de 5 de fevereiro, o próprio Zumbi viu o que tinha acontecido durante a noite. Ele imediatamente reconheceu a gravidade da situação. Os homens atrás da paliçada estavam perto o suficiente para ouvir as únicas palavras que foram atribuídas a Zumbi. Ele gritou para o sentinela: *"Vtu deixaste fazer esta cerca aos brancos? Amahã seremos entrados e mortos e nossas mulheres e filhos cativos!"*[15]

A situação não poderia ser mais perigosa. O império português e o fim de um século de guerra estavam a quatro passos da muralha mais interna de Macaco. Zumbi tinha apenas um dia para pensar em algo. A única alternativa em que conseguia pensar era a estratégia que vinha funcionando há quase cem anos. Em vez de lutar até o fim, eles iriam escapar e desaparecer.

No dia 5 de fevereiro, um homem negro escapou do forte e procurou o líder das forças brancas. Não sabemos por que ele decidiu abandonar e trair seu povo, mas é provável que ele tenha visto a situação como desesperadora, que ao servir ao inimigo ele poderia se salvar. Quaisquer que

---

[15] Ennes, Doc. 54, "Requerimento que aos pés de Vossa Magestade humildemente prostado fás em seu nome, e em aquelle de todos os officiaes e Soldados do terço de Infantra São *paulista* de que hê marechal de campo Domingos George velho *[sic]*, que atualmante serve a Vossa Magestade na Guerra dos Palmares, contra os negros rebeldes nas capitanzias de Pernambuco," em *Guerras nos Palmares*, 323.

O Cerco de Palmares

fossem suas intenções, ele relatou a Jorge Velho que as pessoas dentro do forte estavam quase sem pólvora, estavam ficando sem flechas e haviam decidido fugir. Ele não sabia o plano exato – quando eles fariam a fuga ou por onde sairiam da sua muralha e tentariam romper a contra-muralha para escapar. O traidor pensou que seu povo poderia agir naquela noite, depois da meia-noite, então Jorge Velho colocou seu exército em alerta.

A contra-muralha não estava completa. Não muito longe da brecha no final da muralha oblíqua havia uma brecha de cerca de dezessete metros na contra-muralha. Para as pessoas que esperavam escapar do forte, a brecha não poderia estar em pior lugar. Entre o penhasco e o acampamento de Bernardo Vieira de Melo. Era um tiro no escuro, mas se todos conseguissem se esgueirar pela brecha sem fazer barulho na escuridão total, pelo menos algumas pessoas poderiam se dispersar pela floresta ao redor e fugir. O cerco à fortaleza se transformaria em uma batalha de guerrilha, cm os palmarianos usando seu conhecimento da terra e da floresta para escapar.

Pouco depois da meia-noite, o êxodo silencioso começou. Aqueles que estavam saindo do forte não conseguiam ver nada melhor do que os sentinelas pelos quais estavam passando furtivamente. caminhavam em fila, cada um segurando o cinto da pessoa a sua freente. Pelo menos várias centenas, pelo menos, talvez mais de mil, passaram pela brecha antes que dois sentinelas ouvissem um barulho. O próprio Zumbi estava liderando a vanguarda, um filho em seus ombros, suas esposas agarradas a ele e umas às outras. Os sentinelas dispararam dois tiros, alertando o exército em todos os lados da montanha.

Quando os tiros explodiram na escuridão próxima, a migração ordenada se explodiu em pandemônio. As pessoas fugiram em todas as direções, algumas ainda segurando umas nas outras, outras se afastando dos tiros, algumas tentando voltar para o forte, outras correndo para frente,

255

outras se afastando dos tiros, outras apenas correndo ou rastejando na escuridão, simplesmente tentando fugir. Zumbi largou seu filho, se separou de suas esposas, lutou bravamente, corpo a corpo, espada a espada, até que uma bala de chumbo o atingiu, e depois outra, derrubando-o, mas sem mataá-lo. Os tiros continuaram. Mais invasores correram para o ponto de conflito. Centenas de pessoas ficaram presas entre as muralhas e o penhasco. Cegas pelo pânico, medo e confusão, duzentas pessoas correram em direção ao penhasco. Algumas morreram quando atingiram as rochas abaixo, outras quando se chocaram contra as árvores. Aqueles que não morreram na queda foram rapidamente mortos pelas espadas dos soldados acampados abaixo. Alguns morreram nas árvores ou ficaram presos nelas, feridos, até serem baleados de baixo.

Os homens de Vieira de Melo atacaram o forte e massacraram as pessoas o mais rápido que puderam. Muitas pessoas fugiram na escuridão pois dos Santos tinha apenas um punhado de homens, mas ao amanhecer mais soldados chegaram para ajudar. Eles seguiram os rastros de sangue pela floresta e mataram sem piedade, sem levar em conta o valor dos prisioneiros, exceto por algumas mulheres e crianças que eram fáceis de capturar.

Os índios tapuia foram enviados para a mata para rastrear as pessoas que haviam escapado. Muitos tapuia, no entanto, estavam mais interessados em saquear do que em derramar sangue de negros e índios. Eles também estavam atrás de comida. Eles encontraram grandes estoques de milho e bandos de galinhas e pintinhos. Eles também pegaram os "inumeráveis" galos que haviam cantado desafiadoramente em cada uma das vinte e duas manhãs do cerco.

Por volta do meio-dia, os soldados ouviram um som surreal vindo de uma caverna no penhasco, uma cacofonia enlouquecida de tiros e música de flautas. Era uma tropa de palmarianos exibindo uma confiança tão

O Cerco de Palmares

descarada que Vieira de Melo só pôde supor que se tratava de uma força poderosa liderada pelos chefes da fortaleza. Por causa do penhasco e da vegetação ao redor, era difícil chegar perto da caverna. Dos Santos posicionou alguns homens nas proximidades para impedir a fuga e, em seguida, foi pessoalmente se encontrar com Domingo Jorge Velho para pedir mais homens. Velho contribuiu com alguns, mas ainda não eram suficientes para cercar adequadamente a caverna. Eles atiraram para dentro da caverna, e as pessoas dentro dela atiraram de volta. Os defensores mataram um tenente do regimento Camarão, mas perderam oito dos seus. En seguida, mataram um tapuia. Vinte homens do contingente de Alagoas vieram ajudar, trazendo suprimentos muito necessários. Mas ainda era impossível expulsar os palmarianos da caverna. Na esperança de capturá-los pacificamente, enviaram um tradutor para persuadi-los a se renderem. Ele teve algum sucesso. Cinco concordaram em se render. Os homens acima jogaram uma corda para que eles para que pudessem escalar. Mas quando um deles emergiu, ele engatilhou seu rifle e tentou matar um último homem. Seu gesto desesperado de bravura falhou, e ele pagou com sua própria vida.

Dentro de Macaco, os invasores encontraram "232 casas de moradia, todas feitas com admirável perfeição e ordem, divididas umas das outra, que inda que se lhe desse fogo no poderia as chamas penetrar na outra, todas em roda pela dita cerca". Havia abrigos para sentinelas. Havia quarenta oficinas de ferreiro que forjavam placas de metal, pontas de flechas, armas e ferramentas. Tudo estava tão organizado que parecia mais uma base militar do que um acampamento de fugitivos.

Dentro da muralha, os invasores encontraram uma área coberta de mato com meio quilômetros de extensão e um lago com "água abundante". As pessoas ainda se escondiam no mato. Algumas foram feitos prisioneiras. Outras conseguiram escapar, passando de alguma forma entre os acampamentos das tropas de Serinhaém e Porto Calvo, na base da montanha, nenhuma das quais se preocupou em entrar na batalha. Nem as tropas de Penedo ou Alagoas.

Mas quando chegou a hora de dividir os espólios de guerra – neste caso, pessoas a serem vendidas como escravas – os preguiçosos de Serihaém, Porto Calvo, Penedo e Alagoas esperavam receber uma parte do saque. Um oficial declarou que se o marechal de campo não dividisse os prisioneiros imediatamente, eles iriam massacrar todos eles. Jorge Velho recusou.

Mais uma vez foi Bernardo Vieira de Melo quem teve a coragem de intervir no conflito. Como a maioria de seus homens estava caçando fugitivos, então dos Santos chamou o oficial, que era um amigo, de lado e explicou alguns fatos. O oficial mudou de tom, mas sua aquiescência apenas antagonizou as tropas de Porto Calvo. Vendo que eles não tinham poder para realizar um motim e que provavelmente não receberiam sua parte dos prisioneiros tão cedo, eles marcharam irritados, de volta para Porto Calvo, sem sequer se despedir.

Para evitar mais problemas, decidiu-se levar os prisioneiros para Recife imediatamente. As tropas não discutiram sobre a decisão. Estavam famintas, cansadas e prontas para voltar para casa.

Em 10 de fevereiro, eles os cativos foram divididos entre as tropas de Sebastião Dias e Bernardo Vieira de Melo para facilitar a caminhada de volta à costa. Três dias depois, o céu se abriu com uma explosão de trovão e grandes jorros de água. Tornou-se impossível ir a qualquer lugar, mas igualmente impossível ficar parado porque o exército havia ficado sem comida. Mas pelo menos eles tinham um suprimento de água. Não chovia desde o início da campanha no começo de janeiro.

As tropas de Penedo seguiram direto para casa. Quando chegaram lá, sua cor era mais de cadáveres do que de pessoas vivas. Eles não conseguiam nem carregar suas próprias armas.

No dia 13 de fevereiro, eles se arrastaram por Santo Amaro, famintos demais para continuar. Mas logo chegaram dois barcos do governador Caetano de Melo. Eles carregavam comida, pólvora, munição e tropas frescas. Todos comeram bem e enviaram os suprimentos ao capitão Manoel Pinto e Domingos Jorge Velho, que ainda estavam em Macaco.

Devido aos ventos contrários, as tropas tiveram que caminhar de volta para Recife, uma viagem longa e exaustiva com as dificuldades de sempre. No dia 3 de março, eles chegaram. O governador, o auditor do rei e o capitão-general foram ao encontro deles a cavalo. O bispo foi em uma rede carregada por escravos. Uma cavalgada de pessoas de Recife e de outros lugares acompanhou os soldados até a cidade. Todos correram para as ruas. Salvas de tiros ecoaram pelo ar. O governador abraçou os soldados e os parabenizou pela vitória. Mais de 350 prisioneiros foram entregues à casa de contagem para tributação. Teria sido mais, mas os fracos e idosos foram deixados em Macaco, e muitos dos cativos que quebraram ossos após cair do penhasco não sobreviveram à marcha até a costa. Mas ainda assim, 350 era um bom número. Muito dinheiro.

Uma grande festa irrompeu. Durante seis noites, lanternas iluminaram as festividades nas ruas. Todos foram à igreja para agradecer a Deus que finalmente os abençoara com a libertação do inimigo negro. A festa se estendeu a Salvador. O governador Caetano e Melo enviou uma carta ao rei. A carta brilhava como as lanternas nas ruas, exaltando a conquista e descrevendo a alegria pública como inigualável desde a expulsão dos holandeses cerca de quarenta anos antes. Ele contou sobre o quase invulnerável forte da montanha. Contou como ele próprio tinha ido ao local da batalha, tão importante era. Elogiou os paulistas. Ele elogiou Bernardo Vieira de Melo. Ele elogiou os tapuia. Contou sobre a engenhosa contra-

Quilombo dos Palmares e o Guerreiro Zumbi

muralha e o ainda mais engenhosa muralha oblíqua. Disse que quinhentos palmarianos foram massacrados na batalha, entre eles Zumbi, "hum valoroso negro que era seu general. ...," ele escreveu. Ele disse ao rei que poderia contar com um Pernambuco totalmente novo. As terras conquistadas eram excelentes, e agora pertenciam somente a Sua Majestade.[16] Nenhum rei desafiou o rei em seu próprio império. Zumbi estava morto. Vida longa ao rei.

Mas Zumbi não estava morto. Palmares não tinha sido realmente derrotado. A nação simplesmente desapareceu. Assim como Zumbi. De alguma forma, no calor daquela noite mortal em Macaco, ele consguiu escapar. Ele foi atingido por duas balas, mas seu sangue deve ter se misturado com o sangue de tantas outras pessoas que ele não pôde ser rastreado. Uma das várias lendas afirma que seus compatriotas o levaram embora, contra sua vontade; caso contrário, ele teria lutado até o fim e nunca teria abandonado seu forte e sua família.

Zumbi apareceu em Dambraganga, perto da atual Viçosa no estado de Alagoas. Ele estava acompanhada por poutras pessoas. Aparentemente, eles tinham esperanças de continuar sua rebelião. Se tivessem desistido, teriam desistido, teriam fugido para muito mais longe. Eles tinham novos líderes: Comoanga, Quissama e Ouvidor. Sua nação não estava de forma alguma exterminada, mas eles estavam de volta ao ponto onde se encontravam um século antes – dispersos, sem lugar fixo para morar, sobrevivendo caça, da coleta, da fuga, don plantio de pequena parcelas escondidas de plantações e dependendo da natureza e da geografia para protegê-los.

Mas Palmares não era um sertão para além da fronteira da civilização portuguesa. Pertencia a Domingos Jorge Velho, alguns de seus oficiais e vários outros que alegavam que seus esforços militares lhe davam direito à

---

[16] Taunay, *História Geral das Bandeiras*, 151-152.

O Cerco de Palmares

terra. As questões sobre quem ficava com quais parcelas continuariam por décadas. Mas, independentemente dos títulos de propriedade, Palmares agora era terra portuguesa.

Jorge Velho e seus homens permaneceram no interior para extinguir os remanescentes de Palmares.[17] Os ditos remanescentes eram mais numerosos do que alguns supunham, disse Velho. Embora alguns afrimassem que restavam apenas trinta pessoas, ele tinha certeza de que "que ainda, que hà quem se lizongéa, de que taes negros não chegão a trinta, sempre serão trinta vezes trinta pelo menos.".[18] Os fugitivos encontraram refúgio em dezenas de outros quilombos escondidos aqui e ali, a maioria apenas tentando sobreviver e passar despercebidos. Em um ano, os palmarianos foram encontrados ao sul na Bahia e ao norte na Paraíba e no Rio Grande do Norte.[19] Sem dúvida, alguns foram mais para o interior, mais profundamente no sertão, além das terras férteis e para o matagal árido e pedrogoso, onde não valeria a pena persegui-los.

Quando os paulistas encontraram os mocambos, os moradores os defenderam ferozmente, mas inevitavelmente perderam. A defesa de Engana-Columim foi tão feroz que alguns paulistas desertassem. O capitão paulista André Furtado de Mendonça perseguiu os desertores e os capturou, embora não saibamos qual o destino deles. Mendonça continuou atacando um quilombo conhecido como Catinga, a mais de 160 quilômetros de Macaco, onde capturou quarenta e cinco refugiados de Palmares.[20]

---

[17] Ennes, *Guerra nos Palmares*, Doc. 54, 325.

[18] Ennes, Doc. 52, "Requerimento dos oficiais do Terço de infantaria S. Paulista.do qual é Mestre de Camp Domingos Jorge Velho, em que alegam os serviços prestados e pedem deerimento de seus requerimentos para os quais institutuiram seu procurador universal Bento Sorrel Camiglio que se ache nesta Côrte," 308.

[19] Alves Filho, 152.

[20] Arquivo Histórico Ultramarino – Pernambuco – Caixa 15, 18 de Janeiro de

Quilombo dos Palmares e o Guerreiro Zumbi

Bartolomeu Lins e Gabriel Godói capturaram outros oitenta nos quilombos de Pedro Capacaça e Quiloange.[21]

Eles estavam se aproximando de Zumbi. Ele estava em um pequeno quilombo perto do rio Paraíba quando Mendonça atacou, mas os palmarianos optaram pela discrição em vez da bravura e desapareceram no sertão.[22] Godói os perseguiu e atacou um grupo deles, capturando quarenta. Zumbi não era um deles, mas sua "esposa principal" era.[23]

Enquanto vagavam em busca dos palmarianos dispersos, os paulistas continuaram sua tradição de se servirem do que precisavam nas fazendas da área. Os colonos reclamaram com os donos de engenhos locais, dizendo que estavam melhor com os rebeldes do que com os paulistas conquistadores, "que aquella gente fique fazendo sua morada nos Palmares porque experimentão as Capitanias vezinhas maior Danno em seus Gados e Fazendas Que aquelle que lhe fazião os memoz Negros levantados".[24] Os proprietários de engenhos repassaram as reclamações ao governador, que as repassou ao governador-geral, que disse, na verdade, que o Brasil estava melhor com os paulistas do que com os negros rebeldes – certamente fácil para ele dizer isso da distância de Salvador, onde estava a salvo de ambos.

Foi somente em novembro de 1695 que o capitão Furtado de Men-

---

1708, 5.

[21] Ennes, Doc. 44, "Consulta do Cons.o Ultr.o de 20 de Dez.o de 1697 sobre Nomeação de pessoas, p.a a Companhia de infanteria, q. vagou na Cap.nia de Pern.co no 3.o do Mestre Campo Manoel Lopes por falecimento de Luix Vâs da Costa," em *Guerras nos Palmares*, 271.

[22] Arquivo Histórico Ultramarino – Pernambuco – Caixa 15, 18 de Janeiro de 1708, 5.

[23] Alves Filho, 153.

[24] Ennes, Doc. 25, "Carta de Caetano de Melo e Castro, datada de Pernambuco de 4 de Agosto de 1694 em que dá noticia do feliz sucesso que teve nos Palmares," in *Guerras nos Palmares*, 198.

O Cerco de Palmares

donça encontrou por acaso um grupo de colonos do vale do rio São Francisco que haviam capturado um mulato conhecido por ter escapado de Palmares. Eles o estavam levando para Olinda. Ao ver o paulista, o prisioneiro demonstrou "temendo o dito Mulato que fose punido por seus graves crimes, oferessem que segurandolhe a vida em meu nome se obrigava a entregar este Treidor, aseitouçelle a ofertã e desempenhou a palavra guiando a tropa ao Mocambo do negro que tina ja lançado for a pouca familia que o acompanhava".[25] Mendonça prometeu, em nome do governador, que pouparia a vida do homem se ele liderasse o caminho ao esconderijo de Zumbi.

Nenhum método extraordinário de interrogatório é mencionado no relatório do governador sobre esse momento de traição. Aparentemente, o medo por si só foi suficiente. O homem liderou as tropas para um local próximo à Serra dos Dois Irmãos, ao longo do rio Paraíba, perto do quilombo Dambrabanga. Os combatentes restantes de Zumbi eram poucos em número, mas estavam bem preparados. Eles já tinham pontos de emboscada montados. Quatorze dos vinte homens de Zumbi estavam posicionados lá, vigiando o inimigo. Seis homens permaneceram com Zumbi, cujos familiares já haviam sido "mandados embora".[26] Apesar dos vigias, os homens de Mendonça pegaram Zumbi de surpresa e o fizeeram correr para um esconderijo, um sumidouro subterrâneo ou subaquático que ele havia feito – algum tipo de caverna subaquática ou escotilha de fuga. O leito rochoso e as margens do rio Paraíba estavam e cntinuam crivados de chaleirões, cavernas e buracos esculpidos pela água. Uma grande cavidade poderia facilmente ser transformada em uma caverna

---

[25] Ennes, Doc. No. 38, "Carta do Governador de Pernambuco Caetano de Melo e Castr dando conta de se ter conseguido a morte do Zomby a qual descreve. Pernambuco, 14 de Março de 1696," 258.

[26] Ibid., Doc. No. 38, 258.

Quilombo dos Palmares e o Guerreiro Zumbi

semi-artificial. Talvez fosse acessível apenas através das águas do rio Paraíba.[27]

Seja lá o que fosse, Zumbi conseguiu sair do esconderijo assim que foi encontrado, mas ele e seus homens não tiveram escolha a não ser entrar em combate corpo a corpo com uma força avassaladora. "...e hindo com os seis que lhe restarão a se ocultar no somidouro que artefiçiosamente avia fabricado, achou tomada a paçagem; pelejou valeroza ou desesperadamente matando hum homen ferindo alguns e não querendo Renderce nem os companheiros, foy preciso Matallos e só a hum se apanhou vivo."[28]

Zumbi estava entre os mortos. Para confirmar a morte, Mendon ça levou o corpo de Zumbi para Porto Calvo e o apresentou aos membros do conselho governmental. Várias pessoas que alegaram ter visto Zumbi, incluindo um oficial militar sênior, um proprietário de engenho e um meeiro, identificaram o corpo. Um documento assinado por três membros do conselho descreveu o corpo como "pequeno e magro". Ele tinha 15 buracos de bala e vários outros ferimentos de faca. Seu pênis havia sido cortado e inserido na boca. Uma mão foi cortada. Um olho foi arrancado.

A morte de Zumbi foi um golpe devastador, se não fatal, para Palmares, mas não necessariamente um golpe que fosse facilmente acreditado. Esta não era a primeira, segunda ou terceira vez que Zumbi era morto. Ele tinha um jeito de não estar morto quando deveria estar, um jeito de se ressuscitar. Isso acontecia com tanta frequência para que ele tivesse a reputação de ser imortal. Para garantir que todos soubessem que

---

[27] Em *Viçosa de Alagoas: O Município e a Cidade*, on pages 31-32, Alfredo Brandão cita um velho caboclo que contou a alguém que certa vez, enquanto pescava, mergulhou em uma poça d'água e chegou a uma espécie de corredor que subia. Ele percebeu letras gravadas na parede, mas não conseguiu lê-las. Aventurou-se uns três metros corredor adentro, mas recuou ao sentir algo amaldiçoado.

[28] Ibid. Ennes, Eocumento No. 38, 258.

desta vez ele realmente estava morto, Mendonça mandou "um negro" cortar a cabeça de Zumbi. Ela foi então embalada em sal e enviada ao governador Caetano de Melo de Castro. Uma vez em Recife, "a cabeça do zumbi que detreminey se puzese em hum pão no lugar mais público desta Praça a satisfazer os ofendidos e justamente queixosoz e âtemorisar os Negros que suprestisiozamente julgavão este immoortal; pello que se entende que nesta empresa se acabou de tudo com os Palmares..."[29] E como se a cabeça na estaca não fosse suficiente para assustar a todos, um mês após da morte de Zumbi, um eclipse total do sol escureceu Pernambuco por duas horas, e dois meses depois, a praga do mal-de-bicho voltou.[30]

---

[29] ibid. Ennes, *Guerra nos Palmares,* Doc. No. 38, 258.

[30] Ibid., Ennes, Doc. 84, "Certificado passado pelos Drs. João Ferreia da Rosa e Domingos Pereira da Gama de 29 de Abril de 1695 sobe a conveniencia de se não abrissem as sepulturas nas igrejas onde se haviam enterrado os corpos dos que morrerão de contagio e outras providencias relativas a higience e profilaxia," 459.

Em Busca da Verdade

Em 1694, mesmo ano em que Palmares foi invadida, os pioneiros paulistas descobriram ouro nas montanhas a algumas centenas de quilômetros d interior do Rio de Janeiro e ao norte de São Paulo. Eles também encontraram esmeraldas, águas-marinhas, topázios e, em 1714, diamantes. A região logo ficaria conhecida como Minas Gerais. Em 1697, a Estrada Real estava em construção, um sistema rodoviário de 1.200 quilômetros conectando os portos do Rio de Janeiro e Parati às minas de ouro de cidades como Mariana, Ouro Preto e Congonhas, e às minas de diamantes mais ao norte em Serro e Diamantina.[1] Minas Gerais se tornou o centro do Brasil, a joia literal do império português. Qualquer um com ganância, iniciativa e coragem ia para lá, e com eles iam seus escravos. Pernambuco se tornou um sertão esquecido. A indústria açucareira brasileira, incapaz de competir com as plantações holandesas e francesas no Caribe, estava quase morta. Se Zumbi tivesse resistido mais um ou dois anos, Palmares poderia ter sobrevivido por falta de adversários. Com Pernambuco agora sem importância para Lisboa, ele poderia muito bem ter expandido seu reino até o mar.

Isso não quer dizer que Pernambuco não fosse de interesse de

---

[1] Cheney, *Journey on the Estrada Real: Encounters in the Mountains of Brazil*, ix.

Em Busca da Verdade

ninguém. Domingos Jorge Velho, seus oficiais, seus soldados, proprietários de engenhos e terras, o rei, o governador e o governador-geral passaram as duas décadas seguintes discutindo sobre quem tinha direito às terras de Palmares. Pouco tempo depois da última batalha, o governador Caetano de Melo e Castro enviou ao rei uma carta na qual ele afirmava claramente: "Não julgo será útil ao Real Serviço de Vossa Majestade que aquela gente [ou seja, os paulistas] fique fazendo sua morada nos Palmares, porque expermentarão as capitanias vizinhas maior dano em seus gados e fazendas que aquêle que lhes faziam os mesmos negros levantados..."[2] Com o tempo, a propriedade seria determinada por quem tivesse poder suficiente para controlar uma determinada parte dela. Homens com o título autoproclamado de coronel usavam milícias desorganizadas para se apoderar de terras, roubando-a, uns dos outros e dos muitos quilombos que sobreviveram ou surgiram no vasto e árido sertão central.

Mas Zumbi estava morto. Sua pequena e corajosa nação foi invadida, seu povo disperso, sua cabeça empalada em um poste em Recife. Se algo sobreviveu de Macaco e dos outros mocambos, foi logo levado pela chuva ou digerido, pelo menos parcialmente, pela terra. Hoje, nada identificável como palmariano permanece, nem uma bala, nem um traço de escrita, nem uma migalha de arte, nem um fragmento de cerâmica, nm um osso, nada além de algumas descrições escritas por pessoas que realmente não se importavam.

A falta de vestígios, no entanto, não significa que as pessoas não estejam procurando por algo. Qualquer coisa. As implicações de qualquer descoberta vão além do domínio acadêmico da história e atingem a identidade nacional do Brasil e seu contencioso reino da política.

Palmares ficou praticamente esquecido por mais de dois séculos após a morte de Zumbi. Durante todos esses anos, ele é mencionado apenas al-

---

[2] Carneiro, *Quilombo dos Palmares*, 151

Quilombo dos Palmares e o Guerreiro Zumbi

gumas vezes em historiografias brasileiras e em outros documentos. Em 1726, Sebastião da Rocha Pita publicou sua História da América Portuguesa em dez volumes, que incluía vinte e seis parágrafos sobre Palmares, alguns deles aparentemente baseados em relatos de pessoas que viveram durante a época de Palmares.[3] A história de Pita incluía a noção gloriosa, embora infundada, de que as duzentas pessoas que se jogaram do penhasco na noite escura da invasão o fizeram em um ato consciente de preferir a morte ao retorno à escravidão. Palmares não voltou à consciência nacional até o início do século XX. Os Africanos no Brasil, de Nina Rodrigues, foi publicado em 1932. Embora bem pesquisado e escrito com bons detalhes, o livro perpetuou a noção de Palmares como uma retribalização regressiva da cultura bantu que sucumbiu aos esforços heróicos dos bandeirantes paulistas. Em 1933, Gilberto Freyre publicou Casa Grande e Senzala: Formação da Família Brasileira sob o Regime de Economia Patriarchal, que expôs verdades e mitos incômodos sobre a escravidão e o papel dos negros na história do Brasil. Em 1924, Affonso de E. Taunay iniciou sua história dos bandeirantes em onze volumes, História Geral das Bandeiras Paulistas, que levaria vinte e sete anos para ser escrita. Ela incluía a história da conquista de Palmares. Na década de 1930, Arthur Ramos escreveu uma série de dez volumes intitulada O Negro na Civilização Brasileira, elogiando Palmares como "o primeiro grande épico que o negro escreveu na terra do Brasil", exaltando sua organização econômica como "perfeita".[4] Em 1946, Edison Carneiro publicou O Quilombo dos Palmares, o primeiro livro dedicado à história de Palmares. Em 1959, Clóvis Moura publicou Rebeliões da Senzala, uma interpretação marxista de Palmares como histórica luta de classes histórica.

---

[3] Marin, "Zumbi dos Palmares: Um Novo Tiradentes?" *Clio: Revista de Pesquisa Histórica*, 236.

[4] Ramos, *O Negro na Civilização Brasileira*, 59-69.

Em Busca da Verdade

Nenhum desses livros se tornou amplamente popular até o advento de um golpe militar em 1964 e a subsequente ditadura de direita. O golpe foi ostensivamente uma medida necessária para combater os rumores do comunismo nascente. A atividade comunista, no entanto, não passava de um minúsculo grupo de guerrilheiros ineficazes, um pequeno partido político, algumas tendências liberais do presidente e alguma inconveniente demonstrações de força por parte dos sindicatos. Uma vez no poder, os militares suprimiram os sindicatos e oprimiram qualquer um que criticasse o governo.

Sob essa nuvem de repressão militar, Zumbi e Palmares se tornaram símbolos de resistência. Simbolicamente, a luta entre os portugueses (e seus aliados indígenas e negros) e Palmares (com sua população negra, indígena e portuguesa) ainda não havia terminado. Para os politicamente reprimidos, Palmares simbolizava a resistência ao governo tirânico.[5] Para os marxistas, simbolizava a resistência ao capitalismo. Para os pobres, simbolizava a resistência aos ricos. Para o povo do nordeste miseravelmente empobrecido, simbolizava a resistência à atenção federal que se concentrava no sul rico. Para os negros, simbolizava a resistência ao racismo e à dominação branca. Para aqueles que defendiam a Teologia da Libertação, a bênção da Igreja à aniquilação de Palmares simbolizava o catolicismo ignorando a situação dos pobres e dos negros.[6] Visto sob a luz certa e da perspectiva correta, Palmares poderia simbolizar qualquer causa liberal. Infelizmente, o desejo de adotar o símbolo muitas vezes significava interpretar a história através de uma lente de algo diferente dos fatos conhecidos.

Ninguém sabe a localização exata de nenhum dos mocambos de Palmares, exceto por uma montanha que ainda é chamada de Barriga no atual estado de Alagoas, a algumas horas de carro do litoral, nos arredores da

---

[5] Marin, "Zumbi," 240. 6 Marin, 242.

cidade de União dos Palmares, elevando-se acima do lamacento rio Mundaú. Até onde se sabe, a serra sempre foi chamada de Barriga, e se encaixa nas descrições do local feitas no século XVII: uma crista longa e larga com encostas íngremes, um lago e uma área pantanosa no topo, além de e um penhasco perigoso. Até recentemente, União dos Palmares era chamada de Macaco. Muito provavelmente, este é o lugar.

Certamente é celebrado como o lugar. Em 1978, a Serra da Barriga foi nomeada Patrimônio Histórico Nacional. Desde então, todos os anos, e, novembro, é realizado um evento em memória de Zumbi no topo da Barriga todo mês de novembro para marcar sua morte. Todos os anos até 1998, uma escavadeira subia desde União dos Palmares, ap'lainando a estrada de terra, depois nivelando e removendo a vegetação de um local não muito longe do famoso penhasco. À medda que avançava e recuava, empilhando entulho na borda da área, ela cortava inúmeras urnas funerárias indígenas pré-históricos (ou seja pré colombians ou, em um termo frequentemente aplicado ao Brasil, pré-Cabral) cujas partes superiores ficavam apenas 30 ou 60 centímetros abaixo da superfície.

Então montou-se um palco, e alguns dias depois as pessoas se reuniram para celebrações, momentos espirituais, discursos sobre liberdade e música afro-brasileira. Depois, todos foram para casa, geralmente com um pedaço de cerâmica pré-histórica no bolso, deixando a montanha para as poucas dezenas de famílias camponesas que vivem lá desde a década de 1960.[7]

É um lugar glorioso e comovente para tal cerimônia, mas um pesadelo para um arqueólogo. A atividade humana e a busca por evidências de atividade humana anteriores não combinam bem. Não importa o quão intrigante seja um determinado artefato, se ele estiver fora do contexto – ou seja, separado do que quer que estivesse perto dele na última vez que al-

---

[7] Allen, "Zumbi," 90.

guém realmente o usou – sua mensagem e significado são quase totalmente perdidos. Ee o ambiente ao redor de um artefato que lhe dá significado e sugere sua história. Os pedaços de urnas funerárias de cerâmica empilhados ao redor do perímetro do local do memorial não indicam muito, exceto que uma escavadeira esteve lá e que, por algum motivo, as pessoas no final do século XX aplainaram a área uma vez por ano.

Os primeiros arqueólogos a examinar Barriga foram Charles E. Orser, Jr., da Universidade Estadual de Illinois, e Paulo A. Funari, da Universidade Estadual de Campinas, no estado de São Paulo. Em cerca de duas semanas em 1992, seguindo o procedimento padrão de uma pesquisa preliminar, eles cavaram uma vala apressadamente, fizeram uma avaliação superficial da área e identificaram alguns artefatos de pedra e muitas cerâmicas na superfície, algumas pré-históricas, outras aparentemente feitos no Brasil, mas usando tecnologia que os índios brasileiros não possuíam. Eles encontravam um vaso de barro sob o solo. Parecia ser uma urna funerária indígena típica, mas não havia ossos nela. Como estava um pouco lascada a parte superior, eles teorizaram que ela havia sido aberta e fechada muitas vezes. Os arqueólogos sugeriram que ela havia sido usada como um recipiente de armazenamento subterrâneo, o que por acaso é uma tradição na África. Talvez, portanto, fosse uma evidência de que negros haviam vividos em Barriga. Em um artigo sobre suas descobertas, Funari e Orser escreveram: "A cerâmica usada em Palmares atesta, portanto, tanto a integração da comunidade de fugitivos em um mundo muito mais amplo de trocas – da costa brasileira à África e à Europa – e ao caráter único desaa comunidade. O mundo material de Palmares não era nativo, europeu ou africano; era específico, forjado em sua luta pela liberdade."[8]

---

[8] Orser and Funari, "Archaeology and Slave Resistance and Rebellion." *World Archaeology,* 33, no. 1, 67. Também sugerido, o artigo de Funari "A Arqueologia de Palmares: Sua contribuição para o conhecimento da história da

Funari foi ainda mais longe, descrevendo Palmares como um lugar de harmonia racial, lar de africanos, índios, judeus, mouros, hereges, sodomitas e bruxas. Era, em suas palavras, um "Pequeno Brasil", um ideal utópico que funcionara no século XVII e, portanto, não era impossível no iminente século XXI.[9]

A presunção desses arqueólogos, no entanto, foi uma extrapolação optimista baseada em escassas informações nos documentos. Nada sobre a cerâmica, muito menos seu contexto desconcertante, indicava que escravos fugitivos estivessem envolvidos ou que os artefatos tivessem sido produzidos no século XVII. Nem mesmo indicava que índios ou qualquer outra pessoa tivesse realmente vivido no local. Pode ter sido simplesmente um local para sepultamentos. Ou povos pré-colombianos podem ter vivido lá e abandonado o local antes da chegada dos escravos fugitivos. Ou os escravos fugitivos podem ter se juntado aos índios em sua aldeia, como se sabe ter acontecido em outros lugares.[10] Não é nada improvável que a aldeia residencial de Macaco estivesse localizada no rio Mundaú, com apenas o forte no alto da colina. Quanto à variedade de cerâmicas, não é improvável que os tupinambás tivessem contato com a cultura europeia (e sua cerâmica) nos cem anos que podem ter precedido a chegada dos primeiros refugiados negros. Nada nas peças de cerâmica indicava influência africana. Nada indicava que algo tivesse sido "forjado em uma luta pela liberdade".

É difícil, se não impossível, fazer uma interpretação ampla com base em poucos artefatos. Houve tão pouca arqueologia feita no Brasil, e ainda cultura Afro-Americana" em Reis and Gomes, *Liberdade Por Um Fio*, 27.

[9] Allen, "Zumbi," 191, citando *Folha de São Paulo*, 4 de junho de 1995, e "Public Archaeology in Brazil," 1999, um manuiscrito nao-publicado para a Session on Public Archaeology, World Archaeological Congress 4, Cape Town, South Africa.

[10] Allen, "Zumbi," 167-168.

menos nos locais dos quilombos, que não há como encaixar os artefatos de Barriga em um quadro mais amplo. Eles são tão insignificantes (e cheios de potencial) quanto peças individuais de um quebra-cabeça. Uma peça de um quebra-cabeça não diz quase nada sobre o quebra-cabeça como um todo. Outras dúzias de peças não revelam muito mais. Mas apartir de mil peças, não só é possível adivinhar qual é o quadro geral, como também começar a juntar as peças e preencher as lacunas das peças que faltam. Tomemos, por exemplo, um cachimbo encontrado em Barriga. Uma de suas exxtremidades é ligeiramente elevada. Os arqueólogos se perguntam se essa ligeira diferença no design pode indicar uma cultura africana e, portanto, um Palmares. Ou, eles se perguntam, o cachimbo tinha um propósito específico? Ou era particular a uma certo clã ou tribo? Ou era um toque artístico que nunca se repetiu? Sem mais cachimbos de outros locais, esse cachimbo em particular não tem significado interpretável. Se os arqueólogos encontrassem artefatos semelhantes em um local conhecido por ter sido o lar apenas de ex-escravos nascidos na África, e em outro local de escravos nascidos no Brasil, e em outro de índios que nunca tiveram contato com a cultura ou tecnologia europeia, e em outro de ex-africanos que viveram juntos com os índios por um longo tempo, uma comparação desses artefatos com os artefatos de Barriga seria muito significativa, muito reveladora.

Mas o Brasil está longe, muito longe de atingir esse estágio tão avançado de pesquisa arqueológica. Rhode Island tem muito mais arqueólogos por sítio arqueológico do que o Brasil, e foi justamente do estado americano de Rhode Island – da Brown University, para ser mais preciso – que o estudante de arqueologia Scott Joseph Allen veio ao Brasil em 1996 para começar uma pesquisa que eventualmente resultaria em sua dissertação de doutorado. Ainda no início de seu trabalho de pós-graduação, ele chegou, como logo reconheceu, a um objetivo pouco científico.

273

Ele procurava evidências de uma comunidade negra onde índios e brancos também podessem ter vivido. Assim como Funari e Orser, ele estava fascinado com a ideia de desenterrar as relíquias de uma república negra rebelde e estava predisposto a encontrá-las.

Mas bons arqueólogos, como todos os bons cientistas, não devem estar predispostos. Eles não estabelecem uma conclusão e depois vão em busca de evidências para sustentá-la. Os arqueólogos abordam um sítio em busca de o que quer que esteja lá. Eles tiram suas conclusões a partir do que encontram, não do que é mais emocionante ou politicamente relevante. Eles contribuem com suas descobertas para o maior conjunto maior de conhecimento sobre os tempos antigos. O que eles encontram pode não lhes dizer muito sobre o lugar onde o encontraram, mas pode dar pistas sobre descobertas em outros lugares.

Independentemente do que Allen estava procurando originalmente, o que ele encontrou foi a mesma mistura trágica de escombros pré-históricos e modernos, pedaços de urnas funerárias e cachimbos de barro quebrados empilhados com garrafas plásticas de água, sacolas de compras e pontas de cigarro. Ele também encontrou uma situação política delicada. Os brasileiros em geral queriam muito encontrar algo que confirmasse as muitas histórias sobre Palmares: a coragem e os princípios elevados de Zumbi; o salto existencial do penhasco por duzentas pessoas que prefeririam morrer a serem escravizadas; a essência democrática da república de Palmares; a natureza comunitária e quase marxista da sociedade palmariana; a mistura harmoniosa de negros, brancos e índios em uma comunidade de respeito mútuo. Tais interpretações reforçaram o ânimo e as causas da esquerda política.

Allen logo se curou de sua predisposição. Sua dissertação acabou não sendo sobre o que aconteceu em Barriga ou a cultura que existia lá ou artefatos que permanecem até hoje. O título foi "' Zumbi Nunca Vai Morrer: História, a Prática da Arqueologia e Política Racial no Brasil. A primeira frase é "Cheguei ao Brasil em 1996 esperando pesquisar e escrever uma dissertação muito diferente daquela que finalmente surgiu."

O que surgiu foi uma discussão sobre os potenciais da arqueologia e as fraquezas da "história oficial". A história oficial de Palmares incluía não apenas mitos, mas também os relatórios e outros documentos escritos pelos portugueses da época. Esses relatórios dificilmente constituem informações científicas ou históricas sólidas, tendo sido escritos por pessoas que não sabiam escrever muito bem e, no caso dos bandeirantes paulistas, mal sabiam português. Os bandeirantes e os líderes das muitas milícias certamente não escreviam com o objetivo de descrever uma cultura ou estabelecer registros históricos. Eles escreviam em uma época em que o jornalismo e a sociologia não tinha sido inventados e a história era um conceito reconhecido por apenas alguns raros filósofos na Europa. Sua versão da verdade era obscurecida por preconceito, presunção, política, avareza, rumores e estupidez. Parte dela foi extraída por meio de tortura. Os relatos que chegavam ao rei não eram necessariamente relatos do que tinha acontecido; eram provavelmente relatos do que o escritor desejava que tivesse acontecido ou pensava que o rei gostaria que tivesse acontecido.

A história oficial é tipicamente escrita pelos vencedores, ou seja, quem domina uma dada sociedade. Este é mais frequentemente um governo que usa propaganda e censura para guiar a história oficial, uma história que ele gostaria de ver se tornar história. O mesmo pode se aplicar à concessão de bolsas e permissões governamentais. Elas tendem a ir para pesquisadores que podem ser contados para apresentar evidências que apoiam a história oficial.

Em sua dissertação, Allen citou um artigo acadêmico que alertou que "o apagamento das histórias locais [é] um dos produtos mais cancerígenos do capitalismo internacional, tanto em suas manifestações coloniais quanto metropolitanas.... Os poderes coloniais e neocoloniais manipulam a produção de histórias, encorajando certas formas de história enquanto desencorajam e até silenciam outras. O Estado exerce poder sobre a produção de histórias locais de várias maneiras: *censura*, nomeação de historiadores *oficiais do Estado*, alocação de *recursos para pesquisa e treinamento* que servem para ampliar o conhecimento apenas sobre o período em que o Estado é identificado, patrocínio de métodos arqueológicos que garantem o *apagamento de histórias locais* do cenário e sanções contra e repressão total daqueles que tentam desafiar as histórias oficiais. "(Itálico adicionado por Allen.)[11]

A história oficial pode levar a mitos, mas os mitos não são necessariamente indesejáveis. Eles têm a um propósito especial. Na verdade, eles são a estória que conduzem a história. Independente de as histórias pareçeram verdadeiras ou não, as crenças e valores que as guiam parecem naturais, indiscutíveis e inevitáveis. Eles são a base de valores e da moralidade no contexto mais amplo da sociedade. E, é claro, que se os mitos parecem ser baseados em ou mesmo parte da história, seus valores parecem ainda mais válidos. Os mitos de Palmares, alguns baseados em documentos originais, outros em excesso de otimismo, reafirmam valores como coragem, independência, igualdade racial, dignidade humana, democracia e economia comunitária.

Tais valores não serviram aos propósitos do governo militar de direita que governou o Brasil de 1964 a 1984, mas a história e os mitos de Palmares persistiram e cresceram em popularidade. Embora os militares tenham dominado o Brasil por duas décadas por meio do uso de propaganda e censura (e tortura, prisões e assassinatos), eles falharam em estabelecer

---

[11] Allen, "Zumbi," 199, citando Peter R. Schmidt and Thomas Patterson, "Introduction: From Constructing to Making Alternative Histories."*Making Alternative Histories*, 1-24.

Em Busca da Verdade

uma história geralmente aceita ou em suprimir a crescente conscientização sobre Palmares e a disseminação de seus mitos. Nem mesmo tentaram. A história oficial de Palmares foi escrita não pelo governo, mas por historiadores e acadêmicos de esquerda. Na verdade, os dois principais escritores das histórias de Palmares na segunda metade do século XX eram esquerdistas que escreviam enquanto estavam no exílio. Edison Carneiro, autor de O Quilombo dos Palmares, fugiu do governo de direita de Getúlio Vargas nas décadas de 1930 e 1940. Ele escreveu seu livro enquanto estava no México e publicou sua primeira edição lá em espanhol em 1946. A primeira edição brasileira foi publicada em 1948 pela Editora Brasiliense, que pertencia a um historiador marxista. Ela foi dedicada ao fundador do Partido Comunista do Brasil, Astrojildo Pereira. Décio Freitas pesquisou *Palmares: A Guerra dos Escravos* enquanto estava exilado no Uruguai e na Europa após o golpe de 1964 e o publicou pela primeira vez em espanhol enquanto estava em Montevidéu.

No Brasil, existe o que se denomina palmarista, alguém que afirma uma filiação política com Palmares. Confiando na precisão dos documentos originais e em seguida, interpretando-os forma tendenciosa esquerdismo, os historiadores palmaristas retrataram uma gloriosa república negra que não era diferente daquela que eles desejavam que o Brasil contemporâneo se tornasse – uma nação de harmonia racial, espírito cooperativo, economia equitativa e independência de potências estrangeiras. Décio Freitas, por exemplo, afirmou, com escassa evidência documental, que havia "igualdade civil e política entre os palmarianos" e que todos os adultos, presumivelmente incluindo as mulheres, compartilhavam o poder político.[12] Seu livro não cita fontes, e se as fontes sustentem tais afirmações, elas são frequentemente pouco confiáveis e inadequadas para tais conclusões. No entanto, Freitas é um historiador alta-

---

[12] Allen, *Identidades*, 52-53.

mente respeitado e suas afirmações são geralmente aceitas, ainda que apenas provisoriamente, aceitas.

Uma parte interessante da história geralmente aceita – ou "oficial" – é a afirmação, iniciada por Freitas, de que Zumbi sabia latim. Freitas baseou a afirmação – e todas as afirmações de que Zumbi foi capturado quando criança e criado por um padre – em documentos que desapareceram. Eles pertenciam a Graziela de Cadaval, condessa de Schonborn, cuja família preservara um grande número de livros e documentos, alguns datando do século XVII. Os documentos relacionados a Zumbi eram cartas escritas pelo Padre Antônio de Melo, o padre que o criou. Elas foram escritas em 1696 e 1698, quando o primeiro duque de Cadaval era presidente do Conselho Ultramarino. Esses e muitos outros documentos da época foram passados por várias gerações, diminuinda em números à medida que eram herdados. Um incêndio destruiu alguns. Outros desapareceram quando Napoleão invadiu Portugal em 1808, e a nobreza portuguesa fugiu para o Brasil, levando bibliotecas inteiras com eles para estabelecer o governo no Rio de Janeiro. Uma herança posteriormente dividiu os documentos de Cadaval, e alguns foram vendidos. Apenas metade ficou com a condessa. E então, um dia, um pesquisador em uma cadeira de rodas visitou os arquivos e fugiu com as cartas do padre de Melo – ou pelo menos foi o que disse Décio Freitas.[13] Freitas morreu em 2004, e, até onde Scott Allen sabe, ninguém mais viu a cópia que Freitas disse ter. Mas como Freitas é altamente respeitado como um pesquisador que buscou meticulosamente documentos originais, suas afirmações não documentadas são geralmente tomadas como verdade tênue.

A história do Zumbi-jesuíta-latim faz parte da história oficial de Palmares. Embora não seja baseada em evidências sólidas, é aceita como verdadeira. Verdadeira ou não, é uma coisa boa em que acreditar. Ela acres-

---

[13] *Folha de São Paulo*, 12 de novembro de 1995, seção 5, 7.

centa um belo elemento humano à história de Palmares. Glorifica o valor da educação. Realça a imagem de um povo que os brasileiros gostam de imaginar como a personificação de tudo o que seu país poderia ser.

O mito baseado na debandada de palmarianos de um penhasco – que foi suicídio, não pânico na escuridão – foi retirado da história oficial. Quem estudou Palmares sabe que não há evidências de que tenha sido suicídio, mas grande parte das pessoas se contentam em acreditar que foi. O historiador Rocha Pita, contemporâneo de Zumbi, foi quem primeiro declarou que "o príncipe Zumby e seus guerreiros mais fortes e seguidores leais" haviam cometido suicídio em massa. "Não querendo morrer pelas nossas espadas [ou seja, portuguesas], eles subiram ao topo de sua eminência e se jogaram voluntariamente e com esse estilo de morte mostraram que não amavam a vida na escravidão e não queriam perdê-la para o nosso ataque."[14] Pita aparentemente fez essa afirmação sem evidências, provavelmente apenas gerando uma imagem trágica e poética de heroísmo existencial. Vários documentos confirmam que Zumbi (ou pelo menos um homem que se presume ser Zumbi, ou que alegava ser Zumbi) foi caçado e morto quase dois anos após a batalha final e o incidente no penhasco. Mas a noção de um suicídio em massa, irresistivelmente romântica, tem sido repetida em muitos outros livros e artigos até os tempos modernos.

Embora a arqueologia provavelmente não comprove que Zumbi sabia ou não latim, ela pode, de outras maneiras, ameaçar a história oficial. Ela abre a possibilidade de uma história alternativa, que diverge da imagem de Palmares como uma comunidade negra com uma cultura de liberdade, igualdade e fraternidade. Tal possibilidade é uma ameaça para pessoas de várias tenêndias liberais. Então, quando Scott Allen chegou a Barriga, um entulho de artefatos não foi a única bagunça que ele encontrou. Ele tam-

---

[14] Pita, *História da América Portugueza, segunda ed.*, 241.

Quilombo dos Palmares e o Guerreiro Zumbi

bém encontrou uma bagunça política. O governo militar havia terminado há dez anos, e a história de esquerda de Palmares estava viva e bem, e poucos queriam vê-la ameaçada. Acadêmicos e ativistas políticos estavam ainda menos ansiosos para ver um americano cavando no coração sagrado de Palmares.

A Fundação Cultural Palmares é uma agência governamental subordinado ao Ministério da Cultura do Brasil. Dotada de autoridade legal sobre muitas questões relacionadas aos quilombos no Brasil, ela não permitiria que Allen (ou qualquer outra pessoa) realizasse escavações em Palmares. Essa proibição coincidiu com a primeira conscientização pública de que a Serra da Barriga quase certamente incluía um componente indígena, uma realidade que, se comprovada, poderia tirar aautoridade da Fundação Cultural Palmares e transferi-la para alguma outra agência, como a Fundação Nacional do Índio (FUNAI), que lida com questões indígenas. Ninguém realmente declarou isso, mas para Scott Allen, parecia mais suma questão de política patrimonial do de antropologia.

"A prática da arqueologia está integralmente ligada a agendas políticas que são diversas, e os arqueólogos frequentemente sentem a pressão dessas agendas, incluindo desenvolvimento do turismo, conflitos interétnicos e repasse de recursos, etc.", ele escreveria mais tarde em sua dissertação. "... Geralmente, pesquisadores que desafiam essas histórias oficiais são proibidos de levantar mais estudos através da negação de recursos ou permissões oficias."[15]

Allen não tinha intenção de desafiar nada, mas as intenções são irrelevantes na ciência. Quaisquer desafios dependeriam do que a arqueologia revelasse em Barriga, e se nada fosse escavado, nada seria revelado e nada seria desafiado.

Impedido por enquanto, Allen foi surfar por alguns meses e depois

---

[15] Allen, "Identidades em Jogo," 18.

começou a pesquisar o que podia sem realmente cavar um buraco. Ao mesmo tempo, ele sondou a burocracia brasileira, procurando uma maneira de fazer algo em Barriga, onde a situação piorava a cada ano à medida que as escavadeiras iam e vinham, apagando mais alguns centímetros de história para abrir um espaço para a comemoração anual. Infelizmente, eles estavam nivelando uma área conhecida como "o planalto", a área mais lógica para habitação e, portanto, a mais provável de produzir artefatos.

O planalto também era o lugar mais lógico para construir um monumento a Palmares. Os planos para um parque memorial e um museu começaram pouco antes da chegada de Allen. Em 20 de novembro de 1995, o presidente Fernando Henrique Cardoso fez um discurso em União dos Palmares, com vista para Barriga, para comemorar os 300 anos da morte de Zumbi. Com ele estavam o ícone do futebol Pelé, que era ministro dos Esportes do Brasil, e uma senadora negra, Benedita da Silva. Venho aqui "para dizer: oZumbi é nosso", disse Cardoso, "que ele é do povo do brasileiro, porque ele representa o que há de melhor do povo brasileiro—é a vontade de liberdade."[16]

Em 1997, um ato do congresso brasileiro nomeou Zumbi dos Palmares como Herói Nacional. O único outro herói naquela época era Joaquim José da Silva Xavier, mais conhecido como Tiradentes. Um dentista itinerante e garimpeiro de ouro em Minas Gerais. Tiradentes conspirou para expulsar os portugueses por causa de uma questão tributária.

---

[16] https://www.biblioteca.presidencia.gov.br/presidencia/ex-presidentes/fernando-henrique-cardoso/discursos/1o-mandato/1995-1/94%20-%20Discurso%20na%20solenidade%20em%20homenagem%20ao%20centenario%20de%20Zumbi%20-%20Uniao%20dos%20Palmares%20-%20Alagoas%20-%2018-11-1995.pdf

Quilombo dos Palmares e o Guerreiro Zumbi

A conspiração não resultou em nada antes que seus participantes fossem traídos e presos. Tiradentes foi enforcado, decapitado e esquartejado, e partes do seu corpo deixadas expostas em Ouro Preto. Seu martírio, assim como o de Zumbi, é frequentemente comparado ao de Cristo. "Zumbi dos Palmares" foi inscrito no Livro de Aço em um monumento aos Heróis Nacionais do Brasil em Brasília. No mesmo ano, o presidente da Universidade Federal de Alagoas pediu a Scott Allen para se juntar ao seu corpo docente e estabelecer uma presença arqueológica em Barriga.

Depois de muitas disputas políticas, a Fundação Cultural Palmares chegou à conclusão de que as escavadeiras estavam destruindo o patrimônio que a fundação deveria preservar. Eles declararam toda a montanha um sítio arqueológico e colocaram o Dr. Allen no comando. A construção do parque memorial e do museu prosseguiria, mas nada poderia ser removido da superfície da terra sem a autorização do Dr. Allen dissesse. Seu primeiro projeto foi permitir a construção do parque memorial no planalto. Essa foi uma decisão política, não arqueológica. Em melhores circunstâncias, ele nunca teria permitido isso até que uma escavação completa tivesse sido concluída. Mas as escavadeiras haviam causado seus danos, e alguns buracos de teste confirmaram que, muito provavelmente, nada havia restado. Tendo em mente que precisava equilibrar a precisão científica com a paixão nacional por Palmares, ele rapidamente deu seu aval arqueológico a um limite ao redor de grande parte do planalto. Um lado da delimitação foi definido em um ponto onde eles haviam encontraram um cachimbo de barro. O cachimbo era interessante, mas não incomum. Poderia ter sido feito por índios bem antes de Colombo partiuzarpar ou por negros durante o tempo de Palmares, ou em algum momento entre eles, ou em algum momento entre esses dois períodos, ou muito depois. Mas ainda assim, era algo, e sua localização intacta indicava um bom lugar para traçar uma linha.

Em Busca da Verdade

Os arquitetos apresentaram os planos para o memorial. Apesar da falta de evidências sobre a aparência dos edifícios de Palmares pareciam, os arquitetos queriam que as estruturas fossem de alguma forma autênticas, e queriam as estruturas em lugares autênticos ou estéticos ou apenas práticos. O governador de Alagoas aprovou o plano final, sem notar que o banheiro havia ultrapassado o limite que Allen havia estabelecido. Uma das extremidades do banheiro, na verdade, não ficava longe de onde o cachimbo havia sido encontrado. O governador não tinha o direito de aprovar o plano, mas Allen não foi indelicado o suficiente para tentar fazer com que ele fosse rejeitoado. Coo era de esperar, quando os trabalhadores começaram a cavar a fundação do banheiro, encontraram uma urna funerária. Ela havia sido cortada por uma escavadeira, mas sua parte inferior estava intacta. Dentro havia um pedaço de concreto. Ou os habitantes de Barriga sabiam a fórmula do cimento ou o contexto da urna havia sido comprometido. Como a primeira ideia era praticamente impossível, Allen concluiu que era a segunda. Ele já tinha muitos pedaços de urna fora do contexto, mas a presença desta poderia indicar a presença de outros artefatos nas proximidades. Ele pediu suspendeu na construção do banheiro até que ele e alguns alunos pudessem escavar a área onde ficaria o canto do banheiro. Nada seria descargado até que Allen dissesse que poderia ser descargado.

Allen ouviu sugestões para que ele escavasse primeiro e principalmente onde fosse mais provavelm encontrar algo integralmente ligado à comunidade negra de Palmares – no fundo do penhasco, por exemplo, aquele onde as 200 pessoas caíram. Talvez ainda houvesse ossos lá embaixo, ou um anel ou um botão ou algo assim. Mas o que as descobertas lhe diriam? No máximo (e isso não é muito provável), que as pessoas realmente caíram do penhasco. Mas a arqueologia nunca poderá nos dizer o motivo. Foi uma debandada, suicídio ou assassinato? Essas pessoas real-

Quilombo dos Palmares e o Guerreiro Zumbi

mente preferiram a morte à escravidão? Ou, em pânico elas tomaram o caminho errado no escuro? Ou os homens brancos com armas e espadas as forçaram a pular? O mito é mais belo do que as alternativas, diz Allen. Por que não deixar para lá? O mesmo vale para a história não documentada de que Zumbi sabia latim. Esses mitos e fatos questionáveis colocam valores belos –dignidade, democracia, igualdade – no pedestal dos princípios da humanidade e fazem pouca diferença no estudo de como as pessoas viviam no passado. Por que não deixar os mitos em paz, diz Allen, e deixar a arqueologia vasculhar a lata de lixo da história em busca de fatos mais simples sobre a existência humana? Se os mitos apoiam o financiamento da arqueologia e a nobreza da humanidade, deixe-os em paz.

A vala atrás do banheiro não revelou nada. O Parque Memorial Quilombo dos Palmares agora ocupa o planalto com representações razoáveis de como as pessoas podem ter vivido lá antes da chegada de Domingos Jorge Velho. As cúpulas íngremes com telhados de palha das pequenas casas tem um aspecto autenticamente africano. As palmeiras erguem-se como bandeiras. Uma plataforma na extremidade do planalto tem vista para os canaviais que se estendem até o horizonte. Pode-se sentar em um banco à sombra e refletir sobre tudo isso enquanto se ouve palestras gravadas sobre a escravidão, a capoeira e os deuses africanos Orixás que ainda são adorados no Brasil – Ogum (ou Ogun), o guerreiro; Oxossi; o caçador; Omolú, o curandeiro; Xangô, o juiz. Embora não haja evidências físicas ou documentais de que os iorubás fosssem adorados em Palmares, uma placa afirma que as crenças neles sustentavam os palmarianos sitiados. Enquanto se pondera a veracidade dessa placa, pode-se observar como a terra ficou bonita e plana graças à escavadeira. Uma placa atesta a presença de índios no quilombo, embora se refira a restos de construções que ainda são visíveis no local – uma presença que, se comprovada, que certamente deixaria Scott Allen perplexo. Pode-se dar uma pequena caminhada até a Lagoa dos Negros, uma lagoa verde-algas que sustentou os palmarianos por um século. De um lado, há um amontoado de pequenas pedras com arranhões profundos. As pessoas gostam de pensar que os guerreiros palmarianos afiavam suas armas ali. As pessoas também gostavam de pensar que Zumbi havia enterrado os tesoureiros de Palmares – ouro e prata roubados de engenhos e fazendas – sob as águas da lagoa. Garimpeiros otimistas escavaram tudo, criando mais um pesadelo arqueológico, mas não encontraram nada.

As mulheres ainda lavam roupa na lagoa, agachadas na água à sombra de uma velha e frondosa gameleira branca (*ficus gamelleira*), com uma copa densa e raízes que se estendem dos galhos mais baixos como palhas. As gameleiras são consideradas sagradas, especialmente esta. Ela não é angia o suficiente para ter existido em 1694, mas sua mãe talvez sim. A gameleira é uma árvore africana agora comum no Brasil. Como esta veio a crescer ao lado desta lagoa é uma questão de mito. A melhor ou pelo menos o mais bela suposição é que uma escrava fugitiva usava um amuleto com uma semente de gameleira da África. Ela a plantou na lagoa, e a árvore está lá desde então. Na verdade, em certo sentido, é miticamente possível que seja a mesma árvore porque a gameleira começa sua vida como um parasita vivendo de outra árvore. Ela normalmente brota em folhas podres na forquilha de outra árvore – talvez sua progeitora – e então envia raízes para o solo. Pouco a pouco, ela toma conta da árvore hospedeira e a subsumi – torna-se ela – enquanto a ancestral desaparece no solo.

Isso não é apenas um mito. É uma metáfora. A gameleira que pode ter dado sombra ao próprio Zumbi desapareceu, suas moléculas se dissiparam, mas algo cresceu a partir dela. Da mesmq forma, Palmares desapareceu, reduzido a cinzas e varrido por séculos de chuva, decomposição, vegetação e escavadeiras. Se algumo permaneceu, não foi encontrado. Talvez uma daquelas oito balas de canhão ainda esteja lá em cima. Talvez sob algum solo intocado haja uma mancha deixada por uma cerca palmariana. Talvez alguém tenha riscado algo indiscutivelmente africano em uma pedra. Mas se encontrarmos alguma coisa, provavelmente não nos dirá o que a maioria das pessoas realmente gostaria de saber sobre Palmares.

Deve-se dizer que o efeito de Palmares e Zumbi na sociedade brasileira é mais por meio de lendas e mitos do que qualquer outra coisa. Nenhuma tecnologia ou conhecimento surgiu disso, nenhuma arte, nenhuma música, nenhuma literatura, nada exceto certos valores apoiados por mitos. Quer sejam os mitos baseados na verdade ou não, o efeito deles, a inspiração deles, é tudo o que tiramos de Palmares.

De certa forma, Palmares sobrevive, ou até prevalece, da mesma forma que as culturas africanas sobrevivem (e, possivelmente, prevalecem) na cultura brasileira moderna. A música africana é a antecessora do samba, da bossa-nova, da capoeira, do axé, do maracatu, do afoxé, da batucada, do batuque, do lundu, do choro e de outros tipos de música e dança populares hoje em dia. Instrumentos africanos – o berimbau, o atabaque, o pandeiro – são tocados em tudo, desde a música popular até a ópera. Alimentos antes encontrados apenas na senzala agora são iguarias, uma das quais, a famosa feijoada de feijão preto, era feita com as partes do porco que os "proprietários" de escravos consideravam indesejáveis. As religiões de origem africana – candomblé e umbanda – ainda são amplamente praticadas, e todos os mercados têm quiosques que vendem sabonetes, incensos, ervas, bugigangas, velas, perfumes e artigos associados a poderes místicos e uma variedade de deuses, alguns dos quais estão disfarçados de santos católicos.

E ainda há lugares que se consideram quilombos, e a política em torno deles ecoa a luta por Palmares.

Em Busca da Verdade

Quilombo para Sempre

Domingos Jorge Velho não matou todos em Palmares. Muitos escaparam. Na verdade, enquanto houve escravidão – que só foi abolida em 1888 – houve pessoas fugindo dela. A Fundação Cultural Palmares identificou milhares de locais povoados em todo o Brasil que provavelmente eram quilombos. Um quilombo especialmente famoso legalizou seu status em 1802, nas profundezas do atual estado de Pernambuco, cerca de 500 quilômetros a noroeste de Palmares. Naquele ano, seis crioulas – a palavra se referiria a mulheres negras nascidas no Brasil e não capturadas na África – compraram legalmente 17.845 hectares de terra na parte oeste do atual estado de Pernambuco. Isso foi 86 anos antes do fim da escravidão no Brasil e quase 200 anos antes de o governo nacional estabelecer lei e ordem efetivas na região. A compra é incomum não apenas porque os compradores eram negros, mas porque eram mulheres. Na sociedade extremamente patriarcal do Brasil do século XIX, as mulheres não vagavam por aí. Elas não se estabeleceram em territórios não colonizados e não compravam terras.

Não é improvável que as mulheres tenham fugido da escravidão, mas isso não é necessariamente verdade. Elas podem ter fugido de um quilombo em algum lugar quando ele foi descoberto e invadido. Elas podem ter de alguma forma conquistado sua liberdade e seguido para o oeste. O mito inevitável, tão romântico quanto improvável, é que seus ancestrais haviam escapado do massacre em Palmares cem anos antes. Parece que elas deviam ter fugido de algumo porque as mulheres no Brasil, negras ou brancas, não eram livres. Até mesmo a mulher branca mais rica era praticamente uma escrava, restrita à sua casa, sem poder ir além do mercado mais próximo. Mas seis crioulas podem muito bem ter sido descendentes de outras que chegaram antes (provavelmente, ou pelo menos romanticamente, de Palmares), caso em que o fato interessante seria que foram as mulheres da comunidade que tomaram a iniciativa de economizar dinheiro e comprar a terra.

De qualquer forma, certamente levou muitos anos para elas, e possivelmente seus antepassados, economizarem dinheiro suficiente para comprar 17.845 hectares de terra. Sendo mulheres e negras em uma parte do mundo com apenas uma economia de fronteira, elas não poderiam ter ganhado muito dinheiro. A terra devia ter sido praticamente sem valor. Ficava longe da costa e não havia rio por perto. Não chuvia caía durante seis meses do ano e às vezes não chuvia durante doze meses do ano. O solo era principalmente areia e cascalho, mas fértil o suficiente para cultivar algodão, que era um trabalho muito comun entre as mulheres. Do plantio à colheita e à produção de tecidos, as mulheres – livres ou escravizadas – faziam todo o trabalho ao longo do processo.[1] Talvez tenha sido por essa razão – seu controle de todo o processo – que essas mulheres conseguiram ganhar e economizar dinheiro suficiente para comprar tantas terras. Segundo uma das mulheres que compraram a terra, Francisca Ferreira, Deus tornou a aquisição possível depois que ela prometeu a Ele que construiria uma capela para Nossa Senhora da Conceição, se Ele permi-

---

[1] Oliveira, "Negras Libertas," citando Maupeou, *Cativeiro e Cotidiano num Ambiente Rural–O Sertão do Médio São Francisco (1840-1888)*, sem paginação..

tisse que elas comprassem a terra. No momento em que o século XVIII deu lugar ao século XIX, as seis mulheres receberam a escritura, assinada por um escrivão chamado José Delgado, com dezesseis selos de aprovação da Casa da Torre que efetivamente era proprietária a área. A terra era delas. Elas construíram a capela prometida e chamaram o lugar de Conceição das Crioulas. (Há uma explicação alternativa para o nome: depois que as mulheres tomaram posse da terra, um homem chamado Francisco José, tendo desertado do exército, chegou lá, trazendo consigo um ícone de Nossa Senhora da Conceição. Ele ajudou a construir a capela e deu-lhe o nome do ícone. Variação: Francisco José era um escravo fugitivo que levou as mulheres até aquele lugar.)[2]

Pelos próximos cem anos, Conceição continuou a operar como os quilombos sempre funcionaram. A comunidade possuía a terra em comum. Partilhavam os escassos recursos hídricos e distribuíam pacificamente a terra entre as pessoas que a usariam. Plantavam culturas de subsistência e criavam cabras para carne. Plantavam algodão, sua única cultura comercial, a única fonte de rendimento de sua pequena economia. Até onde sabemos, a maior parte do século XIX foi relativamente tranquila para Conceição. Se algo especialmente importante ou violento aconteceu, isso escapou à memória da comunidade.[3]

Mas a comunidade lembra que no início do século XX, fazendeiros

---

[2] Veja http://pimentanegra.blogspot.com/2007/03/*quilombo*-de-conceio-das-crioulas.html e http://www.cpisp.org.br/comunidades/html/brasil/pe/pe_conceicao.html.

[3] Salvo indicação em contrário, as informações sobre Conceição das Crioulas baseiam-se em conversas com Aparecida Mendes e gestores do Instituto Nacional de Colonização e Reforma Agrária. Para fotos de Conceição, veja http://xama.incubadora.fapesp.br/portal/imagens/fotos2_conceicao_crioulas.pdf. Para informações do município de Sangeiro, veja http://www.salgueiro.pe.gov.br/distrito_conceicao_crioulas.php.

Quilombo dos Palmares e o Guerreiro Zumbi

"brancos" começaram a invadir as terras de Conceição. Esses fazendeiros não eram necessariamente muito mais brancos do que as pessoas de Conceição; eles simplesmente eram de fora do quilombo. "Negro" e "branco" eram diferenças culturais e geográficas mais do que diferenças raciais. No início, os forasteiros não roubaram exatamente a terra. De acordo com a memória da comunidade, que provavelmente é um amálgama de mitos e fatos, um forasteiro perguntou a alguém em Conceição se ele poderia montar um pequeno curral na área. Ele ficaria feliz em pagar com um quilo de queijo e um quarto de uma vaca pelo privilégio. Alguém concordou. O fazendeiro montou seu curral e em seguida, ergueu uma cerca. Depois uma cerca mais longa. Em seguida um galpão. Depois, um celeiro. Em seguida, uma pequena casa para trabalhadores. Depois, uma casa maior. E mais cercas. E quando ele morreu, ele deixou essa terra cercada para seus filhos. Mais cercas foram erguidas. Mais melhorias. É claro que eles escolheram as melhores terras, aquelas que tinham água e veios de solo arável. Os negros não tinham muita escolha no assunto. Eles enfrentavam "coronéis" com milícias em uma terra sem lei. Eles sobreviveram do jeito que sempre fizeram: recuando, ficando quietos, evitando confrontos. Eles se rebelaram, um pouco, em 1904. Ninguém se lembra exatamente do que aconteceu, mas houve alguma violência. A igreja enviou padres para pacificar a comunidade, e, pela primeira vez, uma força federal entrou em cena para impor a lei e a ordem. Mas a lei e a ordem não significavam nada mais do que proteger os brancos e as terras que eles reivindicavam, enquanto mantinham os negros sob controle. A mensagem do púlpito não era muito diferente daquela do jesuíta Antônio Vieira: permanecer pacífico e passivo, aceitar o status quo em nome de Jesus e aguardar a recompensa na vida após a morte.

A escravidão gradualmente assumiu uma dimensão moderna. Os quilombolas foram forçados – nenhum deles se lembra que tipo de força foi usada, mas eles lembram-se que foi força, ou talvez apenas falsas promessas – a trabalhar para os brancos durante o plantio e a colheita. Isso significava que eles não podiam cuidar de suas próprias plantações. Eles eram pagos, mas não muito, não o suficiente para comprar os mesmos alimento que plantaram e colhiam.

Os brancos continuaram a tomar terras, pouco a pouco, apropriando-se do que queriam como se nunca tivesse pertencido a ninguém. Eles passaram a controlar quase toda a água. Mantiveram o quilombo em miséria perpétua. Quando os quilombolas entravam nas às terras revindicadas pelos fazendeiros brancos, para cavar um pouco de argila para cerâmica, os fazendeiros os expulsavam. Uma vez, durante uma seca, os quilombolas se entraram furtivamente em terras proibidas para pegar água de algumas nascentes em bacias de pedra. Os brancos não apenas os expulsaram, mas jogaram gado morto na s nascentes e depois as encheram.

Felizmente para os quilombolas, uma praga dizimou o algodão em 1987. Isso foi o fim da economia em Conceição, mas também o fim da presença de fazendeiros estrangeiros. A agricultura de subsistência em um lugar sem emprego ou dinheiro era melhor do que ter que trabalhar em condições próximas à escravidão. Embora os forasteiros tenham voltado para Salgueiro, eles não desistiram de sua reivindicação sobre a terra. A essa altura, eles podiam reivindicar os direitos de invasores, ou pelo menos pensavam que podiam. Eles haviam melhorado a terra. Eles estavam lá há gerações. Eles tinham documentos – não escrituras, mas testamentos – "provando" que a terra havia sido passada a eles. Por que ela deveria pertencer a pessoas que não usaram a terra de forma produtiva durante meio século?

Os brancos foram embora, mas os negros permaneceram. Isso significava algo. Conceição das Crioulas era uma comunidade de pessoas que nasceram e foram criadas no local onde gerações de ancestrais nasceram e foram criadas. Os brancos eram da cidade, de um lugar diferente da terra.

Na década de 1990, a população de Conceição era de pouco menos de 1.800 inhabitantes. As pessoas viviam em dezesseis aldeias nas áreas mais adversas da propriedade que os brancos não se deram ao trabalho de tomar. Elas viviam com o mínimo necessário para sustentar a vida humana. Comiam feijão-de-corda, o único tipo que crescia lá. Comiam abóbora, melancia, milho, mandioca e carne de cabra. Quando precisavam de atenção médica, chamavam uma benzadeira. Quando davam à luz, chamavam uma parteira, que tinha, na melhor das hipóteses, um diploma de conclusão do quarto ano do ensino fundamental. Alguns se juntaram à emigração em massa para o sul – Rio de Janeiro e São Paulo – mas em comparaçnao com a maioria das áreas do nordeste brasileiro, poucos moradores de Conceição abandonaram suas terras. E se o fizeram, a maioria acabou voltando.

Pouco depois que os produtores de algodão partiram, os traficantes de drogas invadiram. Conceição ficava no centro do "polígono da maconha", uma vasta área de espaços abertos e pouca presença do governo. Era um negócio violento que se destacava em uma região onde a violência era uma parte integrante da história. Não era incomum que os traficantes de drogas montassem bloqueios nas estradas. Eles roubavam caminhonetes com tração nas quatro rodas para poderem entrar no sertão para colher sua safra. Os mapas rodoviários mostravam pequenos avisos ao lado das rodovias da área: "Alto Risco de Assalto". Mais uma vez, os forasteiros praticamente forçaram os negros a ajudar na parte agrícola do negócio, embora não de forma lucrativa.

Apesar de haver muito pouco uso real da droga em Conceição, o tráfico atraiu a Polícia Militar. Eles arrombaram portas no meio da noite, espancaram pessoas, prenderam-nas sem mostrar qualquer respeito pela

Palmares para Sempre

aldeia de fazendeiros negros pobres, rurais e impotentes, que suspeitavam estar apoiar o tráfico de drogas.

Por mais abusivas que fossem, as táticas funcionaram. Os traficantes foram para outro lugar, assim como a polícia. Conceição pôde voltar à sua luta contra os não agricultores que continuaram a reivindicar as melhores terras. Salgueiro, o município que inclui o distrito de Conceição, oferecia ajuda mínima em termos legais, financeiros ou sociais. As pessoas que controlavam as terras também controlavam o governo municipal. Um pequeno parte do dinheiro que vinha dos governos federal e estadual chegava a Salgueiro, mas praticamente nada chegava a Conceição. Na melhor das hipóteses, a assistência municipal consistia em um caminhão-pipa que passava durante a seca. Até 1995, a escola em Conceição ia apenas até o quarto ano do ensino fundamental. Naquele ano, uma escola em Salgueiro concordou em abrir uma filial na vila, embora fosse apenas até o aitavo ano do ensino fundamental. Salgueiro não fez nada para aliviar a miséria ou reduzir a pobreza. A vila estava por conta própria e ainda praticamente sitiada por fazendeiros de fora.

Em 1988, o Brasil adotou uma nova constituição. O Artigo 68 reconheceu a existência contínua dos quilombos e concedeu aos descendentes de escravos fugitivos residentes o direito de possuir e administrar suas terras como comunidades independentes, como sempre fizeram. Para se qualificarem, eles teriam que provar, por meio de documentação ou evidências antropológicas, que sempre foram quilombos, usando suas terras comunitariamente desde sua fundação e resistindo, mesmo que apenas sobrevivendo, às muitas ameaças que os negros enfrentam no Brasil. De acordo com a Associação Brasileira de Antropólogos, os quilombos não deixaram de ser quilombos após a abolição da escravidão. Eles foram quilombos enquanto resistiram a qualquer coisa que ameaçasse sua existência como tal.

Quilombo dos Palmares e o Guerreiro Zumbi

O direito constitucional à terra quilombola acabou sendo uma má notícia para os quilombolas de Conceição. Agora que tinham a possibilidade de recuperar seus 17.845 hectares, os invasores brancos em suas terras enfrentavam a possibilidade de perder o que consideravam ser seu. As tensões aumentaram. No nordeste do Brasil, os conflitos por terra não são tradicionalmente determinados por documentação ou evidência antropológica. Eles são frequentemente determinados pela morte de uma das partes interessadas. Os pistoleiros de um coronel podem ter mais influência do que as opiniões de um juiz.

A Fundação Cultural Palmares era responsável por decidir quais locais se qualificavam como remanescentes de quilombo, um remanescente de um quilombos. Para se qualificar, uma comunidade tinha que formar algum tipo de autoridade quase governamental, uma organização e um mecanismo por meio do qual a comunidade pudesse tomar decisões comunitárias. Em 2000, Conceição fundou a Associação Quilombola de Conceição das Crioulas (AQCC). Era uma formalização da maneira informal pela qual a comunidade sempre havia tomado decisões – trabalhando pelo bem comum em um lugar efetivamente citado.

A AQCC foi organizada em grande parte por mulheres. Conceição ainda era uma sociedade matriarcal. Uma boa demonstração disso ocorreu em 1993, quando os governos do Brasil e Salgueiro doaram a Conceição tijolos suficientes para reconstruir 25 de suas casas. A comunidade vinha sofrendo com uma alta incidência da doença de Chagas, que é causada por um inseto chamado barbeiro. Ele se esconde nas frestas das paredes de adobe, sai à noite, pica as pessoas com muita delicadeza, suga um pouco de sangue e defeca perto da ferida. O material fecal pode conter um parasita. A vítima coça a ferida, friccionando o parasita para dentro da corrente sanguínea. Eventualmente, o parasita ataca o sistema nervoso, o sistema digestivo e o coração. Isso pode ser fatal, geralmente por insuficiência cardíaca. Não há vacina, e o tratamento é perigoso e muitas vezes ineficaz. A melhor prevenção é uma casa feita de outro material que não seja adobe. Mas quando os tijolos doados chegaram, as pessoas ficaram desconfiadas. O governo nunca as havia ajudado antes, a menos que fosse hora de angariar votos. Elas temian de que os políticos confiscassem as casas assim que fossem construídas. Os homens se recusaram a aceitar os tijolos, mas as mulheres tomaram a iniciativa. Elas aceitaram os tijolos e começaram a trabalhar, usando equipes formadas exclusivamente por mulheres para construir uma casa de cada vez. Os homens apenas observaram por um tempo, depois se sentiram envergonhados e se juntaram ao trabalho.[4]

A AQCC providenciou a utilização de uma casa desocupada como sede e de lá reuniu a documentação que comprovaria que Conceição e que sempre funcionou como uma comunidade com terras comunais.

Pela primeira vez desde 1802, e sem dúvida desde a luta para defender Palmares, o campo de batalha não era o sertão mas nos tribunais e nos escritórios das agências governamentais. Depois que a Fundação Cultural Palmares qualificava uma vila como quilombo, o Instituto Nacional de Colonização e Reforma Agrária (INCRA) ficava encarregado de decidir os limites das terras afetadas e o que fazer com outras pessoas que a reivindicavam. Esse é um processo muito longo em um país onde a documentação nem sempre é completa ou clara, o levantamento topográfico pode nunca ter sido feito, a imposição governamental de transferências de terras é politicamente carregada, o sistema judicial é minimamente funcional e a violência frequentemente desempenha um papel especial na forma como as decisões são tomadas e executadas. O INCRA, portanto, tende a ser uma burocracia na qual os documentos e os sonhos entram, mas raramente saem.

---

[4] F. Sucupira, "A Luta das Crioulas," *Problemas Brasileiros,* no. 371. Set./Out. 2005. (São Paulo: Editora SESC, 2005).

Ainda assim, o INCRA é uma agência legal, apoiada pelo governo, que é fundamentalmente honesta, mesmo que extremamente ineficiente, lenta, confusa e frequentemente ignorada. Os invasores brancos nas terras de Conceição não tinham nenhuma vantagem nos processos legais, então tentaram transformar a batalha em uma de violência e intimidação. Quando um agente do INCRA deixou seu escritório com ar condicionado e dirigiu os 46 quilômetros de estrada de terra até Conceição, ele ouviu reclamações dos quilombolas e de volta à cidade ele ouviu críticas veementes mordaz de alguns fazendeiros que sinceramente acreditavam que eram proprietários de terras em Conceição. Ele decidiu que a situação era muito instável para lidar com ela e voltou para seu escritório com ar condicionado. A antropóloga Vânia Rocha Filho de Paiva e Sousa, pesquisando as raízes e a cultura de Conceição, escreveu: "Ao sair da BR-116 e entrar pela estrada de terra em direção a Conceição, é sempre grande a expectativa e o receio. Encravada numa terra "sem lei" por conta do tráfico da maconha, chegar até Concei- ção não deixa de ser uma aventura. Se o carro é oficial, corre-se o risco de ser confundido com a Polícia Federal; em carro particular, é fundamental estar acompanhado das pessoas da região."[5]

Paiva e Sousa também escreveu: "O problema reside nas características físicas da região: extremamente árida, com as me- lhores áreas sob o domínio de fazendeiros. Os trechos que sobram para os habitantes de Conceição apresentam muitas pedras e são im- próprios para a agricultura."[6]

Em 2004, logo após o INCRA se envolver no caso, Aparecida Mendes, uma das líderes mais ativas da AQCC, foi chamada para se reunir

---

[5] Vánia Rocha Filho de Paiva e Sousa, "Conceição das Crioulas," *Quilombos: Identidade Étnica e Territorialidade*, 109-110.

[6] Ibid, 114

com uma mulher que liderava a família de um dos maiores requerentes externos à terra. Enquanto a mulher conversava com Mendes, a mulher sentava com um visível ar de superioridade e desdém por aqueles que estavam abaixo dela. Sentindo-se como uma plebeia inútil em audiência com uma rainha, Mendes percebeu movimento do lado de fora. Ela rapidamente se deu conta que o loal estava sendo cercado. Homens armados apareceram nas janelas e na porta. A mulher disse a ela – gritou com ela – que era melhor ela parar de tentar aprovar as terras Conceição como um quilombo. Mendes, aterrorizada, foi autorizada a sair. Ao sair pela porta, ela tinha certeza de que levaria um tiro na nuca, mas ela continuou andando e o tiro nunca veio.

Ela considerou seriamente desistir. Pessoas são mortas por questões de terra, e quando os ricos assassinam os pobres, eles quase sempre escapam impunes. Mas então ela começou a pensar sobre a luta, o quão antiga ela era, em como ela tinha sido passada para ela e em como agora era seu dever levá-la adiante. Ela se lembrou de Zumbi. Lembrou-se de seu avô, que tinha participado da revolta de 1904. Lembrou de duas mulheres, Dona Maria Ana e Dona Agustinha, que utaram antes dela e sob as mesmas ameaças de morte. Ambas tinham morrido em suas camas com mais de cem anos de idade.

Pouco tempo depois, alguém jogou gasolina na sede da associação e ateou fogo. Algum tempo depois, alguém invadiu o prédio e roubou todos os equipamentos e, mais importante, todos os documentos. As pessoas em Conceição investigaram e descobriram que tinham sido alguns adolescentes de Salgueiro. Encontraram os rapazes e de alguma forma conseguiram obter informações deles. Os rapazes disseram que receberam ordens para roubar os equipamentos e pegar os documentos. Os equipamentos apareceram no matagal fora da vila, e os documentos foram resgatados. A AQCC consguiu continuar sua jornada labiríntica pelo INCRA e pelos tribunais.

Aparecida Mendes vem do fundo do poço. Ela é negra. Ela é pobre. Ela é mulher. Ela mora no nordeste do Brasil, e uma das áreas mais inclementes daquela região infamemente empobrecida. Depois de termoinar o quarto ano do ensino fundamental, ela presumiu que faria como qualquer outra mulher na cidade: se casaria, teria filhos e passaria o resto da vida cuidando do marido e dos filhos. Uma escrava, em outras palavras, nas algemas da família. Não havia como subir na vida, nem como sair dali. O mais perto que ela chegou de sair foi quando teve que ir trabalhar em Salgueiro como cozinheira e empregada doméstica enquanto seu marido estava trabalhando na fazenda de outra pessoa. Isso aconteceu durante um período de seca intensa e miséria em Conceição. A única maneira de sobreviver em Conceição era trabalhar em outro lugar. Ela mudo para Salgueiro e teve que levar sua filha de sete anos com ela. Todos os dias ela tinha que trancar a menina sozinha em casa enquanto ela ia trabalhar para uma senhora rica. Ela se sentiu péssima o dia todo. Ela descreve seu estado mental naqueles dias como um inferno.

Em 1995, quando a nova escola de ensino médio foi inaugurada em Conceição, ela voltou e continuou seus estudos em aulas noturnas. Ela chegou ao sétima ano do ensino fundamental antes que uma mudança de governo acabasse com as aulas noturnas. Mas ela adorava aprender, e logo ela e uma prima estavam fazendo cursos pelo correio. Hoje ela está estudando história em uma faculdade em Salgueiro, pegando o ônibus barulhento para a cidade para as aulas e voltando para casa à noite. Ela diz que faria seu doutorado se fosse possível.

Mendes se tornou não apenas uma líder do governo de facto em Conceição da Crioulas – a AQCC – mas tembém coordenadora de algo raramente visto no Brasil fora das grandes cidades: uma biblioteca. Ela fica em um prédio pequeno e simples, apenas três salas e uma entrada. Tem algumas prateleiras simples de aço e não há material escrito suficiente para preenchê-las. Mas é um começo, e é uma coisa incrível de se ver em uma vila que frequentemente carece de água. A biblioteca, ela diz, faz parte da luta que foi passada para ela e para o resto de Conceição. Assim como o estúdio de produção de vídeo da AQCC, uma operação simples, mas eficaz, que utiliza um computador Macintosh e uma câmera de vídeo básica. A associação faz vídeos sobre sua história, sua cultura, seu patrimônio, seu povo e sua terra. Ela possui vários outros computadores e uma conexão de Internet muito rápida por meio de uma antena parabólica. Ela tem um site na Internet. Está em fase avançada do processo de obter aprovação para uma estação de rádio. Uma organização em Portugal envia-lhes assistência e leva pessoas de Conceição para Portugal para treinamento em produção de vídeo. A Oxfam enviou ajuda. Eles foram além de arcos e flechas, fundas, água fervente e fossos com estacas. Agora as armas são a lei, a informação e a comunicação, e Conceição está bem armada.

O mais recente ataque a Conceição – e inúmeras outras aldeias rurais – é um grande projeto governamental para retirar água do rio São Francisco para distribuição em uma ampla área do sertão de Pernambuco, Ceará, Rio Grande do Norte e Bahia. Aparecida Mendes e outros questionam o projeto por tudo, desde seu custo até seu impacto ambiental, sua viabilidade técnica e seu destino final – pessoas ou indústria. Os ambientalistas afirmam que a irrigação por aspersão em larga escala pode, na verdade, acelerar a desertificação do nordeste pois a saturação do solo retira sais do subsolo e contamina a superfície. Outros argumentam que da próxima vez que o El Niño alterar os padrões climáticos, o nordeste sofrerá uma seca terrível, como aconteceu da última vez que o El Niño ocorreu. Parecia que uma promessa de água seria bem-vinda em um lugar como Conceição, mas Mendes diz que é improvável que ela se concretize. Ela afirma que inevitavelmente será consumida pelas grandes fazendas dos ricos, e não pelas caixas d'água domésticos de pessoas menos favorecidas. As grandes fazendas, diz ela, crescerão ainda mais e ameaçarão as fazendas de subsistência de várias maneiras. Seria muito mais econômico, diz ela, dar dinheiro às pessoas para construírem cisternas como a que ela tem. Ela coleta água da chuva suficiente durante a estação chuvosa para sustentar uma família e um jardim durante os seis ou oito meses de seca. Nunca mais, diz ela, ela vai segurar um balde debaixo de um caminhão-pipa e depois tomará banho jogano água nas costas com up copo. Nunca.

O INCRA tem avançado centamente para a frente com a resolução final das questões de títulos de terra. Os fazendeiros brancos – todos os 39 – serão reembolsados por suas terras, e todos eles são a favor de receber algum dinheiro por terras que não valem muito. O INCRA prometeu a Conceição que tudo seria finalizado até março de 2009, mas depois disse seria em junho, e em junho disse que seria até o final do ano. O atraso estava na determinação dos supostos limites das 39 não propriedades que não pertenciam a nenhum fazendeiro de fora em primeiro lugar. Os limites tiveram que ser determinados de forma definitivamente para que ninguém discutisse sobre o que está sendo transferido e pago. Aparecida Mendes não estava feliz em ver os invasores sendo pagos por terras que roubaram e usaram por um século, mas ela queria ver a questão encerrada. Ela não queria ver mais atrasos. As pessoas estavam trabalhando nisso desde cerca de 1603, quando Palmares defendeu pela primeira vez seu direito ao território. O INCRA não iria se safar. Ela e um grupo de outros quilombolas estavam planejando uma viagem ao escritório do INCRA em Petrolina. Eles iriam ficar do lado de fora e gritar até que alguém saísse de seu escritório com ar condicionado e lhes devolvesse suas terras. Eram deles porque tinham sido de seus antepassados, e não importava o que o gov-

Palmares para Sempre

erno, os ricos, os brancos ou os poderosos dissessem, Conceição das Crioulas seria um quilombo para sempre.

Fim

Agradecimentos

Este livro foi possível graças à ajuda de muitas pessoas. Entre elas, os historiadores que buscaram muitos dos documentos citados neste livro. Entre eles estão Ernesto Ennes, Edison Carneiro, Décio Freitas, Ivan Alves Filho e Stuart Schwartz. O arqueólogo Scott Allen, da Universidade Federal de Pernambuco, me ajudou a organizar e entender informações sobre Palmares por meio de explicações sobre os complexos vínculos entre a arqueologia, a cultura, pa olítica e o mito.

O autor não encontra palavras adequadas para agradecer à tradutora Dra. Ana Lessa-Schmidt, que não só corrigiu inúmeros problemas na tradução original, como também revisou o texto para corrigir erros, adicionar informações relevantes e tornar a narrativa mais clara para o leitor da língua portuguesa.

O autor agradeça muito a Madara Vieira Tyler, que ajudou com a tradução original, e Wells Moore, que desenhou a capa.

Também devo agradecimentos especiais à família de Riccardo, Dagmar e Roberto Canesi, que me deram uma base para chamar de lar enquanto eu vagava por Alagoas. Sou grato a Sílvio e LeLa Viana de Sá, que me ajudaram a me orientar em Maceió. Da mesma forma, devo gratidão a Bruna Trajano Costa por me fazer bem-vindo em Recife. No interior de Pernambuco, Aparecida Mendes fez a gentileza de me receberem Conceição das Crioulas e me informar sobre a experiência de viver em quilombos passados e presentes. Ronaldo Aureliano fez a gentileza de compartilhar o segredo da caverna subaquática onde ele acreditava que Zumbi poderia ter se escondido no rio Paraíba, o mesmo rio onde Ronaldo mais tarde se afogou ao tentar resgatar de seus alunos seus que estavam sendo levados pela correnteza. Agradeco também Aloysio Vasconcelos por seus insights sobre os rumores e verdades sobre o Quilombo dos Palmares. Também devo agradecer a Silvia Almeida, Anna Grichetchkine e Elisabete dos Santos pela ajuda com algumas traduções muito difíceis da língua portuguesa. Agradeço também a José Roberto de Toledo pela ajuda para localizar documentos no Brasil.

Penny Newbury, editora rigorosa, merece enorme crédito por ajudar a tornar este livro mais organizado e legível. Laura Natusch contribuiu com uma edição detalhada e conselhos sobre uma série de questões estilísticas e organizacionais. A editora sênior Denise Dembinski trabalhou com Richard Waterman, Anis Racy, Ralph Cheney e Sandi Cheney para aplicar seus olhos críticos e perspicazes na revisão da edição original em inglês.

E acima de tudo, e mais profundamente de tudo, agradeço à minha esposa, Solange Aurora Cavalcante Cheney, por todo o seu apoio, paciência e compreensão durante o longo, longo tempo que levei para pesquisar e escrever este livro.

Glenn Alan Cheney
Hanover, Connecticut, EUA

Bibliografia

Livros

Abreu, João Capistrano de. *Chapters of Brazil's Colonial History 1500 – 1800.* Oxford: Oxford University Press, 1997.

Almeida, L. de; Galindo, M; e Elias, J., eds. *Índio do Nordeste: Temas e Problemas 2.* Maceió: EDUFAL, 2000.

André João o Antonil, *Cultura e opulência do Brasil por suas drogas e minas.* São Paulo, 1923.

Alves Filho, Ivan. *Memorial dos Palmares.* Rio de Janeiro: Xenon Editora e Produtora Cultural, sem data.

Azevedo, João Lúcio de, ed., *Cartas do Padre António Vieira, vol. 3.* Coimbra: Imprensa da Universidade, 1928.

Bergad, Laird W. *The Comparative Histories of Slavery in Brazil, Cuba, and the United States.* Nova York: Cambridge University Press, 2007.

Boxer, CR *The Dutch in Brazil – 1624-1654.* Oxford na Clarendon Press, 1957.

Brandão, Alfredo. *Os Negros na História de Alagoas.* Ediculte, Maceió, 1988.

Bom, Eduardo. *Brasil: Uma História.* São Paulo: Editóra Ática, 200.

———, *A Viagem do Descobrimento.* Rio de Janeiro: Ed. Objetivo, 2006.

Cadornega, Antônio de Oliveira. *História Geral das Guerras Angolanas,* vol. 1. Lisboa: Agência Geral das Colónias, 1940.

Carneiro, Edison. *O Quilombo dos Palmares*, 2ª Ed. São Paulo: Companhia Editora Nacional, 1958.

Cheney, Glenn Alan. *Journey on the Estrada Real; Encounters in the Mountains of Brazil,* Chicago: Academy Chicago, 2004.

Conrad, Robert Edgar. *Children of God's Fire: A Documentary History of Black Slavery in Brazil.* University Park, Penn.: Univ. of Pennsylvania, 2006.

Conrad, Robert Edgard (sic). *Tumbeiros: O Tráfico de Escravos no Brasil.* São Paulo: Editó ra Brasiliense, 1985.

Correspondência do Governador D. Diogo de Menezes (1608-1612), Anais da Biblioteca Nacional, 1939, vol. 57.

Cunha, Euclides da. *Os Sertões.* Belo Horizonte: Editora Itatiaia, 1998.
–––, Rebellion in the Backlands (Os Sertões) trad. Samuel Putnam. Chicago: Universidade de Chicago Press, 1944.

Ennes, Ernesto, *As Guerras Nos Palmares vol. 1: Domingos Jorge Velho e a Troia Negra 1687-1700* (São Paulo: Companhia Editora Nacional, 1938)

Fausto, Boris. *A Concise History of Brazil.* Nova York: Cambridge University Press, 2005.

Fonseca Júnior, Eduardo. *Zumbi dos Palmares: A História do Brasil que Não Foi Contada.* Rio de Janeiro: Yorubana do Brasil Sociedade Editora Didática Cultural, 2002.

Freitas, Décio. *República de Palmares: pesquisa e comentários em documentos históricos do século XVII.* Maceió, Alagoas: U. Federal de Alagoas, 2004.

–––. *Palmares: A Guerra dos Escravos*, 5ª Edição. Rio de Janeiro: Edição es Graal, 1990.

Freitas, M. M. de. *Reino Negro de Palmares vol. II.* Rio de Janeiro, Cia. Editora Americana, 1954

Freyre (também conhecido como Freire), Francisco de Brito. *Nova Lusitánia, História da Guerra Brasileira.* Lisboa: Oficina de Joam Galram, 1675).

Freyre, Gilberto. *Casa-grande e Senzala: formação da família sob o regime de economia patriarcal.* Rio de Janeiro: Schmidt, 1938.

–––, *The Masters and the Slaves: A Study in the Development of Brazil-*

ian Civilization, trad. Samuel Putnam. Berkeley: U. of California Press, 1986.

Gandavo, Pero de Magalhães. *Tratado da Terra do Brasil: História da Província de Santa Cruz.* Belo Horizonte: Editó ra Itatiaia,1980.

Barleus, Gaspar. *Holanda Brasil onde está o vento de Graaf Johan Maurtiz.* 1923.

Genovese, Eugene D. *From Rebellion to Revolution: Afro-American Slave Revolts on the Making of the Modern World.* Baton Rouge: Louisiana State U. Press, 1979.

Gomes, Flávio. *Palmares: Escravidão e Liberdade no Atlântico Sul.* São Paulo: Ed. Contexto, 115.

Lima Sobrinho, Barbosa. *O Devassamento do Piauí.* Apêndice #7. "O Famoso Documento de Pereira da Costa." São Paulo, 1946.

Loreto, Domingos do Couto. *Desagravos do Brasil e Glórias de Pernambuco,* em *Anais da Biblioteca Nacional do Rio de Janeiro, vols. 14 e 15.*

Mansfield, Charles Blanchford, *Paraguay, Brazil, and the Plate: Letters Written in 1852-1853.* Cambridge: Macmillan & Co., 1856.

Martins, Oliveira. *Brasil e as Colónias Portuguezas, 3ª Ed.* Lisboa: Livraria de António Maria Pereira, 1893.

Mattoso, Katia M. de. Queirós. *To Be a Slave in Brazil 1550-1888.* Nova Brunswick: Rutgers University Press, 2004.

Mello, Antônio Joaquim de. *Biografias de alguns poetas e casas ilustradas da Província de Perambuco.* Recife: Tipografia Universal, 1856.

Mello, José Antônio Gonsalves de. *Henrique Dias – governador dos crioulos, negros e mulatos do Brasil.* Recife, Massangana, 1988.

Moreno, Diogo de Campos. *Livro que dá razão do estado do Brasil 1612.* Recife, 1955.

Moura, Clóvis. *Quilombos: Resisténcia ao escravismo, 3ª Ed.* São Paulo: Editora Ática, 1993.

Nelson, Thomas. *Remarks on the Slavery and Slave Trade of the Brazils.* Londres, 1846.

Pita, Sebatião da Rocha. *História da América Latina.* Belo Horizonte: Editora Itatiaia, 1976.

Price, Richard. *Maroon Societies: Rebel Communities in the Americas, 3ª Ed.* Baltimore: Johns Hopkins U. Press, 1996.

Reis, João José é, e Gomes, Flávio dos Santos, eds. *Liberdade por um Fio: História dos Quilombos no Brasil.* São Paulo: Editora Companhia das Letras, 1996.

Ribeiro, Darcy. *O Povo Brasileiro: A formaçao sentido do Brasil.* São Paulo: Editora Schwarcz, 2002.

Rodrigues, Nina. *Os Africanos no Brasil, Revisão e prefacio de Homero Pires, 3º.* Ed. Companhia Editora Nacional, São Paulo, 1945.

Rodrigues, José é Honório, e Ribeiro, Joaquim. *Civilização o Holandesa no Brasil.* São Paulo, Companhia Editora Nacional, 1940.

Schwartz, Stuart B. *Reconsidering Brazilian Slavery.* Chicago and Urbana: Illini Books, 1996.

———. *Reconsidering Brazilian Slavery,* Urbana e Chicago: Illini Books, U. of Illinois, 1992.

———. *Sugar Plantations in the Formation of Brazilian Society: Bahia 1550-1835.* Cambridge, Reino Unido: Cambridge Univ. Press, 1985.

Southey, Robert. *History of Brazil, Vol. 1*, Santa Barbara, Calif.: Greenwood Press, 1969.

Sousa, Gabriel Soares de. *Notícia do Brasil, Vol. 1.* São Paulo: Livraria Martins Editora.

Taunay, Affonso de E. *História Geral das Bandeiras paulistas, Vol. 8.* São Paulo: Imprensa Oficial do Estado, 1946.

Thornton, John. *Africa and Africans in the Making of the Atlantic World, 1400–1800,*, 2ª ed. Cambridge: Cambridge UP 1998.

Vieira, Antônio. *Obras Completas do Padre António Vieira, Sermões, 15 vols.* Porto: 1907-1909.

Periódicos

Allen, Scott, "Identidades em Jogo: Negros, Índios e a Arqueologia da Serra da Barriga", in Índios do Nordeste: Temas e Problemas 2., ed. L. de Almeida, M. Galindo e J. Elias, (Maceió: Editora U. Federal de Alagoas) (2000).

Anderson, Robert Nelson III, "The Quilombo of Palmares: a new overview of a maroon state in seventeenth-century Brazil (Brazil: History and Society).", Journal of Latin American Studies 28, no. 3.

Biancarelli, Aureliano, e Rattner, Jair, "Pistas Diversas", Folha de São Paulo, Seções 5 e 6 (12 de novembro de 1995).

Botelho, Diogo de, "Correspondência de Diogo Botelho", Revista IHGB 73, parte 1, (Instituto Histórico e Geográfico Brasileiro).

Carvalho, Alfredo de, trad., "Brieve en Paieren uit Brasilien, coleção de documentos de autor(es) não identificado(s)," Revista do Instituto Arqueológico Pernambucano X, no. 56 (março de 1902).

Costa, Pereira FA, Anais Pernambucanos 3, (Recife, Governo do Estado de Pernambuco, 1983).

"Dezenove Documentos sobre os Palmares pertencentes ao Colleção Studart." Revista Trimensal do Instituto Ceará

Freehafer, Virginia, "Domingos Jorge Velho: Conquistador do Sertão Brasileiro", The Americas, 27, n.º 2 (outubro de 1970).

Kent, RK "Palmares: Um Estado Africano no Brasil," The Journal of African History 6, no. 2 (1965).

Libby, Jean, "Technological and Cultural Transfer of African Ironmaking into the Americas and the Relationship to Slave Resistance," Rediscovering America: National, Cultural, and Disciplinary Boundaries Reexamined, (Baton Rouge: Louisiana Sate U., 1993).

Marin, Richar," Zumbi dos Palmares: Um Novo Tiradentes?" Clio: Revista de Pesquisa Histórica 1, no. 20 (Recife: U. Federal de Pernambuco, 2002).

" Memórias dos Feitos que se deram durante os primeiros anos da guerra com os negros quilombolas dos Palmares, sua destruição oe paz aceita em Junho de 1678," Revista do Instituto Histórico e Geográfico Brasileiro 39 (1876).

Metcalf, Alida C., "Millenarian Slaves: the Santidade de Jaguaripe and Slave Resistance in the Americas,", The American Historical Review, Vol. 104 (dezembro de 1999).

Miller, Joseph C., "Mortality in Atlantic Slave Trade: Statistical Evidence on Casualty,", Journal of Interdisciplinary History 3 (1981).

Orser, Charles E., Jr. e Funari, Pedro PA, "Archaeology and Slave Resistance and Rebellion," Arqueologia Mundial, vol. 33(1).

Paiva e Sousa, Vánia Rocha Filho de." Conceição das Crioulas, Salgueiro, (PE)", em Quilombos: Identidade É tnica e Territorialidade, Fun. Getúlio Vargas (2002).

Pereira da Costa, FA, Anais Pernambucanos 1645, vol. 3 (1951).

" Relação de Angola", Fonds Portugais, no. 8 (1586).

Ribeiro, René, "Relations of the Negro with Christianity in Portuguese America,", The Americas 14, n.º 4 (abril de 1958).

Revista do Instituto Ceará," Famílias do Nordeste", 1941.

Silva, Kalina Vanderlei, "Os Henriques nas Vilas Açucareiras do Estado do Brasil: Tropas de Homens Negros em Pernambuco, séculos XVII e XVIII." Estudos de História, 9, n.2. (Franca, SP: UK. Federal de São Paulo) 2002.

Sucupira, F., "A Luta das Crioulas", Problemas Brasileiros, no. 371 (São Paulo: Editora SESC, set./out. 2005).

Taunay, Affonso de E., "Subsídios para a História do tráfico africano no Brasil Colonial", Publicação Anual do Terceiro Congresso de História Nacional III, (Rio de Janeiro: Imprensa Nacional, 1941).

Outro

Allen, Scott Joseph, "'Zumbi Nunca Vai Morrer' História, a prática da arqueologia e a política racial no Brasil" (diss. de doutorado, Brown University, Providence, RI, maio de 2001).

Brandão, Alfredo, 1988, Comissão Estadual do Centenário rio Abolição, Catá logo das Ordens de Reais, Provedora de Pernambuco, Códice 11, 3, 1, artico 6, fls. 599-600 (BNRdJ).

Documentos Históricos da Biblioteca Nacional do Rio de Janeiro, Rio de Janeiro, 1928.

Oliveira, Edivania Granja da Silva, "Negras Libertas na Formação do Quilombo Conceição o das Crioulas," XIV CISO – Encontro de Ciências Sociais do Norte e Nordeste: GT 15 Recomposições do Rural" território rios e identidades.

Relação das Guerras Feitas aos Palmares de Pernambuco no Tempo do Governador d. Pedro de Almeida, de 1675 a 1678, Biblioteca Nacional de Lisboa, Códice 265.

Schwartz, Stuart, The Economy and Society of Colonial Brazil: A Brief Overview. The James Ford Bell Lectures #12 (1974), a Associação da Biblioteca James Ford Bell, Univ. de Minn.

Walsh, Rev. Robert, "Notices of Brazil in 1828 and 1829" (Boston: Richardson, Lord & Holbrook, William Hyde, Crocker & Brewster, 1831).

O Autor

Glenn Alan Cheney é pesquisador, historiador e autor de mais de 40 livros, centenas de artigos e vários ensaios de opinião. Seus livros, ficção e não ficção para crianças, adolescentes e adultos, abordam tópicos tão díspares como proliferação nuclear, recuperação de dependência, Mohandas Gandhi, Abraham Lincoln, testes atômicos, política centro-americana, a Estrada Real, os Peregrinos de Plymouth, freiras que trabalham em circunstâncias perigosas, Chernobyl, gatos, a morte e enterramento, os fins do mundo, e filosofia. A maioria de seus artigos é sobre negócios e finanças. Ele é formado em filosofia, comunicação, inglês e escrita criativa. Ativo na governo local, ele tem servido de vice-prefeito (*selectman*) de sua cidade, o conselho de finanças, a comissão de pântanos interiores, corpo de bombeiros voluntários, diretoria da biblioteca e sociedade histórica. Ele morou no Brasil três vezes diferentes, mas se estabeleceu em Hanover, Connecticut, com sua esposa, Solange. Para mais informações, consulte cheneybooks.com.

Index

A

Acaiene 6, 116, 166, 168

Acaiúba 6, 168

Acotirene 6, 120, 166

açúcar 6, 21–22, 32, 33–35, 38, 41–42, 51, 56, 59–60, 70–71, 76, 79, 85, 91, 97–98, 102, 104, 110–112, 127, 131, 142, 162, 178, 210, 214, 232–233

Afonso VI 6, 16–18, 134

afoxé 6, 286

Agostinho da Silva 6, 141

Agustinha, Dona (of conceição das Crioulas) 6, 297

Alagoas 6, 99–100, 103, 109, 120–123, 140–142, 148–150, 153, 155, 164, 167, 185–186, 190–192, 196, 198–199, 206–208, 217, 220, 228–230, 234–235, 242, 248, 257–258, 260, 264, 282–283, 302, 304–305, 308

Alama 6, 197

Albuquerque

Brites de 6, 13, 40

Duarte, Coelho de 6, 14

Jerônimo 6, 40

Matias de 6, 14–15, 86–88, 92–93

Allen, Scott 6, 9–11, 270, 272–284, 302, 308, 310

Almeida, Dom Pedro de 6, 152, 154, 175

Almeida, Gov. Pedro de 6, 153–155, 164–165, 172–175, 177, 180–181, 303–304, 308, 310

Alto Magano 6, 121

Álvares, José 6, 247–248

Amaro (em Palmares) 6, 120, 168

Amaro (líder em Palmares) 6, 187–188
Amsterdã 6, 91, 95–96
Andalaquituche 6, 121–122, 169
Anjo, Francisco Fernandes 6, 242, 250
Antonil, Andre João 6, 51–52, 304
Aqualtune 6, 117, 166
Araújo, Gonçalo Reis de 6, 169
Arzão, Antônio Rodrigues 6, 215
Associação Brasileira de Antropólogos 6, 293
Associação Quilombola de Conceição das Crioulas (AQCC) 6, 294–296, 298–299
atabaque 6, 286
Atouguia, Conde de 6, 132–133
axé 6, 286

B
Bahia de Todos os Santos 6, 73, 85
bandeirantes 6, 38, 78, 127, 214–215, 268, 275
barbeiro 6, 294
Barbosa, Belchior Dias 6, 219
Barbosa, Clemente da Rocha 6, 191
Barleus 6, 306
Baro 6, 16, 101, 105
Barreto, Francisco 6, 16, 132–133
Barriga, Serra de 6, 10, 100, 106, 120, 122, 190–191, 196, 221, 238, 245–246, 269–271, 273–274, 279–283, 308
batucada 6, 286
batuque 6, 286
beneditinos 6, 233

benzadeira 6, 292
berimbau 6, 286
Bezerra 6, 206
Bezerra, Antônio Jacomé 6, 17, 75, 133, 149, 151–152, 165
Bezerra, Bartolomeu 6, 14, 74
Blaer, João 6, 16, 101–103, 110, 124
Bom Jesus e a Cruz, arraial de 6, 15, 88, 92, 94, 167, 184
bossa-nova 6, 286
Botelho, Dom Diogo 6, 14, 73–75, 77, 308
Brasil
descobrimento de 6, 26
nomeação de 6, 30, 32, 58
Brito, Domingos de 6, 169
Brown University 6, 273, 310

C
Cabral, Pedro Álvares 6, 13, 26
Calabar, Domingos Fernandes 6, 92–94, 224
Camarão 6, 88, 95, 112, 155, 164, 222, 226, 235, 242, 257
Camarão, Sebastião Pinheiro 6, 155, 191, 222, 242, 249–250, 258
Camelo, Pedro 6, 251
Camuanga 6, 241
candomblé 6, 147, 286
cânhamo 6, 63
Capinharuen 6, 218
Capirabe 6, 156
capitanias, origem de 6, 31
capitão do mato 6, 78, 206
capoeira 6, 284, 286

Cardoso, Antônio Dias 6, 133
Cardoso, Brás de Rocha 6, 16, 132
Cardoso, Fernando Henrique 6, 281
Carlos II, Rei da Inglaterra 6, 91, 173
Carneiro, Domingos Rodrigues 6, 191–192, 205
Carneiro, Ediison (notas de rodapé) 6, 9, 62, 69, 77, 101–103, 108, 124, 128, 141, 143, 148, 151–153, 156, 165–166, 168–169, 173, 186, 188–189, 190, 199, 208, 218, 234, 236, 267–268, 277, 302, 304
Carneiro, Domingos Roiz 6, 190–191
Carrilho, Fernão de 6, 17–18, 163–171, 172, 174–175, 180, 189, 195–197, 205–209, 212, 226, 235, 245
Casa de Aviz 6, 84
Casa de Bragança 6, 15–16, 98, 112
Castro, Aires de Souza de 6, 17, 177, 179–180, 183, 190, 192, 194, 201
Castro, Caetano de Melo e 6, 216, 233–235, 239, 248, 262, 265, 267
Castro, Furtado de 6, 17, 142, 146
Catarina, Rainha da Inglaterra 6, 16, 173, 185–186, 205, 223
Ceará 6, 149, 197, 205, 299
Chagas 6, 294
choro 6, 286
Coelho, Duarte 6, 13–14, 31, 40, 86, 129
Companhia de Jesus (Jesuitas) 6, 36, 79
Companhia Geral do Comércio do Brasil 6, 113
Companhia Holandesa das Índias 6, 15, 85, 87, 95, 97, 99, 110
Conselho Ultramarino 6, 64, 84, 134, 139, 147, 166, 174, 180–181, 183, 195, 203, 208, 212, 215, 241, 278

coroneis (modernos) 6, 267, 294

Coutinho, Antônio Luís Gonçalves da Câmara (Marqês de Montebelo) 6, 224, 235

Coutinho, Fernão de Souza 6, 142–143, 146, 148, 152

Couto, Domingos Loreto de 6, 127, 155, 191, 199, 306

Cucaú 6, 17, 179, 181–189, 192–194, 201

Cunha, João de Freitas da 6, 17, 180, 185, 189, 197–198

Cunha, Matias da 6, 202, 222

Curiva 6, 121

D

Dambi, Mateus 6, 170

Dambrabanga 6, 121–122, 263

Dantas, André dda Rocha 6, 148

diamantes 6, 214, 266

Diamantina 6, 266

Dias, André 6, 189

Dias, Fernão 6, 215

Dias, Henrique / Regimento Henrique Dias 6, 15, 89, 112, 114, 129, 174–175, 178, 190, 306

Dois Irmãos 6, 121, 235, 263

E

El Niño 6, 299

Elinga, Rio 6, 102

Engana-Columim 6, 261

escravos 35, 37, 39

primeiros no Brasil 6, 13, 38, 40–41

tortura 6, 54–55, 57, 98, 178

tráfico 6, 15, 43, 46, 59, 65, 77, 214, 305, 309
esposa   6, 13, 40, 55, 90–91, 168, 176, 199, 224, 255–256, 303, 310–311
Estrada Real 2, 6, 266, 304, 310–311

F
feijoada 6, 286
Felipe I, Rei 6, 84
Felipe II, Rei 6, 14–15, 84
Felipe IV 6, 15, 85, 90, 98
Fernandes, Capitão Matias 6, 168–169
Ferraz, José Ferreira 6, 242
Ferreira, Carlos 6, 195
Ferreira, José 6, 242
Fonseca Junior, Eduardo 6, 305
Fonseca, Bartolomeu Simões da 6, 235
Franciscanos 6, 205
Francisco José 6, 289
Freire, Alexandre de Sousa 6, 17, 141
Freire, Francisco de Brito 6, 16–17, 124, 134–137, 305
Freyre, Gilberto 6, 268, 305
fumo Angola 6, 63
Funari, Paulo 6, 29, 125, 216, 271–272, 274, 309
Fundação Cultural Palmares 6, 280, 282, 287, 294–295
Furtado, Diogo de Mendonça 6, 15, 85

G
Galvão 6, 155–157, 167, 184, 186–189, 197
gameleira branca 6, 285

Gana-Zona 6, 118, 166, 172, 186–187
Ganga-Muiçã 6, 168
Ganga-Zumba 6, 17, 116–118, 138, 158, 162, 166, 168–171, 174–182, 184, 186–188, 193
Gaspar 6, 168, 187–188
Gato Manuel Borba 6, 215
Godói 6, 262
Gonçalo 6, 169
Gonçalo Moreira da Silva 6, 186–187
Gone (chefe de Palmares) 6, 169
Gôngoro (mocambo) 6, 197
Gonsalves, Estevão 6, 168
Guaranhuns 6, 121, 169
Guararapes 6, 156
Guerra da Restauração 6, 15, 17, 112, 173
Guerra dos Oitenta Anos 6, 84, 200
Guerreiro, Antônio Carlos 6, 186
guerrilha (tática) 6, 88, 101, 113–114, 150, 187, 200, 240, 255

H
Haiti 6, 147
Henriques, Bernardo de Miranda 6, 17, 138, 140–141
Holanda 6, 14–16, 77, 84–85, 87, 89–90, 95–96, 98, 101, 110, 113–114, 133–134, 227, 232, 306
Humanha 6, 103
Hy Brazil 6, 29

I
Ibérica 6, 77, 84, 113, 239

Imbangala 6, 117
impostos   6, 30, 49–50, 142, 153, 173–174, 186, 205, 220, 224
INCRA (Instituto Nacional de Colonização e Reforma Agrária) 6, 289, 295
Inojosa, Manuel de 6, 65–66, 117
Ipojuca 6, 138, 208
Itamaracá 6, 222
Itubahumma 6, 103

J
Jaga 6, 63, 65, 117
Jamaica 6, 114
Janduí 6, 222–223, 225, 229
Jesuítas   6, 13, 15–16, 18, 36–37, 41, 69, 75, 78–79, 92, 95, 99, 127, 143, 188, 208, 214–215, 217, 223, 227, 230, 290
João II, Dom 6, 13, 26–27, 30, 40, 234
João III, Dom 6, 13, 30, 40
João IV, Dom 6, 15–16, 19, 79, 98, 112, 134, 173
Jundia, Rio 6, 120

L
Lima Sobrinho, Barbosa 6, 306
Lima, Dr. Fracisco de 6, 216, 310–311
língua geral 6, 213
Lins, Bartolomeu 6, 262
Lins, Cristovão 6, 140, 151–152, 155
Lintz, Bartolomeu 6, 99–100
lundu 6, 286

M

Macaco 6, 10, 18, 23, 120–123, 161, 174, 182–183, 191, 196, 219, 228, 230, 238, 240, 254, 257, 259–261, 267, 270, 272

Maceió 6, 99, 302

maconha (veja também "fumo Angola") 6, 292

Madalena 6, 170

Maioio 6, 190

mal-de-bicho 6, 202, 219, 265

malungo 6, 123

mamelucos 6, 38, 58, 73, 102, 112, 143, 148, 159, 163, 180, 184, 205, 212–213, 223, 228, 235

Maneli, Sebastião Dias 6, 242

Mântua, duquesa de 6, 98

Manuel Preto 6, 215

maracatu 6, 286

Maria Ana, dona (de Conceicão das Crioulas) 6, 297

Maria Paim 6, 199

Mariana, M.G. 6, 266

Marques, Domingos 6, 242

Martins, João 6, 153–154

Martins, Oliveira 6, 47–48

Marx, Karl 6, 67

marxismo 6, 11, 268–269, 274, 277

mata atlântica 6, 21, 31, 59

Mauristaad 6, 96

Mello, Antônio Joaquim de 6, 306

Mello, Jerônimo de 6, 207

Mello, José Antônio Gonsalves de 6, 306
Melo, Bernardo Vieira de 6, 235, 242–243, 245, 247, 249–250, 253, 255–259
Melo, Padre Antônio 6, 143–145, 157, 158, 210–211, 278
Mendes, Aparecida 6, 289, 296–300, 302
Mendonça, André Furtado 6, 261
Mendonça, Cristovão de 6, 219, 228–229
Mendonça, Gov. Castro de 6, 17, 142, 146, 148, 153
Mendonça, Gov.-Geral Alfonso Furtado de Castro de 6, 17, 142, 146, 148, 153
metalurgia 6, 143, 146–147
milícias, composição de 6, 12, 23–25, 38, 261
Mina (nação e nativos de) 6, 44, 97, 112, 129
Minas Gerais 6, 65, 266, 281
minerais 6, 41, 214
mocambo (definição de) 6, 22, 63–64
Montebelo, Gov. Marquês de 6, 18, 204, 224, 226, 228
Montoya, Antônio Ruiz de 6, 217
Moreira da Silva, Gonalo 6, 180, 186–187, 189
Moura, Clóvis 6, 268, 306
mouro / O Mouro 6, 161, 239–240, 272
Muçulmano 6, 12, 161, 239
Mundaú, Rio 6, 122–123, 191, 195, 270, 272
musica, Africana 6, 286

N
Nassau-siegen, Johann Mauritius 6, 15–16, 95–97, 99–101, 109, 110, 114
Navarro, Manuel 6, 229–231

negreiros 6, 46-47, 70
Negreiros, Gov. Vidal de 6, 16, 134
Nossa Senhora da Conceição 6, 119, 159, 288-289
Nossa Senhora das Neves 6, 198
Nova Amsterdã 6, 114
Nova Lusitânia 6, 124, 126-127, 305
novos cristãos 6, 79

O
Óbitos 6, 137
Ogun 6, 146-147, 284
Olinda 6, 13, 40, 73, 88, 99, 139, 205, 219, 235, 263
Omolú 6, 284
Orixá 6, 147, 284
Orobá 6, 229
Orser 6, 125, 271, 274, 309
Oruase 6, 218
Osenga 6, 120, 122
ouro 6, 30, 32, 44, 65, 68, 71, 82, 84, 86, 90, 212, 214, 266, 281, 285
Ouro Preto 6, 266, 282
Oxossi 6, 284

P
Paim, Roque Monteiro 6, 227
Palmarista 6, 277
palmeiras 6, 22, 62-63, 83, 100, 107, 119, 179-180, 203, 284
pandeiro 6, 286

Panema, Rio 6, 139
Parabina 6, 120
Paraíba (capitania) 6, 100, 153, 156, 198, 222, 225, 261
Paraíba, Rio 6, 99, 103, 109, 262-264, 303
Parajati 6, 233-234
Parangabo, Rio 6, 103
Parati 6, 266
Parque Memorial Quilombo dos Palmares 6, 281-282, 284
parteira 6, 52, 292
pau-brasil 6, 30, 32, 85, 203
paulistas (bandeirantes)   6, 38, 139, 148, 154-155, 177, 194, 212-216, 218-226, 228-231, 233-234, 236, 238, 241-242, 247, 254, 259, 261-263, 266-268, 275, 307
Pedro II, Dom 6, 16-19, 165, 168, 192, 197-198, 200, 209, 221
Penedo   6, 65, 138, 141, 155, 164, 202, 206, 208, 230, 235, 242, 258
Pereira da Costa, Cap. 6, 218, 306, 308-309
Pereira, Cap. Antônio Maria 6, 174-175
Pereira, Duarte coelho 6, 13, 31-32, 40, 86
Pereira, Gonçalo 6, 168
Petrolina 6, 300
Piauí 6, 218-219, 233, 306, 309
Pinto, Antônio 6, 242, 247, 251-252, 259
Pinto, Belchior 6, 197
Pinto, Manoel 6, 204, 259
Pires, Antônio Pires de 6, 215
Pita, Sebastião da Rocha 6, 21, 268, 279, 307
Porto Calvo   6, 21, 94, 120-121, 133, 138, 140-144, 151-152, 155, 157, 160, 164, 166, 170, 182, 199, 208, 210, 223-224, 228-231, 233-235, 237, 245, 258, 264

323

Probero, Francisco 6, 86–87

Q
quilombo, definição e etimologia 6, 22
quinto 6, 153, 170, 173, 220

R
Rainha de Palmares 6, 168
Ramos, Artúr 6, 268
Rebelo, Gonçalo 6, 17, 134, 136
Reconquista 6, 239
Reijmback, Jurgens 6, 103
Rio de Janeiro 6, 309
Rodrigues, Domingos 6, 190, 205
Rodrigues, Gov. Antônio 6, 215
Rodrigues, Nina 6, 9, 170, 240, 268, 307

S
Salgados, Alagoas 6, 102–103
Salgueiro 6, 11, 289, 291, 293–294, 297–298, 309
Salvador, Bahia 6, 13–15, 73, 79, 85–87, 133, 148, 159, 227, 259, 262
samba 6, 286
santidade 6, 159–160, 309
Santo Amaro 6, 237, 240–241, 243, 259
Santo Antão 6, 225
Santo Antônio 6, 120, 175, 177, 205–206
Santos, Estácio dos 6, 245–247, 254
São Francisco, Rio 6, 64, 75, 149–150, 166, 206, 231, 238,

262, 288, 299
São Miguel, engenho 6, 102
São Miguel, Rio 6, 102–104
São Tomé (ilha) 6, 41–42, 70, 101
Schwartz 6, 9, 22, 28, 33–34, 37, 63–64, 70–71, 77, 117, 123–124, 302, 307, 310
Sebahuma, Rio 6, 102
Sebastião Dias 6, 242, 249–250, 258
Sergipe 6, 17, 65, 75, 163, 239
Serinhaem 6, 120
Serra da Batalha 6, 207
Serra do Comonati 6, 139
Serra Salabangá 6, 198
Serra Santa Cruz 6, 207
Serro, Minas Gerais 6, 266
sertão, descrição 6, 64
sertão, pecuaristas em 6, 127
Silva Bartolomeu Bueno da 6, 215
Silva, Gonçalo Moreira da 6, 180, 186–187
Siqueira, Gonçalo de 6, 169
Soares, Gabriel 6, 103, 109
Soares, Maria 6, 202
Soeiro, Pedro 6, 189
Souto Maior, João da Cunha 6, 18, 200–201, 204–206, 212, 216, 219, 221
Souza, Gov. João de 6, 17–18, 192, 194, 200–201, 205, 216, 218–219
Souza, Vânia Rocha Filho de Paiva de Souza 6, 296
Subupira 6, 117, 121–122, 166–167, 172, 184

325

Suriname 6, 97, 114

T
Tabajara 6, 28, 218, 221
Tabocas 6, 120–122, 207
Tamala, Rio 6, 102
Tapirabaté 6, 225–228
Tapuia (povo indígena)   6, 105, 164, 168, 244–245, 247, 250, 256–257, 259
Tapuia, João 6, 168
Taunay, Affonso de E.   6, 222, 228, 233–234, 236, 238, 247, 260, 268, 307, 309
Tavares, Raposo 6, 215
Toculo 6, 116, 168
Topirassou 6, 156
Tordesilhas, Tratado de 6, 13–14, 27, 30–32

U
umbanda 6, 147, 286
União dos Palmares (Alagoas) 6, 270, 281
União Ibérica 6, 84, 113
União Perpétua 6, 141–142, 155, 309

V
varíola 6, 38, 48, 140, 143
Vasconcelos, Luiz Mendes de 6, 43
Vasconcelos, Zenóbio Accioly de 6, 138–139, 303
Velho, Domingos Jorge 6, 18, 64, 139, 213, 216–226, 228–234, 236, 238–239, 241–255, 257–261, 264, 267, 284, 287, 305,

308
Vieira, João Fernandes de 6, 91, 111–112
Vieira, Padre Antônio 6, 15, 41, 79–81, 84, 89, 91, 202, 206, 216, 227–228, 290, 304, 308

X
Xangô 6, 284
Y
Yeats, William Butler 6, 29

Z
Zambi (mocambo) 6, 116, 120–121
Zumbi
documentação questionável sobre 6, 274, 278
e Cucaú 6, 176, 178, 181–187, 189
esposas de 6, 199, 255–256, 262
morte de 6, 18, 263–265, 266–267, 279, 281
origem de 6, 16, 158, 278
parque e eventos de memorial 6, 271, 281–284

New London Librarium

A New London Librarium (NLL) é uma editora-boutique especializada em livros que merecem ser publicados, mas que dificilmente atingirão os níveis de vendas esperados por editoras de maior porte. Muitos dos títulos da NLL exploram a cultura, literatura, história e assuntos atuais ligados ao Brasil.

Outras séries focam-se em questões católicas, história, ficção e arte. Entre as traduções estão obras de Machado de Assis, Rubem Alves, Mário de Andrade, Paulo Leminski, e João do Rio.

Para mais informações, consulta NLLibrarium.com.

www.ingramcontent.com/pod-product-compliance
Lightning Source LLC
Chambersburg PA
CBHW020754230426
43673CB00022B/438/J